文化产业发展典型案例解析

主　编　赵尔奎
副主编　孙林霞　詹绍文

内容简介

本书选择了我国文化产业发展较好的地区或企业在促进文化产业发展、推动区域发展过程中的典型案例。本书案例力争涵盖文化产业发展的各个方面，所选取的案例既有东部发达地区文化产业发展的案例，也有西部欠发达地区文化产业各个领域的成功案例和经验，因此具有较广的覆盖面和借鉴性。

全书从十五个视角进行了分析，具体包括文化精品生产、文化科技融合、文化金融创新、文化消费升级、文化资源开发、文化旅游演艺发展、文化旅游名镇建设、文化主题公园建设、文创产业发展、骨干文化企业培育、文化扶贫、乡村振兴与文化产业、对外文化贸易、文化体制改革、县域文化产业发展，共收录了近40个文化产业发展典型案例。

本书可以作为文化产业管理相关专业的教学用书，也可以为政府制定文化产业政策和战略提供决策参考，还可以为从事文化产业管理者提供重要的经验借鉴，为文化产业从业者、研究者提供学习参考。

图书在版编目(CIP)数据

文化产业发展典型案例解析／赵尔奎主编． — 西安：
西安交通大学出版社，2020.10
ISBN 978-7-5693-1495-3

Ⅰ. ①文… Ⅱ. ①赵… Ⅲ. ①文化产业—产业发展—研究—中国 Ⅳ. ①G124

中国版本图书馆 CIP 数据核字(2019)第 291899 号

书　　名	文化产业发展典型案例解析
主　　编	赵尔奎
责任编辑	祝翠华
出版发行	西安交通大学出版社
	（西安市兴庆南路1号　邮政编码710048）
网　　址	http://www.xjtupress.com
电　　话	(029)82668357　82667874(发行中心)
	(029)82668315(总编办)
传　　真	(029)82668280
印　　刷	陕西金德佳印务有限公司
开　　本	787mm×1092mm　1/16　印张 11.75　字数 296千字
版次印次	2020年10月第1版　2020年10月第1次印刷
书　　号	ISBN 978-7-5693-1495-3
定　　价	36.80元

如发现印装质量问题，请与本社发行中心联系、调换。
订购热线：(029)82665248　(029)82665249
投稿热线：(029)82664840　QQ：37209887
读者信箱：xj_rwjg@126.com

版权所有　侵权必究

前言 Foreword

近些年来,我国文化产业进入快速发展的新时期,文化产业增加值在国民经济中的占比逐年提高。尤其是党的十八大以来,随着文化体制改革的不断深化,文化生产力极大解放和发展,文化事业繁荣兴盛,公共文化投入力度持续加大,公共文化服务设施不断完善,服务能力和服务水平明显提升。截至2019年底,全国广播、电视节目综合人口覆盖率分别为99.1%和99.4%,广播电视台、网络广播电视和移动多媒体构成的多元化传播新格局基本建成。全国电影票房收入643亿元,是2012年的3.8倍。新闻出版产品种类不断丰富,全民阅读观念深入人心,成年国民各媒介综合阅读率为81.1%,较2012年提升4.8个百分点。2018年,我国文化产业实现增加值41171亿元,比2004年增长11倍;文化产业增加值占GDP比重由2004年的2.13%提高到2018年的4.48%,成为国民经济发展的重要支柱性产业[①]。

但与此同时,我国文化产业的发展也遇到了一些问题。例如,文艺精品生产不足,文化与相关产业融合还有待进一步加强,文化消费空间还有待进一步挖掘,文化产业某些领域同质化发展问题严重,文化体制改革还需要进一步深化,文化产业发展不平衡、不充分的问题还比较突出等。这些问题已经成为各个地方在推动文化产业高质量发展的障碍,因此,针对这些文化产业发展中的热点、难点和焦点问题,结合文化产业发展的典型案例进行解析,就显得尤为必要。这对促进我国文化产业高质量发展,创新文化产业发展路径和模式具有非常重要的实践价值。

我国文化产业的发展,需要拓展文化产业基础理论及应用理论,同时也需要对文化产业的实践经验进行总结与思考,为地方政府在推动文化产业发展过程中提供借鉴。本书选择了我国文化产业发展较好地区或文化企业在促进文化产业发展、推动区域发展过程的典型事例。本书案例力争涵盖文化产业发展的各个方面,所选取的案例既有像北京、上海、浙江、广东、江苏等东部发达地区文化产业发展的案例,也有陕西、甘肃、青海、宁夏等西部欠发达地区文化产业各个领域的成

---

① 万东华.从社会发展看全面建成小康社会成就[N].人民日报,2020-08-04(11).

功案例和经验,因此具有较广的覆盖面和借鉴性。全书从十五个视角进行了案例分析,主要包括文艺精品生产、文化科技融合、文化金融创新、文化消费升级、文化资源开发、文化旅游演艺发展、文化旅游名镇建设、文化主题公园建设、文创产业发展、骨干文化企业培育、文化扶贫、乡村振兴与文化产业、对外文化贸易、文化体制改革、县域文化产业发展,共收录了近40个文化产业发展典型案例。

全书由西安建筑科技大学赵尔奎担任主编并负责统稿,西安建筑科技大学孙林霞、詹绍文担任副主编。其中,视角一至八由赵尔奎撰写,视角九至十二由孙林霞编写,视角十三至十五由詹绍文编写。研究生段太阳、马元、陈冠良、赵雅雯、宋昕也参与了本书的资料收集工作。

在本书的编写过程中,陕西省委宣传部、陕西省文化厅文化产业处以及一些案例提供单位也对相关案例提出了修改意见。另外本书的案例素材大部分来源于企业、政府官方网站,以及一些微信公众号信息,在书中无法一一罗列出处,在此对所引文献作者一并表示感谢。

该书可以作为文化产业管理相关专业的教学用书,也可为政府制定文化产业政策和战略提供决策参考,还可以为从事文化产业管理者提供重要的经验借鉴,为文化产业从业者、研究者提供学习参考。

本书的出版得到了西安交通大学出版社的鼎力相助,特别感谢祝翠华编辑在本书的出版过程中提出了很多修改建议。

本书为陕西省社会科学基金项目——陕西省文化产业结构优化升级研究(2017S020)和西安建筑科技大学重点学科建设文化发展学科研究成果之一。

编　者
2020年6月

目录 Contents

视角一 文艺精品生产 ……………………………………………………………（ 1 ）
   案例一 《麻醉师》：讲好陕西故事，传递时代精神 …………………………（ 4 ）
   案例二 与时代同频共振的豫剧《焦裕禄》 ……………………………………（ 6 ）
   案例启示 ……………………………………………………………………………（ 9 ）

视角二 文化科技融合 ……………………………………………………………（ 11 ）
   案例一 江苏文化科技融合创新的新探索 ……………………………………（ 14 ）
   案例二 杭州：文化与科技融合之花绚丽绽放 ………………………………（ 18 ）
   案例三 "文化＋科技"激活创意 深圳南山探索文化产业新路径 ……………（ 21 ）
   案例启示 ……………………………………………………………………………（ 24 ）

视角三 文化金融创新 ……………………………………………………………（ 27 ）
   案例一 文化金融融合的上海经验 ………………………………………………（ 30 ）
   案例二 广东"文化＋金融"合作模式 ……………………………………………（ 34 ）
   案例三 因文化而生的互联网金融创新——众筹网的文化金融新模式 ……（ 38 ）
   案例启示 ……………………………………………………………………………（ 41 ）

视角四 文化消费升级 ……………………………………………………………（ 43 ）
   案例一 "硬消费＋软投资"——南京文化消费试点的工作经验 ……………（ 47 ）
   案例二 宁波文化消费试点的工作经验 …………………………………………（ 49 ）
   案例启示 ……………………………………………………………………………（ 51 ）

视角五 文化资源开发 ……………………………………………………………（ 53 ）
   案例一 越秀经验：如何把"广府文化"品牌做大做强 ………………………（ 56 ）
   案例二 营销让故宫文创年销售额破 10 亿元 …………………………………（ 61 ）
   案例启示 ……………………………………………………………………………（ 64 ）

视角六 文化旅游演艺发展 ………………………………………………………（ 65 ）
   案例一 《宋城千古情》成功经验 …………………………………………………（ 68 ）
   案例二 陕西旅游集团：让演艺提升旅游体验 …………………………………（ 71 ）
   案例启示 ……………………………………………………………………………（ 73 ）

视角七 文化旅游名镇建设 ………………………………………………………（ 75 ）
   案例一 古北水镇打造特色旅游小镇 …………………………………………（ 78 ）
   案例二 陕西铜川照金红色旅游小镇 …………………………………………（ 81 ）
   案例三 传承与创新——宁夏镇北堡镇的经验 ………………………………（ 83 ）
   案例启示 ……………………………………………………………………………（ 85 ）

视角八　文化主题公园建设 ……………………………………………（87）
　　案例一　广东长隆集团以世界眼光谋求长远发展 ………………（90）
　　案例二　华强方特乐园运营模式大起底 …………………………（93）
　　案例三　大唐芙蓉园主打盛唐文化主题 …………………………（98）
　　案例启示 ……………………………………………………………（102）

视角九　文创产业发展 ……………………………………………（103）
　　案例一　曲江创客大街：新业态，新地标 …………………………（106）
　　案例二　张江文化创意产业园的升级之路 ………………………（107）
　　案例三　杭州动漫游戏产业发展的做法和启示 …………………（109）
　　案例启示 ……………………………………………………………（113）

视角十　骨干文化企业培育 ………………………………………（115）
　　案例一　中南传媒究竟做了什么，竟然上了《焦点访谈》？ ………（118）
　　案例二　陕西旅游集团大踏步迈上丝绸之路新航程 ……………（120）
　　案例启示 ……………………………………………………………（123）

视角十一　文化扶贫 ………………………………………………（125）
　　案例一　各具特色的文艺扶贫案例 ………………………………（128）
　　案例二　陕西省文化部门开展文化精准扶贫 ……………………（131）
　　案例启示 ……………………………………………………………（134）

视角十二　乡村振兴与文化产业 …………………………………（135）
　　案例一　浙江安吉县递铺街道鲁家村的蜕变 ……………………（138）
　　案例二　陕西礼泉县袁家村的样本经验 …………………………（140）
　　案例启示 ……………………………………………………………（144）

视角十三　对外文化贸易 …………………………………………（145）
　　案例一　让中国声音传遍非洲大陆——四达时代进军非洲传媒市场的成功之路
　　　　　　………………………………………………………………（148）
　　案例二　《吴哥的微笑》——中国文化"走出去" …………………（152）
　　案例启示 ……………………………………………………………（155）

视角十四　文化体制改革 …………………………………………（157）
　　案例一　读者出版集团文化体制改革之路 ………………………（160）
　　案例二　西影集团：文化体制改革的西部名片 …………………（162）
　　案例三　变形记：一家新华书店的华丽转身 ……………………（166）
　　案例启示 ……………………………………………………………（170）

视角十五　县域文化产业发展 ……………………………………（171）
　　案例一　青海湟中县：文化产业之"树"根繁叶茂 ………………（174）
　　案例二　长沙望城：传承非遗文化，留住乡愁匠心 ………………（177）
　　案例三　河北省武强县加快文化产业创新发展步伐 ……………（180）
　　案例启示 ……………………………………………………………（181）

视角一

文艺精品生产

拓展与更新

视角一 文艺精品生产

文艺精品是先进文化的重要载体,是文化繁荣发展的重要标志和支撑,是一个地区对外展示文化实力的名片和精神视窗。实现中华民族伟大复兴,离不开中华文化的繁荣兴盛,离不开文艺事业的繁荣发展,离不开强大的文化自信汇聚力量。党的十九大以来,习近平总书记在多个场合发表重要讲话,突出强调文化自信在国家、民族发展道路上的深远意义,为我国文化大发展、大繁荣提出了新要求,提供了新动力。其中,文艺工作者责任重大,任务艰巨,使命光荣。

2014年10月15日,习近平总书记在全国文艺工作座谈会上发表重要讲话指出:"随着人民生活水平不断提高,人民对包括文艺作品在内的文化产品的质量、品位、风格等的要求也更高了。文学、戏剧、电影、电视、音乐、舞蹈、美术、摄影、书法、曲艺、杂技以及民间文艺、群众文艺等各领域都要跟上时代发展、把握人民需求,以充沛的激情、生动的笔触、优美的旋律、感人的形象创作生产出人民喜闻乐见的优秀作品,让人民精神文化生活不断迈上新台阶。"①

2015年9月,《中共中央关于繁荣发展社会主义文艺的意见》中强调,繁荣发展社会主义文艺,要坚持以人民为中心的创作导向,为人民抒写、为人民抒情,建立经得起人民检验的评价标准;要聚焦中国梦的时代主题,培育和弘扬社会主义核心价值观,唱响爱国主义主旋律,传承和弘扬中华优秀传统文化;要把创新精神贯穿创作生产全过程,高度重视和切实加强文艺理论和评论工作,大力发展网络文艺,加强文艺阵地建设,推动优秀文艺作品走出去;要加强思想道德建设,培养造就文艺领军人物和高素质文艺人才,做好新的文艺组织和文艺群体工作。

党的十九大报告指出:"社会主义文艺是人民的文艺,必须坚持以人民为中心的创作导向,在深入生活、扎根人民中进行无愧于时代的文艺创造。要繁荣文艺创作,坚持思想精深、艺术精湛、制作精良相统一,加强现实题材创作,不断推出讴歌党、讴歌祖国、讴歌人民、讴歌英雄的精品力作。"②因此,发展文化产业要有文化精品意识,以精品支撑文化品牌建设,以文化精品引导文化消费趣味,以高质量的文化品质和健全的审美情趣满足大众差异化、多元化的精神需求;要充分发挥市场机制,积极鼓励有原创性审美价值和创意价值的产品产生,尊重文艺创作规律和遵循文化产业发展规律。

在庆祝中国共产党成立95周年大会上,习近平总书记强调指出:"文化自信,是更基础、更广泛、更深厚的自信。"③以文化自信来建设自信的文化,才能推出更多有筋骨、有道德、有温度的优秀作品,打造更多经典的文艺作品,才能给人以价值引领和精神滋养。文艺创作、文艺精品生产应当始终坚持、不断学习、自觉实践。生活永远比想象更丰富,生活永远比文学更精彩。

2019年3月4日,习近平总书记看望了参加全国政协十三届二次会议的文化艺术界、社会科学界委员,并参加联组会,听取意见和建议。他强调,新时代呼唤着杰出的文学家、文艺家、理论家,文艺创作、学术创新拥有无比广阔的空间,要坚定文化自信、把握时代脉搏、聆听时

---

① 习近平在文艺工作座谈会上的讲话[EB/OL]. (2015-10-14)[2019-12-20]. http://www.xinhuanet.com//politics/2015-10/14/c_1116825558.htm.
② 习近平:决胜全面建成小康社会 夺取新时代中国特色社会主义伟大胜利:在中国共产党第十九次全国代表大会上的报告[EB/OL]. (2017-10-27)[2019-12-20]. http://www.xinhuanet.com/politics/19cpcnc/2017-10/12/c_1121867529.htm.
③ 习近平:在庆祝中国共产党成立95周年大会上的讲话[EB/OL]. (2016-07-01)[2019-12-20]. http://www.xinhuanet.com/politics/2016-07/01/c_119150660.htm.

代声音,坚持与时代同步伐、以人民为中心、以精品奉献人民、用明德引领风尚。① 文艺工作者要牢记生活是文艺创作的源泉,人民是文艺工作者的母亲,一定要提高向生活学习、向人民学习的自觉性,要有服务时代、服务社会的责任心,全身心地投入到时代洪流中去,亲身心参与社会主义现代化建设的伟大实践;要有热爱人民群众的真情实感,密切同人民群众的血肉联系,积极反映人民心声;要有发现生活变化的慧眼、把握生活本质的能力和表现生活内容的才干;要有甘于寂寞、执着追求的精神,真正挖掘时代和生活的富矿,创作出文艺精品。

案例一 《麻醉师》:讲好陕西故事,传递时代精神②

2016年10月,由西安话剧院创作排演的话剧《麻醉师》在第十一届中国艺术节上勇夺"文华奖",成为西安市文艺界首获"文华奖"的剧目,实现了西安市在该奖项上的零突破。2017年9月,在获得2017年度国家艺术基金传播交流推广资助项目后,该剧又荣膺中宣部"第十四届精神文明建设'五个一工程'优秀作品奖"。从2017年3月起,《麻醉师》踏上了全国巡演的征程,三次巡演历时180余天,横跨19个省45个城市,行程逾两万公里,观众近12万人次,巡演时间之紧、演出之密、范围之广、观众之多、影响之大,在陕西乃至全国舞台剧巡演中绝无仅有,创造了陕西文艺精品"走出去"的新高度。

《麻醉师》巡演所到之处受到当地政府部门、文艺单位、医疗行业、新闻媒体的高度关注和广大市民的热烈欢迎。剧场内有白发苍苍的老人,有行走不便的特殊群体,有武警官兵,有医务工作者,也有高校教师等知识分子。剧场门口常常一票难求,剧场之内掌声如潮。观众用一次次热烈的掌声和涌流的泪水表达着对《麻醉师》的赞颂和感动。

现实题材话剧创作写真人真事、英模人物的作品数量不少,但取得成功的却并不多,西安话剧院的艺术家们面对高难度的题材敢于迎难而上,在艺术上狠下功夫,创排的话剧《麻醉师》赢得了各界广泛赞誉,为当下主旋律戏剧作品如何获得观众认同提供了一个明晰的范例。该话剧的成功主要得益于以下因素。

1. 创作题材的筛选精炼得当

文艺的繁荣发展归根结底要靠作品,尤其是被观众认可的优秀之作。艺术创作的选题可以有很多选择,针对目前社会普遍存在的心理浮躁、信仰缺失现象,西安话剧院认为传播踏实肯干、敬业奉献的精神,具有十分迫切的现实意义。陈绍洋是一个真实的人物,他是西京医院的一名麻醉科医生,他在自己的工作岗位上,兢兢业业、精诚奉献,用自己的生命诠释了一个医生最崇高的医德,是一位平凡而又伟大的真英雄。

原创是文艺作品的生命力,文艺精品贵在有原创。选择陈绍洋用生命兑现对患者承诺的故事作为创作蓝本,深入挖掘陈绍洋内心深处的精神力量,呼唤人与人之间的信任与理解、传播正能量、弘扬真善美,使这一作品题材具有了更为深刻的现实意义。西安话剧院选题精准并能深入开拓题材的时代性,为优秀剧目的创作打下了良好基础。

---

① 习近平寄语文艺工作者:为时代画像、立传、明德[EB/OL].(2019-03-04)[2019-12-20]. http://cpc.com.cn/n1/2019/0304/c164113-30957139.html.

② 本案例改编自刘曌琼的《大爱无疆 医者仁心 话剧〈麻醉师〉:把陕西好故事讲给你》,原载于陕西日报(多媒体数字版)2016年10月19日第9版。

2. 重量级主创团队，历经三载打造

精品创作生产，人才是关键，队伍是保障。作为西安市委宣传部精品创作重点扶持项目，西安话剧院在选择主创人员过程中，没有拘泥于自有的编导人员，而是打破用人藩篱，在全国范围内选择最优秀的团队担任该话剧主创人员。其中，邀请原广州军区政治部战士文工团团长、国家一级导演、第八届中国艺术节"文华奖"获得者傅勇凡担任导演，邀请中国曹禺戏剧剧本奖获得者、曾三次获得"文华奖"的原广州军区政治部创作室主任唐栋担任编剧，邀请国家一级舞美设计刘文豪担任灯光设计，邀请国家一级舞美设计师秦立运担任舞美，邀请作曲家石松强强联手，一起打造属于陈绍洋医生的"大医精诚，妙手仁心"的动人故事。经过众多艺术家和西安话剧院全院上下的共同努力，从剧本、导演、舞美等多方面的协作，将生活中的真人真事，打造为舞台上的经典艺术形象，最终凝结成了《麻醉师》这部精品剧目。

从首演到全国巡演，《麻醉师》从来没有停止探索提升的脚步。通过一场场演出及总结，加深了演员对角色人物的理解，使表演日趋成熟。同时，主创团队在专家和观众的建议中不断听取意见修改、提升。从话剧《麻醉师》剧本的第一稿完成开始，直至整个创演过程，西安话剧院前前后后召开了10多次研讨会，并派人广泛向观众、各界专家学者、评论界知名人士收集意见，到参加第十一届中国艺术节，编剧唐栋已修改剧本十稿，导演对表演大调整了四次。经过对很多细节的不断修改雕琢，使这部话剧变得更加连贯立体、触动人心，剧情更加完整，情节更加引人入胜。正是这样的打磨，才有了如今呈现在舞台上的一部讲述真实故事、感人至深的经典话剧。

3. 话剧内容敢于直面社会敏感问题

一部好的话剧作品，不仅要参照现实，也要有思想的深度与力度。《麻醉师》是国内第一部表现麻醉医生工作和生活的话剧作品。该作品以主人公的职业特点切入，深入挖掘了其中蕴含的象征意味。在剧中，主创团队没有让"麻醉"仅仅停留在医学技术层面，而是更多地映射到人的精神层面和社会层面。它是一部以医疗卫生行业为背景，表现人民军医陈绍洋先进事迹的作品；它同时具有跨越行业、与观众毫无隔阂感的接受力。这是因为关于"唤醒与麻醉""坚持与放弃""较真与苟且""做事一板一眼与为人明哲保身"等思辨性话题或处世哲学真实地存在于社会上，每个人都被一些"过来人""聪明人"建议过、规劝过，且于内心消沉之时，拿起郑板桥的"难得糊涂"当成自己远离初心的挡箭牌。陈绍洋医生施行麻醉手术是为患者解除病痛并将他们唤醒，而现实生活中，一些人被金钱和名利麻醉了灵魂，需要陈绍洋这样的英雄用自己的一言一行和高尚情操将他们唤醒。

对目前医疗卫生行业中出现的患者给医生送红包、药品采购给回扣等负面现象，话剧《麻醉师》也给予了直接的表现。当主人公面对这些负面现象时，予以了坚决但又不同形式的抵制，或严词拒绝，或批评劝慰，或晓之以理动之以情。在医患关系比较敏感的今天，该话剧直击最敏感的医患关系，触动观众心灵的情感共鸣，探讨现实的"良知和抉择"，从多个角度，切入时代问题的复杂面，并以主人公的人格魅力和精神力量，有力地回应了时代的精神难题。陈绍洋的事迹犹如一汪清泉，抚慰着人们的心灵。

该话剧的成功证明了反映英模人物、描写主旋律的作品是完全能够符合艺术上的"不落俗套"的。主旋律话剧创作也绝不是只要抓住了一个英模人物题材就能成功，而是需要从剧本、导演、表演和整个舞台艺术角度加以发掘、创新，才能实现艺术塑造人物、艺术铸就作品的使命,才可能迈上成功之路。这应当是《麻醉师》留给艺术创作的一个有益的启示。

4. 开放性的舞台极具观赏性和艺术性

在艺术上,《麻醉师》有着开放性、接近于最前沿的现代感,它成功地运用声、光、电等舞台艺术手法对应于特定的职业情景,着力对人物真实的情感和精神世界进行挖掘。《麻醉师》在舞台创意以及追求思想性和艺术性相统一方面,做出了可贵的努力。手术室是神秘的,在人们的印象中,神秘的无影灯下,人们对生命的渴望,都寄托在医生的手术刀下。话剧从一开始,舞台上就出现了一个医院手术室的场景,来去匆匆的医生和护士,舞台上的大屏幕展示了心电图的曲线,辅之以放大了的脉搏跳动音效,立刻令人产生了一种强烈的紧张感。这是抢救生命的律动,同时也间接地揭示了剧作的主题,一群大写的"人"在进行着与死神的生命竞赛。而主人公陈绍洋的命运,也将和这些被抢救的生命紧紧连在一起。这一场景,是全剧提纲挈领的生命主题,也表明了主人公生命将在抢救生命的过程中燃烧。

在尾声部分,编导采用象征手法,利用现代高科技手段开出一条时光隧道,让陈绍洋在其中跌倒爬起,不停奔跑,突显出陈绍洋生命不息奔跑不止的精神光芒。

5. 各级主管部门的大力支持

《麻醉师》为陕西省委宣传部重大文化精品扶持项目、陕西省文化厅重点文艺创作资助项目、西安市委宣传部精品创作重点扶持项目、西安市文化广电新闻出版局重点扶持项目、西安曲江新区管委会重点文艺精品项目。从2013年着手进行剧本创作,该剧得到了各级主管单位的大力支持。《麻醉师》从创作到舞台的完美呈现,历经三载,并最终实现了由生活到艺术、再从艺术成功反馈生活的正向激励。

案例二　与时代同频共振的豫剧《焦裕禄》[①]

长期以来,英模人物题材的戏曲作品,往往不大容易受到普通戏曲观众的青睐,探究原因,事迹的简单堆砌、空洞的口号式说教和艺术创作上的禁区等因素,集中构成了英模题材戏剧作品的先天不足。相比之下,由河南省豫剧三团创排的豫剧《焦裕禄》,则是近年来继《村官李天成》之后倾力创作的又一部力作,豫剧《焦裕禄》的演出以感人至深的艺术魅力打动了无数戏曲观众,应该说,这个现象在近年来英模题材的现代戏曲作品中并不多见。

1. 思想立意:焦裕禄精神的再传承与主旋律精神的再确认

多年以来,且不说报告文学、诗歌、话剧、电影、电视剧,仅仅在戏剧舞台上,焦裕禄这一题材就先后出现过几十个版本。作为优秀党员干部的代表,焦裕禄在河南现代戏创作中更是多次被表现。今天看来,这个题材仍有被再次表现的价值。2009年3月,时任国家副主席的习近平到河南视察,专程到兰考焦裕禄陵园拜谒,习近平把焦裕禄精神概括为"亲民爱民、艰苦奋斗、科学求实、迎难而上、无私奉献",并嘱托河南要将焦裕禄精神进一步发扬光大。焦裕禄是一个怀着坚定理想主义信念的共产党员干部,他在为人民服务上毫无二心,做到了与老百姓同甘共苦、共患难,他意志坚强、勇于担当、生命不息、奋斗不止,共产党人的气节与魅力在他身上被

---

① 潘乃奇.与时代同频共振的豫剧《焦裕禄》[J].四川戏剧,2017(01):24-26.

完美彰显。

如今,这种精神并未过时。当下人民群众热切呼唤的,正是党员干部的一心一意为人民服务,正是党员干部能够真心实意为老百姓解决实际问题,正是党员干部能够在维护百姓利益之时,克服一切外在阻力,而这种精神恰与焦裕禄精神内核一致。在当下的文艺创作中,这种精神值得被文艺工作者深度挖掘,被赋予鲜活的时代特征,并由之创作出能够让观众汲取正能量的优秀艺术作品。从这个角度讲,焦裕禄精神一直以来都在与时代共振,豫剧《焦裕禄》恰恰因此具备了显而易见的普遍价值。从这个意义上讲,《焦裕禄》是真正的主旋律作品。

主旋律这一概念对当代中国文化的影响举足轻重。戏剧评论家马也在国家艺术基金2016年度艺术人才培养资助项目"戏曲评论高级研修班"为学员授课时指出,主旋律的概念首次出现于《中共中央关于繁荣发展社会主义文艺的意见》之中。艺术创作中的主旋律原本是有具体含义的,它指向伟大、崇高和深刻,深度、裂度和力度,永远指向人和人性,不能随便阉割。如此看来,主旋律的概念本身非常好,但是,当下文艺创作中容易把主旋律概念向工具化上引领,给它以特定的、偏狭的内涵,把它变成一种临时性的政治标准,那就是歌功颂德、英雄模范、好人好事。这是对主旋律的误读,对艺术创作只能是一种误导。

豫剧《焦裕禄》避开了这种误读,抓住了主旋律的精髓。剧作家姚金成探索出了一条新的主旋律作品创作方向,使该剧避开了一般写法,而是建立了一种新的"思想正确"标准,这种新的"思想正确"标准,恰是对主旋律概念的回归,或是再确认。姚金成曾亲历焦裕禄所处的那个时代,他对焦裕禄形象的塑造绝非单线条、扁平化处理,他笔下的焦裕禄让人们重新判断出什么才是党的好干部——绝非会读文件、会落实政策就是好干部,真正心里想着老百姓,把心放在老百姓身上的干部才是好干部。

该剧在"火车站礼送乡亲""购买议价粮风波"等几场重头戏中,都传达出了焦裕禄所面临的极为复杂、极为纠结的局面,以及他无论外在还是内心都处于旋涡之中的困境。剧中的焦裕禄在不断寻找外在事件及内心矛盾的解决之道,他的每一步决策无疑都彰显出感人至深的人性光辉。

2. 舞台呈现:传统程式的时代转化与戏曲舞台的时代审美

在现当代题材戏曲作品的创作中,难度最大的无疑是传统戏曲程式如何能与当下生活较好结合。戏曲本就以歌舞、抒情见长,若是现当代题材戏曲作品中没有足够能让演员恰如其分进行戏曲身段、功法表演的空间,无疑是一件憾事。在如何用戏曲身段、戏曲程式更好诠释、呈现剧中人物方面,豫剧《焦裕禄》的处理十分成功。

豫剧《焦裕禄》在为演员开掘表演空间上下了不少功夫,若说该剧在让观众观看一台现代戏的同时,又对传统戏曲身段、功法的审美体验一丝不少,并不为过。如剧中对"治水"一段的舞台处理,主演贾文龙携演员们巧妙地将戏曲基本功化用到情节的诠释中来,为完成"抗洪"这一舞台任务,贾文龙在塑造焦裕禄形象时用连续的"下岔"来展现人物的体力不支、处境艰难,与演员们饰演的群众角色一起,用大量的形体连续性造型构建出了一幅符合情境的场面;再如,剧中贾文龙在诠释面临心理与生理痛苦之时的焦裕禄所使用的"跪步"等,现场反响极好,传统戏中的做与打、功与法在这些精心设置完成的段落中完全被发挥出来,舞台处理极为自然、毫不生硬。可以说,在将传统程式融入现代戏表演这一过程中,豫剧《焦裕禄》有自己的追求并做出了较好的尝试。

《焦裕禄》导演张平谈及他创作该剧时说,在该剧的集体场面和个人场面,他都力求实现一种既具备戏曲程式化又不脱离生活化的美感。具体到演出中,在集体场面上,导演营造了如车站送别时的民众雪中集体造型组合等情境,使其雕塑化、造型化,最终达到表演造型的诗化与写意性的完美统一。

在个人场面上,导演让剧中焦裕禄及身边每个人都有与自己足够匹配的出场、推进、行动,作为现当代题材戏曲作品,每一处细节的表演都应符合生活化前提又不宜脱离程式化特征,并且需要充分表现人物内心情感。因此,对程式和身段进行再加工、再创造是导演和演员要共同努力达成的目标。

为了让整台剧目散发出时代的温度,除导演外,演员及各部门都进行了共同的努力。演员以贾文龙为例,作为焦裕禄扮演者,贾文龙曾为如何去捕捉这个典型人物的内心世界、如何把焦裕禄全心全意为人民的无私情怀完整地呈现在舞台上、如何还原老百姓心目中的好书记想了许多办法,他找了当年的有关文章认真研读,他走村访户,和农民朋友拉家常,谈感想,他聆听当地群众对焦裕禄的叙述,慢慢地对焦裕禄的形象由模糊到清晰。他对自己的要求是,演焦裕禄,学焦裕禄,用焦裕禄精神打造《焦裕禄》,用焦裕禄对人民所有的爱去爱"他"。如此这般地投入与用心,最终贾文龙在舞台上如愿塑造出了有血有肉、丰富立体、有温度有情怀、令人信服的焦裕禄形象。焦裕禄形象成功了,立起来了,这个剧就成功了一大半。焦裕禄的人物诠释考验着贾文龙的表演功力,然而对于真正优秀的演员来讲,压力越大反而创造力越大,如该剧中最后贾文龙还是给了观众惊喜。无论从身段上,还是唱腔上,焦裕禄这个人物的张力,给了贾文龙尽可能多的表演空间,让他的发挥达到了淋漓尽致。

表演之外的其他舞台部门也可圈可点,例如该剧目在音乐创作中融入了歌剧元素,用背景音乐伴奏揭示剧情的转化和人物情绪的变化;有机结合豫剧和西洋歌剧的唱法,在舞台美术上进行创新性探索;恰到好处地运用灯光、服装。这些均起到了令全剧更为丰满、更具时代气息的功能性作用。

3. 品牌建设:院团品牌的开掘与传播途径的拓展

近年来,河南戏曲取得的成绩令人瞩目。自2000年第六届中国艺术节上现代豫剧《香魂女》荣获大奖开始,河南戏曲连续六次夺得中国艺术节桂冠,若谓之"河南戏剧现象"也不过分。从豫剧《香魂女》到豫剧《焦裕禄》,河南戏曲文化沃土屡结硕果,这当然与河南豫剧院三团数十年现代戏创作的传统有关。

河南豫剧院三团始建于1950年代初,建院近70年来,该团在文艺创作上始终紧扣时代脉搏,勤奋耕耘不辍,以表现当代生活为己任。该团先后排演了《小二黑结婚》《刘胡兰》《朝阳沟》《香魂女》《村官李天成》《风雨故园》《悠悠我心》等佳作,到今天的《焦裕禄》,获得了业内外广泛认可,可见该团在当下题材创作上的探索已取得成果。该团不断突破自我,一台又一台出色的现代戏作品引人关注。可以说,河南豫剧院三团已经在戏曲界打出了自己的现代戏创作品牌。

品牌往往由态度和细节决定。作为全国现代戏创作重镇的河南豫剧院三团,多年来秉承着老一辈艺术家留下的优秀传统习惯,每排一部戏,剧组成员都要深入到实地体验生活,力求讲好中国故事,传播时代声音,凝聚创作力量。而今,其优秀的现代戏创作传统为豫剧《焦裕禄》的舞台呈现提供了强有力的支撑。

《焦裕禄》一剧在创作中,以孜孜以求、精益求精的精神,多年来对作品反复打磨,不断修改,在从高原到高峰的道路上执着前行。该剧在舞台上演出之后,引起了强烈的反响,既受到市场的普遍认可,也获得了不少业内专家在艺术上的肯定和赞扬。在此前提下,河南豫剧院三团没有满足现状和成绩,仍然紧抓质量不放松,不断提升作品艺术质量,不断朝着艺术高峰迈进。从焦裕禄精神到如今贾文龙团长率领的三团精神,在某种意义上讲几乎契合。

如果说焦裕禄作为一名共产党员,找准了个人在时代中的定位,做了自己该做的事,那么河南豫剧院三团也可谓在时代中找准了自己的定位,确立了自己的艺术品格和创作方向,在属于本团的创作道路上将豫剧艺术进行了时代传承。今天,焦裕禄精神值得人们铭记,河南豫剧院三团全团上下在剧目创作和院团品牌建设中的所做、所思、所坚持、所散发出来的与时俱进的精神,同样值得人们珍视。

豫剧《焦裕禄》不论在社会效益还是经济效益上都有着令人惊喜的表现,为河南省现代戏的创作探索出了一条可供遵循的道路。同时,豫剧《焦裕禄》在当下引发广泛关注,绝不仅仅源于第十一届中国艺术节获得文华大奖,而是早已在全国打响。这要归功于该团在剧目传播途径上与时代的互动,归功于高水准的宣传和营销,这也是河南豫剧院三团令人惊艳的地方。该团打破了在外界心中戏曲院团只会闷头演戏的一贯印象,通过豫剧《焦裕禄》的成功,让人认识到了河南豫剧院三团既有一流演出实力,又有一流运营能力。

在"互联网+"时代,豫剧充分调动了互联网传播媒介,不断扩大着戏曲的观众群体,丰富着戏曲的欣赏途径,使得河南豫剧在"互联网+"背景下不仅突破了地域、国界的限制,也突破了语言、宗教的限制,凡是有通信信号的地方、有通信信号的群体,都可能欣赏到豫剧。观众利用这一便利手段,无论身处何处,室内室外,甚至上下班途中,只要打开手机,只要联通网络,便可以随时随地观看豫剧,从而使豫剧欣赏完全成为一种随时达成的行为,加之豫剧作品在不断进行媒体传播,微博、微信互动,便形成了颇具规模的、可谓广泛的观众基础。

豫剧《焦裕禄》在豫剧充分与互联网呼应的大背景下,在传播上不断打造个性化品牌。如借助戏缘App(应用程序)的成功上线,扩大了剧目的传播空间。贾文龙作为首批入驻戏缘App的豫剧表演艺术家,在客户端开通了自己的艺术工作室,随时随地进行现场和面对面的视频交流与教学活动,让更多青年人及网络接触者关注豫剧,这也为让更多观众关注豫剧《焦裕禄》提供了可能性。

作为河南豫剧院三团推出的主旋律佳作,豫剧《焦裕禄》在艺术质量和思想高度上有着相对完美的结合,在与时代同频共振上做出了有益探索,这些都值得我们关注。

案例启示

从《麻醉师》与《焦裕禄》这两部作品的创作可以看出,要创作出能够入心、走心、动心,感染人、教育人、鼓舞人的优秀作品,关键应做到以下五点:

1. 要提升原创能力,在选题策划时求"创新"

以独到的眼光去发现,经典老素材与新挖掘素材都可以是创作的源头,关键是要有新视角,有与时代结合的、能引起当代观众感兴趣的、与其情感产生共鸣的角度。要注重传承与创新相结合,把准与时代、与人民同频共振的脉动,只有跟上时代发展,把握人民需求,才可能创作生产出人民喜闻乐见的优秀作品。

2. 要聚焦现实题材，在思想上求"精深"

当前要突出中国梦主题，深入开展中国梦主题文艺创作，就要从不同角度深度描绘实现中华民族伟大复兴这一波澜壮阔的历史画面，弘扬中国精神，凝聚中国力量。《麻醉师》取材于真实人物和真实事件，但却并不拘泥于既定事实，编导有意在更为宽泛的社会文化语境下，在人物与时代精神的互动中发掘其所蕴含的多重意义，从呼唤行业规范，批评社会不良风气到反思生命的价值和意义，《麻醉师》从多个角度，切近时代问题的复杂面向，并以主人公的人格魅力和精神力量，有力地回应了时代的精神难题。焦裕禄精神是中原人文精神的重要内容。豫剧《焦裕禄》找到了焦裕禄精神在新时代的表达角度，契合了"执政为民""以人为本""敢于担当"的当代执政理念和现代人文对"悲悯情怀"的尊崇和倡导，使焦裕禄精神呈现出了与时俱进的现实意义。

3. 要遵循规律，在艺术上求"精湛"

在艺术创作中，只有不断创新创造，探索符合当代观众尤其是年轻观众审美喜好和价值取向的表现手法和表达方式，才能使作品既有价值引领，又有生活态度，吸引更多人驻足观看、感动沉思。豫剧《焦裕禄》力戒"高大全"，着力塑造一个平实、真实、可亲可敬的县委书记的形象，使观众从熟悉的英雄人物身上，感受到了温暖与新意、震撼与启迪。《麻醉师》主创人员自觉扎根基层，深入生活实践，作品接地气、有灵魂，弘扬了中国精神，讲好了陕西故事，展现了当代社会生活的人性闪光点。

4. 要耐心打磨，在制作上求"精良"

要耐得住寂寞，尊重文艺规律，坚持内容为王，聚力聚焦质量，以精益求精的"工匠精神"，在一点一点打磨质量中造就有筋骨、有道德、有温度的文艺精品。不管是豫剧《焦裕禄》还是话剧《麻醉师》都是历经多次加工、提高，剧本中仅大的修改就达几十次，细节修改不计其数。作品的每一个环节、情节、细节和每一个角色、每一句台词、每一段旋律、每一个微小动作都进行了精心设计演绎，真正做到"讲究"而不"将就"。

5. 要加强人才和团队培养，在合作上求"精诚"

注重打造核心团队，鼓励策划、创作、表演、制作、营销等人才抱团发展，通过核心团队建设，带动文艺创作水平的不断提高。强化人才创业创新的激励机制，造就一支高素质文艺人才队伍。为了打造好《焦裕禄》这个剧目，河南豫剧院三团从上到下分工明晰，定位准确，密切配合。在排演过程中，河南省直属各院团积极伸出援助之手，要人给人，要物给物，不计得失，这才确保了好的艺术呈现效果。《麻醉师》在选择导演和编剧上，突破人员限制，聘请了多次获得文华大奖的编剧和导演负责此剧工作。

总之，文化精品的打造既要从生活的真实情况出发，也要从文化积淀的厚度、思想的高度去挖掘题材、提炼故事、刻画人物，这样才能讲好中国故事，塑造出有血有肉、有道德、有筋骨的艺术形象，书写出中华民族的文化自信和精神自信。

视角二

文化科技融合

拓展与更新

戴上虚拟眼镜看博物馆的藏品,在网络上观看全世界最有名的歌剧……科技正在让生活变得更美好。近年来,科学技术的飞速发展创造出了数字文化,形成了崭新的第三种文化形态。身处于体验经济的时代,小到酒店、咖啡厅,大到一个主题公园、一个特色小镇都有体验消费者。科技的发展日益深入而广泛地融入文化领域,使得文化产品的科技含量越来越高,传统文化产业得以改造升级,新兴文化产业业态得以显现。原来的公共服务场所,如博物馆、美术馆、文化馆、火车车厢,都可以享受到科学技术带来的新体验。文化与科技的发展相互作用、相辅相成,带来了双轮驱动效应,文化领域的科技创新拓宽和延伸了文化产业的发展道路。

以腾讯为龙头,近年来文化产业与"互联网+"战略的对接,文化与科技"双轮驱动",推动了网络文学、网络音乐、网络电影、网络演出、网络动漫等新兴业态迅猛发展,改变了人们的文化消费方式,也拓展了文化产业新的发展空间。2017年以"互联网+"为主要形式的文化信息传输服务业"一马当先",营业收入7990亿元,增长高达34.6%,显示出旺盛的生命力。2019年底,我国网络文学用户数达到了4.55亿,手机用户达到了10.87亿,网络文学市场规模达185亿元。中国网络文学已经成为与美国好莱坞电影、日本动漫、韩国电视剧并称的"世界四大文化现象"。

加强文化与科技相互作用的发展,推动文化与科技创新要素的有机结合,促进文化与科技有机融合创新机制的形成和完善,是我国文化产业发展的必由之路。党的十七届六中全会通过的《中共中央关于深化文化体制改革推动社会主义文化大发展大繁荣若干问题的决定》指出,科技创新是文化发展的重要引擎,发挥文化和科技相互促进的作用,加快发展文化产业,使之成为国民经济的支柱产业。党的十八大报告强调,促进文化与科技融合,发展新型文化业态,提高文化产业规模化、集约化、专业化水平。党的十八届三中全会通过的《中共中央关于全面深化改革若干重大问题的决定》指出,深化文化体制改革,激发民族文化创造活力,大力推进社会主义文化强国建设,增强国家文化软实力,推动中华文化走向世界。十九大报告提出,加大文化科技创新投入,提高文化科技创新转化能力,加强知识产权保护力度与宣传力度。

各个机关和部门出台的政策、规划也都明确提出了要加强文化与科技融合,强化科技在文化领域中的应用。

(1)2012年8月,科技部会同中宣部、财政部、文化部、国家广播电影电视总局、新闻出版总署联合出台了《国家文化科技创新工程纲要》,标志着中国把科技创新和文化创意融合提升为国家战略。

(2)2014年3月,《国务院关于推进文化创意和设计服务与相关产业融合发展的若干意见》(国发〔2014〕10号)提出,要加强科技与文化的结合,促进创意和设计产品服务的生产、交易和成果转化,创造具有中国特色的现代新产品,实现文化价值与实用价值的有机统一。

(3)2016年11月,《国务院关于印发"十三五"国家战略性新兴产业发展规划的通知》(国发〔2016〕67号)第一次将"数字创意产业"列为要重点培育的5个产值规模达10万亿元级的新支柱产业之一,指出以数字技术和先进理念推动文化创意与创新设计等产业加快发展,促进文化科技深度融合、相关产业相互渗透。

(4)2017年4月,科技部印发《"十三五"现代服务业科技创新专项规划》,明确指出要深入实施国家文化科技创新工程,强化文化科技资源整合和统筹规划,提升文化产业技术、创意和设计水平及文化内涵,提高文化产业整体实力,推进文化与科技深度融合发展。

(5)2017年4月,《文化部"十三五"时期文化科技创新规划》提出要强化顶层部署,构建文化科技创新体系,切实推动科技创新引领文化发展。

2018年5月,科技部、中宣部会同中央网信办、文化和旅游部、国家广播电视总局下发了《科技部办公厅、中宣部文改办关于开展2018年国家文化和科技融合示范基地申报工作的通知》,该通知为落实《国家创新驱动发展战略纲要》、《国家"十三五"时期文化发展改革规划纲要》和《国家文化科技创新工程纲要》,加快推进文化和科技融合,着力打造文化和科技深度融合的示范区、政策体系和管理机制先行先试的试验田、文化科技产业创新发展的先锋队,起到了极大的推动作用。

2019年8月,科技部、中央宣传部、中央网信办、财政部、文化和旅游部、广播电视总局共同研究制定了《关于促进文化和科技深度融合的指导意见》,并明确指出,面向文化建设重大需求,把握文化科技发展趋势,瞄准国际科技前沿,选准主攻方向和突破口,打通文化和科技融合的"最后一公里",激发各类主体创新活力,创造更多文化和科技融合创新性成果,为高质量文化供给提供强有力的支撑。

除以上政策文件外,《关于进一步加强文物工作的指导意见》《关于推动文化文物单位文化创意产品开发的若干意见》《"互联网+中华文明"三年行动计划》《国家"十三五"文化遗产保护与公共文化服务科技创新规划》《公共文化服务保障法》等,也均为文化与科技的深度融合提供了有力支撑。

文化与科技相辅相成、相互促进,先进的文化理念是科技创新的思想源泉,科技创新是推动文化生产方式变革的有力杠杆。当前,文化与科技的交融日益广泛和深入,科技已渗透到文化产品创作、生产、传播、消费的各个层面、各个环节,并成为文化事业与文化产业发展的重要支撑和动力引擎。文化产业发展的新时代要求文化产业工作者深入把握文化与科技的关联性,着力推动文化与科技深度融合发展。

案例一  江苏文化科技融合创新的新探索

江苏是文化产业大省,2018年江苏省文化产业增加值达9110.3亿元,占GDP比重接近9.8%,文化产业已经成为江苏省国民经济的支柱产业。江苏省同时也是全国科技创新大省,2019年江苏省科技进步对经济增长的贡献率达64%,区域创新能力连续多年居全国首位。全省规模以上文化制造企业、限额以上文化批零企业、重点以上文化服务企业法人单位中,新兴文化产业数量和增加值也呈现出高速增长趋势。文化与科技融合是全省经济发展的重要推动力,丰富的文化资源、一流的科技创新实力,为江苏推动文化科技融合发展奠定了坚实基础,江苏正加快文化科技融合创新步伐,孕育新业态模式,释放新动能,为江苏加快转型发展提供有力牵引。

1. 强化战略引导,抓重大项目建设

推动文化科技融合创新需要一批能填补国内空白、具有良好发展前景的重大项目"打头阵""立标杆"。江苏坚持规划引领,锁定文化科技发展所必需的核心技术、关键技术重点突破,下好融合发展的"先手棋"。

江苏省"十二五"文化发展规划明确提出,"十二五"期间需重点研发的关键核心技术、重点

产业化项目和重大创新载体,并先后发布《江苏省重点文化科技企业管理办法》《江苏省重点文化产业园区管理办法》等系列文件。在《江苏省提升文化创意和设计服务产业发展水平行动计划(2015—2017年)》中,专设"科技支撑"行动,确定年度支持的领域和方向,加大对文化科技融合创新的政策扶持力度。在江苏省"十三五"规划中,则更进一步提出培育新型文化业态,强化文化科技支撑,加强文化领域核心技术、共性技术、关键技术研发,积极参与国家文化技术标准制定,推动将文化创意支撑技术等纳入国家重点支持的高新技术领域。

为使文化科技成果转化更加顺畅,江苏省围绕数字内容、创意设计、动漫引擎等重点领域,组织实施省重点研发计划;围绕互联网电视服务平台与融合型智能终端、高效能云计算承载平台等领域,充分用好省科技成果转化专项资金。2019年9月,江苏省财政厅、江苏省科学技术厅发布了《关于下达2019年省科技成果转化专项资金的通知》。根据该通知,此次省科技成果转化专项资金涉及项目(课题)102个,省资助经费达9.355亿元(其中本年度拨款7.045亿元)。据了解,江苏省科技成果转化专项资金重点支持处于国内领先或国际先进、产品附加值高、市场容量大、产业带动性强的重大科技成果转化和产业化。2019年度共组织受理项目申报656项,其中产业核心技术创新491项、省地联合招标92项、自主创新后补助73项。

目前,江苏省先后推动南京、无锡、常州、苏州四个国家级高新区列入国家文化和科技融合示范基地,建成省级文化科技产业园32家,入驻企业超过5000家,累计评价省级文化科技企业195家,认定文化类高新技术企业582家,累计认定备案。省级以上文化类众创空间和科技企业孵化器100家;突破3D动漫引擎、数字媒体创作工具等一批关键核心技术;组织实施织锦文化遗产数字化、立体电视内容聚合等一批省重大科技成果转化项目。

2020年,疫情之下,针对文化企业如何渡过难关问题,3月6日,江苏省委宣传部、省科学技术厅、省财政厅、省文化和旅游厅、省广播电视局联合发布《关于应对新冠肺炎疫情影响推动文化业态创新的政策措施》(简称"文化业态创新十条"),推动文化企业深化文化科技融合,加快业态创新,促进文化产业持续健康发展。该政策措施具体分为十条:第一,支持共性关键技术攻关;第二,加大高新技术企业培育力度;第三,推动数字化转型升级;第四,加强数字内容创作;第五,扩大数字文化消费;第六,推动文化领域实施"双创"战略;第七,加快新型业态成果转化;第八,降低企业融资成本;第九,提升政务服务效能;第十,完善绩效考核体系。江苏首次推出的"文化业态创新十条",极大助推了文化科技融合。比如,第一条措施"支持共性关键技术攻关"中就明确指出,支持5G、人工智能、大数据、云计算、物联网、区块链等共性关键技术在文化领域的创新应用,并且省重点研发计划、省重大科技成果转化专项等省级科技计划将对文化科技创新项目给予倾斜支持。第二条措施"加大高新技术企业培育力度"中,不仅提到将大力推进符合条件的文化科技企业纳入省高新技术企业培育库,还提到其中三种情况将给予资金奖励,并且还会优先推荐申报全国文化企业30强和省民营文化企业30强。此外,"鼓励科技企业孵化器减免入驻企业房租""引导旅游景区、博物馆、主题公园等增加数字化服务"等众多含金量超高的具体措施,都极具社会关注度。

2.深化政府职能转变,培育文化科技企业

企业是市场主体,是推动文化科技融合创新的主力军。江苏省强调政府职能转变,激发人、财、物等资源活力,以优质服务培育领军企业。

江苏省结合"科技企业培育百千万工程",打造以高新技术企业为主体的文化科技创新型企业,推动文化科技企业向具有自主知识产权和自有品牌的价值链高端发展。着力推进创新资源、创新政策、创新服务向企业集聚,培育具有自主知识产权和自有品牌文化科技企业,打造以高新技术企业为主体的创新型文化企业集群。按照"两推进、双提升"的要求,推动文化科技企业等建设研发机构发展,增强企业自主创新能力和内生发展动力。

为进一步增强对文化科技企业的服务力度,2012年,江苏省委宣传部与省科学技术厅、文化厅、广播电影电视局、新闻出版局,共同出台《江苏省重点文化科技企业管理办法》,提出文化科技企业的认定办法、管理办法和扶持政策,并根据江苏重点文化科技企业技术指导目录,将文化科技融合创新方向锁定在电子信息技术、平台技术、工业设计等八大方向。

无锡国家数字电影产业园成立于2010年,是原国家广电总局批准设立,由原国家广电总局与江苏省人民政府共建的国家级数字电影产业园区。园区抓住科技拍摄、后期制作两个方向,斥巨资打造水下特效棚、影视云平台等软硬件设施。园区吸引了国内外一大批专业公司入驻,成为集电影申报、拍摄、制作、发行、交易等功能于一体,中国第一流的电影工业科技基地,被业界誉为"华莱坞"。

3. 外引内培专业人才,激发创新精神

人才是科技创新的第一资源。江苏省着力做好外引内培与鼓励激活两篇文章,充分激发人才活力,释放人才红利,为文化科技融合创新提供强力支撑。

针对专门人才,江苏省实施省级卓越文化艺术人才教育培养计划,优化协同育人环境,构建高水平合作育人平台。对省内院校开设的工业设计、建筑设计、文化软件设计、现代传媒等专业学科,在招生计划、师资配备、经费安排等方面予以倾斜。针对实用人才,江苏省推进产学研用合作培养人才,扶持和鼓励相关行业和产业园区、龙头企业和高等院校、职业院校及科研机构共建创意设计人才培育基地,探索学历教育与职业培训并举,创意设计与经营管理相结合的人才培养新模式。针对领军人才,江苏省将其纳入省"五个一批"人才建设工程和省"333高层次人才培养工程",依托海外高层次人才引进"千人计划"、外国专家"千人计划"等各类引才引智计划,引进海外高端人才。

在激发人才创新活力方面,江苏省落实国有企业、院所转制企业、职业院校、普通本科高校和科研院所创办企业的股权激励政策,完善政府奖励、用人单位奖励和社会奖励互为补充的多层次创意设计人才奖励等政策体系,健全创意设计人才使用、流动、评价和激励体系,建立健全知识产权入股、分红、融资等多种形式的产权激励机制,推进职业技能鉴定和职称评定工作。同时,对有重大贡献的文化创意设计人才给予重奖,对带技术、带项目、带资金来苏创办创意设计企业的给予重点扶持。对各类创意设计人才的创作活动、学习深造、国际交流等给予奖励和资助。

江苏金刚文化科技集团股份有限公司是一家由海归博士创立的文化科技企业。公司总经理王鹏勃是美国佐治亚州立大学信息技术博士、国家科技部"创新人才推进计划"领军人才、江苏省"创新团队"领军人才、江苏省双创人才。自成立以来,金刚文化科技集团股份有限公司始终将打造人才团队作为重中之重,这不仅使企业向产业链高端挺进,也为企业赢得了更多的政府支持。金刚文化科技集团股份有限公司先后获得江苏省首批文化科技重点企业、中国创新创业大赛全国总冠军等荣誉,这些成绩帮助企业吸引了多家顶级E投资。目前,金刚文化科技集团股份有限公司已经拥有一支集机器人、虚拟现实、人工智能、工业设计、影视特效等十多个学科门类的复合型团队,取得自主知识产权80余件,年销售额达亿元,已成为在新三板上市的"小金刚"。

4. 锁定互联网技术,带动业态创新

当前,以互联网技术为代表的现代信息技术正成为传统产业转型升级的重要推力。江苏省从两个维度引导互联网技术与文化产业融合发展。

一方面,构建文化产业互联网平台,解放文化产业生产力。蓝海彤翔集团就是代表。很多文化科技融合发展项目需要大量资金投入,比如,一个成规模的渲染平台的资金投入就在千万级,诸多中小企业根本无法独立负担。蓝海彤翔集团正是抓住这一市场价值点,利用互联网平台,为数量众多的中小文创企业匹配发展所需的要素资源。蓝海彤翔集团整合中国传媒大学的行业优势和天河超算中心的资源优势,突破传统文创行业的工作模式,把互联网技术和众包、众筹等新模式融合到生产、管理中,把创新单位分解到个人,共享共用要素资源,分摊降低生产成本,打造了一个文创行业"大众创业、万众创新"的线上众创空间,主要业务涵盖互联网平台业务、影视特效制作、动漫渲染以及IT高性能计算、云计算服务等。

另一方面,创新商业模式为传统文化企业植入互联网基因、催生新业态。南京新与力文化传播有限公司就是代表。南京新与力文化传播有限公司在创业之初,以传统出版业务为主。2007年,该公司开始走上文化与互联网科技融合发展之路,yoho.cn潮流文化社区上线,消费者不仅可以在网站上浏览内容,还可以发布内容。次年,电子商务网站"YOHO!有货"上线,南京新与力文化传播有限公司从单一的纸媒业态转型为"互联网媒体＋电子商务商业"的新型业态,并由此催生出"潮人导购师"这一新商业主体,让消费者有机会共享企业发展红利。2011年,南京新与力文化传播有限公司抓住移动互联网发展契机,全面上线电子杂志《电子商务》,每期电子杂志订阅量超过4万份。借此机会,南京新与力文化传播有限公司进一步向会展业态延伸,形成了"媒体＋零售＋会展"的一体化平台模式。南京新与力文化传播有限公司已集结了全球1400多个潮流快销品牌,实现销售规模10多亿元,年纳税5000万元以上。

5. 引导资本嫁接,助力企业转型升级

资本是文化科技融合创新的催化剂。江苏文化产业中的中小民营企业数量达到8万多家,这些企业大多资金实力有限。如何推动金融资本、社会资本与文化科技有机结合,快速培育出一批小巨人企业,成为推动文化科技融合创新的重要课题。

江苏省针对重点文化科技企业不断加大金融支持力度,出台专门文件引导国家政策性银行对省文化科技企业优先给予贷款融资支持,努力引导创新链、产业链、资金链相互交织、相互支撑。同时,江苏省实施科技企业上市培育计划,集中科技资源,集成各类科技计划,加大对其上市关键成长期的支持力度,为高成长性科技企业上市开辟绿色通道,努力帮助企业"借船出海"。

苏州和氏设计营造股份有限公司成立于2004年,曾一度面临融资难、融资贵等问题。2012年,苏州和氏设计营造股份有限公司入选江苏科技企业上市培育计划,获得省科技型企业上市培育专项资金支持,获得省科技型中小企业创业投资引导资金、保荐评审等专门支持。2014年1月,苏州和氏设计营造股份有限公司挂牌上市,成为博物馆展览馆行业新三板第一家上市企业。借助资本力量,苏州和氏设计营造股份有限公司已从博物馆主题策划,向空间设计、展项创意、艺术展陈创作、多媒体技术手段研发和系统集成、后期运维等产业链高端领域拓展。

除了省级层面,江苏省各地市也积极探索文化科技企业嫁接资本力量的路径。无锡市成立江苏省首家由银保监会批准的文化产业专营银行机构——无锡农商行太湖文化支行,并在成立后2个月为近40家文化企业授信8.23亿元,贷款7亿元。南京市于2013年底成立文化金融中心,首批4家"文化银行"累计发放贷款近10亿元;2013年初成立全国首家文化小额贷款公司,累计发放贷款4.91亿元;组建天使投资基金和新兴产业投资基金,截至2015年,已到位资金9亿元;遴选2家保险公司推出信用保证保险,为文化企业提供信用保证和风险保障。2017年11月,南京启动建设具有全球影响力创新名城,举全城之力推动科技成果项目落地、新型研发机构落地,推动校地融合发展,其中优化科创企业资本环境成为重中之重。2018年6月,南京成立创新投资集团,作为国有资本主导的科技产业资本市级运作平台,初期设立科技创新基金50亿元,引导社会资本投向种子期、初创期的企业,新型研发机构孵化的科创企业成为主要投资对象。

案例二　杭州:文化与科技融合之花绚丽绽放①

杭州,曾经因为一句"上有天堂,下有苏杭"成为人们印象中"天堂"的化身,也曾因"梁祝""白蛇传"等美丽传说而披上浪漫的头纱。西子湖的一池碧水,闹中取静的西溪湿地,内敛隽秀的杭州人让这人间天堂在今天始终保持着大家闺秀的静谧风韵。2016年,G20峰会更是让这座"世界上最美丽华贵之城"闪耀于世界东方,加快迈入世界名城行列步伐。杭州市近年来厚植历史文化名城优势,出台专项举措,整合多方资源,加快促进文化和科技融合发展,取得了明显成效。杭州市文化与科技融合之花越来越灿烂,杭州市荣膺全国第一批"国家级文化和科技融合示范基地"称号。

1. 把园区当起点,承载产业发展

遮不住的青山隐隐,流不断的绿水悠悠,西揽西湖水光山色,东临钱塘净宇江天,风景如画,人文璀璨,素有"人间天堂"美誉的杭州是一个没有去的人想去、去了的人不想离开的地方。浸润着杭州气质的文化产业园区星罗棋布,各展风采。杭州市委、市政府办公厅曾印发《关于促进文化和科技融合的若干政策意见》和《关于印发杭州市文化和科技融合示范园区、示范企业、示范公共服务平台认定管理办法的通知》,以促进杭州文化产业发展。

园区是文化和科技融合的主平台。近几年,杭州充分依托杭州国家高新技术产业开发区建设,积极整合旧厂房、旧仓库、农居等资源,以创意科技成果转化、高新技术企业孵化、创新创业人才集聚与培养为方向,加快文化创意产业园区建设。之江文化创意园、西湖数字娱乐产业园、乐富智汇园三个园区先后获得"国家数字娱乐产业示范基地""国家大学科技园""国家级科技企业孵化器""国家高新技术创业服务中心""全国优秀高新技术产业园区""浙江省科技企业孵化器"等荣誉称号。杭州国家动画产业基地电视动画片产量连续多年居全国国家级动画产业基地之首,占浙江省原创作品总量的80%以上。

---

① 魏东柱.杭州:文化与科技融合之花绚丽绽放[EB/OL].(2016-10-20)[2019-04-18].http://kfrb.kf.cn/html/2016-10/20/content290366.htm.

玉皇山,峰峦俊秀,奇石异洞交错,青竹绿树交翠。在玉皇山脚下、钱塘之滨,缓缓流淌着老杭州的味道,由杭州原先的陶瓷品市场仓库以及部分老厂房、老农居改造而成的杭州山南国际设计创意产业园,已成为文创和金融投资两大产业集聚区。

钱塘江南岸,500处农居经过艺术家的魔术之手,变得富有人文气息和创意灵感。目前,该处已成为以动漫游戏、设计服务、现代传媒、文化会展为主导的文创产业集聚区。

西溪创意产业园位于西溪国家湿地公园内,依水而建,与湿地内的自然景观融为一体,目前已形成以剧本创作、影视拍摄、制作、电影发行、院线放映为主要特色的文化产业格局。该园已吸引杨澜、潘公凯、余华、刘恒、邹静之、赖声川、朱德庸、蔡志忠、麦家等名人,以及"国内电视剧第一股"浙江华策影视股份有限公司、"国内最大纪录片库制作公司"长城影视股份有限公司等企业入驻。

2. 把企业当重点,培育新兴业态

杭州以入选国家第一批三网融合试点城市为契机,充分发挥华数数字电视传媒集团有限公司的行业优势,加大了对数字化关键技术、专有技术的攻关力度,拉长了数字电视"产业链"。

越来越多的杭州文创企业认识到"文化+科技"的重要性,纷纷采取这种发展模式,华数数字电视传媒集团有限公司就是其中的佼佼者。凭借"新媒体、新网络"双轮驱动,该集团公司短短几年间就实现了跨越式发展,建成国内最大的数字化节目库,并率先涉足"云数据"平台,打通互动电视、手机电视、互联网电视等全媒体业务链。

凭借自主研发的"网维大师"平台,杭州顺网科技股份有限公司在创新之城杭州成功推出了新样本,变网吧业为"朝阳产业",它以穿透还原、三层更新等特点领先业界。杭州顺网科技股份有限公司的目标就是打造一个集游戏、音乐、广告等多种娱乐形式为一体的互联网娱乐平台,凭借独特的盈利模式,该公司在深圳创业板成功上市。

以丝绸文化礼品蜚声海内外的万事利集团,从清华大学百年校庆的"清华彩"到浙江的"浙报彩",从洛阳的"牡丹彩"到南昌的"城运彩",万事利集团将文化内涵和高科技核心技术注入传统丝绸行业。在企业发展过程中,万事利集团始终从品牌出发,以文化落脚、以科技支撑,用文化创意和高科技为丝绸注入鲜活动力,实现了丝绸在文化创意礼品、装潢装饰和艺术品等领域的延伸与拓展,为中国传统产业的转型升级提供了范本,还为创新提升企业价值带来了新的思考。万事利集团精心开发了多种丝绸文化礼品,先后亮相上海APEC峰会、北京奥运会、上海世博会和广州亚运会等国际盛会。

3. 把精品当基点,注重技术研发

由著名导演张艺谋执导的2016中国G20杭州峰会"最忆是杭州"文艺演出9月4日晚在杭州西湖震撼上演,此次演出在室外水上使用全息投影技术,将科技手段和自然环境完美融合,成为演出的最大亮点之一。张艺谋表示,全息技术用在室外、用在水面上、用在一个完全自然的环境中,此前还没有过,这次演出难度堪比奥运会开幕式。

精品代表着同类事物中的最高成就,凝聚着创造者的智慧结晶,杭州动漫精品就是其中的典型代表。杭州市历来重视动漫产业,并将动漫产业作为文创产业的重点扶持对象,不仅加大对动漫产业的资金支持,更强调企业自身的技术研发,从"输血"变"造血"。

为此,杭州市着力实施"文化创意产业支撑技术"专项工程,通过利用数字、网络、3D、高清、多媒体等多种高新技术,有效提升了文化产品的表现力和传播力,成功推出了一批文化精品。杭产动漫《郑和下西洋》获得了国家"五个一工程"奖,动画片《梦回金沙城》成功入围第83届奥斯卡最佳动画长片奖,并喜获第14届华表奖优秀动画影片奖。

浙江中南卡通股份有限当属杭产动漫产业中的领军企业。该公司80%的主营业务收入来自建材,却投入80%的精力在动漫产业上。从第一部动画片《天眼》开始,该公司就以高品质标准打造《天眼》《魔幻仙踪》《星级飙车王》《郑和下西洋》《乐比悠悠》等15个系列、35部精品动画片近5万分钟,原创动画生产能力稳居全国前列。

谈到杭州的文化精品就不得不提具有杭州文艺界与旅游界一面旗帜之称的《宋城千古情》。该剧由具有中国文化演艺第一股之称的宋城集团倾力打造。在内容上,该剧由极具中国民族特色的篇章组成。在表现形式上,《宋城千古情》借鉴了国外优秀的歌舞形式进行包装,集舞蹈、时装表演等多种表演艺术元素为一体,并采用了当今世界先进的灯光、音响、舞美、服装等表现手段。正是由于内容上扎根于民族文化,形式上融汇其他艺术的精华,《宋城千古情》赢得了很高的社会效益和经济效益,并先后获得国家"五个一工程"奖、舞蹈最高奖荷花奖,带动了每年逾300万游客量的杭州夜游市场消费。

4. 把平台当节点,优化公共服务

杭州市文化和科技的融合离不开政府搭建的平台。近年,杭州十分重视平台建设,从园区平台到产业平台,从国内节展到国外亮相,从科研平台到金融平台,一个个平台的搭建破解了产业集聚、市场推广、科技研发和投融资等难题。

在展会方面,杭州市连续举办了中国国际动漫节、中国杭州文化创意产业博览会等,这些展会已成为动漫界的盛会和文创产业交流的舞台。中国国际动漫节是唯一的国家级动漫专业节展,先后被国家"十一五"和"十二五"文化发展规划纲要列为重点扶持的文化会展项目。中国国际动漫节自2005年以来,每年春天固定在杭州举行,每年都将评选出中国动漫最高奖项"金猴奖"。以2019年第十五届中国国际动漫节为例,此次动漫节共有86个国家和地区的动漫企业、构机和专业人士参加,共有143.6万人次参与。实际成交及达成签约交易、意向合作项目1368项,涉及金额139.84亿元,动漫节消费涉及金额25.20亿元,总计165.04亿元。

杭州市十分重视科技平台,充分发挥当地高校资源优势,先后打造了"杭州国家动漫游戏公共服务平台""浙江省可视媒体智能处理技术研究重点实验室"等技术平台。针对大多数文创企业自主知识产权保护意识薄弱,杭州市积极开展知识产权保护进园区工程,引导企业进行专利、软件著作权的申报和版权登记工作。

面对中小文创企业融资难的问题,杭州市积极搭建融资平台,破解融资困境。具体如下:组建国有文创产业投融资平台——杭州文投创业投资有限公司;推出总规模5亿元的杭州市文创产业投资基金;成立杭州市文化产权交易所,着力培育杭州市文化产权市场的"信息、金融、交易"三大中心,成为杭州一个重要的文化产权综合性交易融资平台;杭州市每年安排不低于1000万元的投融资专项资金支持文创产业发展。

5. 把人才当支点,漾起创新活水

杭州2015年出台了最具吸引力的"人才新政27条"——《杭州市高层次人才、创新创业人才及团队引进培养工作的若干意见》,从加大人才和团队引进培养力度、完善人才创业扶持政策、优化人才生活服务保障、切实加强组织领导五个方面对政策进行创新,可以说是最优惠、最实在、最有含金量、最可操作的吸引人才的政策。

随着文化与科技的不断融合,杭州市集聚了一批文化人才,为全市文化创意产业发展提供了有力的智力支撑。目前,朱德庸、蔡志忠、许江、王澍、姚非拉等一大批文化名人先后在之江文化创意园、白马湖生态创意园等园区落户,越来越多的文化名人融入杭州这座"东方品质之城"。

白马湖畔,花草掩映下,一座徽派建筑若隐若现,它就是著名漫画大师朱德庸在白马湖的工作室。朱德庸是杭州最早引进的在全国享有盛名的漫画家之一。在第八届中国国际动漫节的"朱德庸日"上,作为杭州市重点引进人才,朱德庸带来了26幅原创手稿进行展出,有《双响炮》《涩女郎》《醋溜族》《粉红女郎》等,这些画作真实记录了他的发展历程,弥足珍贵。

提起王澍,大家会觉得有些陌生。如果提起普利兹克建筑奖,相信大多数人都知道。就是这样一位默默无闻、在国外没有任何代表作品的杭州本土建筑师获得了2012年普利兹克建筑奖。漫步在由王澍设计的中国美术学院象山校区,就像置身于传统的中国水墨山水画之中,传统的东方韵味在校园里缓缓流淌。王澍的获奖代表着中国的建筑理念得到了世界认可,也标志着东方建筑美学和当代建筑的完美结合。

杭州非常重视后续人才的开发和培养。全市认定了一批文创产业大学生创业孵化基地,为在杭州的文化创意产业类大学生和企业管理人员带来文创方面最新的管理知识和实战经验。

《2015年杭州文化创意产业白皮书》是杭州首次发布文化创意产业白皮书。据该书的数据显示:2015年,杭州市文创产业实现增加值2232.14亿元,同比增长20.4%,高于GDP增速10.2个百分点,占GDP的22.2%。

清华大学国家文化产业研究中心主任熊澄宇认为,杭州的文创产业之所以能取得如此大的成绩,是因为杭州走出了一条原创性、差异性的"杭州模式"发展之路。

"文化是一个民族的灵魂和精神,是一个地区的资源和品牌。"正如杭州市委有关领导所说,"我们要把文化元素融入产业产品、旅游发展、城市建设、科技创新等各个方面,让文化基因渗透到经济社会发展各个领域,着力推动文化与经济、科技、旅游、生态等融合发展,互促共进。"

案例三 "文化+科技"激活创意 深圳南山探索文化产业新路径[①]

作为改革开放的发祥地,经过近40年的发展,敢为天下先的精神在深圳南山区这片热土上澎湃依旧。文化立区是南山区未来发展的重要战略,如今"文化+科技"已成为助推南山文化产业"转型升级"的巨大动能。

近年来,围绕南山区打造"文化中心"的目标定位,奋力迈进世界级创新型滨海中心城区的战略部署,区委、区政府将文化产业发展摆在突出位置,探索"文化+科技"模式激活"创意密码",文化产业规模和效益呈现快速增长的态势。2018年上半年,南山区文化创意产业实现增加值606.5亿元,同比增长14.4%,约占全区战略新兴产业的33.9%。截至2018年9月,在境外主要交易市场和境内主板上市文化企业约14家,新三板上市19家。一大批富有创意、发

[①] 新浪深圳."文化+科技"激活创意 深圳南山探索文化产业新路径[EB/OL]. (2018-05-09)[2019-04-20]. http://shenzhen.sina.com.cn/news/zh/2018-05-09/detail-ihaichqz0988577.shtml.

展迅猛，实力强劲的行业领军企业正在蔚然崛起，初步形成文化产业骨干企业的强大阵营和合理梯队，并逐渐取得行为领先优势。

1. "文化＋科技"助推文化产业"转型升级"

每一片叶子都有其独特的脉络，南山文化产业发展路径也处处彰显着"南山特色"。"文化与科技紧密结合、创意与创新水乳交融"是其发展的最独特的DNA。以文化为基因，以创意为翅膀，融合互联网、新媒体、高科技等手段，实现从传统的单一文化产品到多元、现代、高科技的文化产业转型升级。

南山区依托全国"科技强区"这一得天独厚的优势，最早尝试"文化＋科技"的发展模式。经过近些年发展，南山文化产业从传统模式向以数字、创意为特征的现代模式转变，着力发展创意设计、动漫游戏、数字媒体、影视演艺、高端印刷、文化软件及文化旅游等七大产业群，培育了一批规模较大、实力强劲、发展迅猛的领军企业。初步形成了以腾讯、华侨城等为龙头，云中飞、大地影院、华强方特、创梦天地等为第二梯队，雅昌、环球数码、聚橙网、墨麟、奥雅、冰川等为第三梯队的合理梯次发展结构。

南山区是"经济大区""创新强区""文化产业高地"。截至2019年5月，全区上市企业156家，是全国上市企业集聚第一区。2018年本地生产总值5018.36亿元，位居全国区（县）第三，广东省第一。2018年，深圳市文化创意产业增加值2621.77亿元，南山区占比一半以上。10年来，全区文化产业增加值增长约10倍。

如今，"文化＋科技"已在全国掀起文化产业发展模式的变革风潮，成为助推文化产业"转型升级"的巨大动能。南山区站在高起点上，继续走在产业前沿，探索"文化＋科技"深度融合的升级模式，进一步拓宽文化产业的覆盖面与内涵深度，增加产业附加值与竞争力。

重点发展数字创意产业。内容为王，是数字创意产业的主旋律。南山区大力发展网络文学、动漫、影视、游戏、创意设计、VR、在线教育等，是现代信息技术与文化创意产业融合而产生的新经济形态。据了解，该区在游戏、动漫领域已具备一定产业优势。如腾讯的游戏平台，打造了"王者荣耀""绝地求生"等一系列风靡全网的爆款游戏。华强文化的《熊出没》则荣获两届全国精神文明建设"五个一工程"奖，《熊出没·变形记》更是成为中国电影史上第二部票房超6亿元的国产动画片。今后，南山区将加快发展数字创意产业，加大对数字创意产业扶持力度，促进利用云计算大数据、虚拟现实、人工智能等高新技术支持创意内容，推动创新成果在文化领域的应用和产业化。鼓励原创文化精品，引导大众文化消费需求，进一步拉动文化消费，同时做好文化产业IP保护和授权开发，实现内容与效益并举的内涵式发展。

从"互联网＋"向"内容＋"转型，助力新兴企业发展。从最初关注科技支撑，利用互联网技术，为文化插上翅膀，到开始更多关注内容制作，鼓励原创，打造精品。如创梦天地与腾讯视频携手打造全国首家线下体验店，打造泛娱乐技术新生态；有声阅读新业态企业懒人在线，目前拥有用户数3亿，2017年"内容付费"过亿元；数字视觉创意产业企业虎图像，随着全息幻影成像、裸眼3D技术等新技术的推出，成为行业领军企业；新媒体公共艺术产业企业声光行，以前沿的声、光、电技术为支撑，以互动艺术为内容，在市场占有一定份额。

"高端、创意、创新"成为南山文化产业的独特优势，"品质、内容、数字"成为南山文化产业的闪亮名片。南山区正在探索以文化为内容，以科技为支撑的创新链和产业链互动融合的产业融合及高端服务的模式，明确未来文化和科技融合的着力点，明晰文化产业未来发展路径，创新文化产业发展新模式和新业态,努力争创"国家级文化科技融合创新区"。

2. "引导＋市场"推进改革,坚定"文化自信"

文化产业特有的经济属性和人文价值,决定了只有把政府这只"看得见的手"和市场这只"看不见的手"紧密结合起来,才能推动文化产业持续、快速、健康发展。一直以来,南山区以"政府主导、市场运作"为原则,通过政府引导、科学规划建设,形成整体合力布局,同时充分吸引并以民间投资为主体,以市场化运作方式激活民间主体活力,南山区的文化产业发展不断形成集聚效应。

经过多年的政策引导和精心布局,在南山这片热土上已经集聚了以文化科技融合为特色的一批动漫、游戏企业科技园片区,以创意设计为特色的前海深港设计创意产业园、万科云设计公社文创园的留仙洞片区,以创意设计、当代艺术、先锋音乐为特色的华侨城片区的国家级创意文化园,以创新创意、艺术创意为特色的蛇口片区的南海意库、价值工厂、设计互联,还有以文化消费为特色的后海片区,整体形成以科技园文化产业为核心,前海创意文化产业园和留仙洞创新文化产业园为双翼,华侨城、蛇口、后海为三大文化产业园产业中心的"一核双翼三中心"文化产业新格局。

按照《深圳文化创新发展 2020(实施方案)》《南山区文化创意产业发展十三五规划(2016—2020)》的指导要求,南山区注重编制、发展创意设计、动漫游戏、数字媒体等"七大行业",打牢文化产业发展根基,引导文化产业前进方向。

此外,财政引导资金也不断发挥"鲶鱼效应"。自 2006 年起,南山区设立文化产业发展专项资金并持续根据文化产业发展情况不断修订资金管理办法,截至 2017 年已累计支持了 23 批次 2739 个项目。集中力量扶持文化产业园区和基地、办好文博会、扶持有潜质和创新优势的中小微企业、凝练产业内核、扶持原创开发和拥有完全自主知识产权的产品等,激发市场主体的创新活力。

2018 年,南山区文化产业发展办公室围绕"突出招商引资、突出经济贡献、突出内容生产"三个突出原则,聚焦园区发展、引进和培育骨干企业、展会和交流活动、鼓励原创文化精品创作等四大方面对文化产业分项资金政策进行修订,力图做到精准施策,进一步发挥修订后的文化产业发展分项资金政策的引导和扶持作用,培育行业领军企业和独角兽企业。

在"引导＋市场"推动下,相当数量的南山文化产业企业开始瞄准海外市场,积极响应"一带一路"倡议,推动中国文化"走出去",坚定"文化自信"。华侨城和华强方特均 9 次入选"全国文化企业 30 强",此外南山区还拥有一百多个在各行业中位居前列的文化科技企业品牌;雅昌、华强方特、环球数码、第七大道四家企业入围《2017—2018 年度国家文化出口重点企业公示名单》,涵盖动漫、印刷、科技、游戏等多个领域。环球数码《聪明的顺溜》荣获 2017 年度优秀国产电视动画片、中国文化艺术政府奖第三届动漫奖。

3. "园区＋生态"发挥集聚效应,营造活力发展生态

单个文化创意企业是文化市场中的活力因子,而企业集聚而成的文化园区和基地已成为南山文化产业发展的引擎。

经过近十年的发展,文化产业园区基地的集聚效应凸显。南山区目前共建成市级及以上文化产业园区和基地 22 家,其中市级文化产业园区 12 家,约占全市 1/4;省级文化产业示范基地三家,占全市 3/4;"国家级文化产业示范园区和基地"四家,约占全市 1/3。如今,南山正

在引导现有园区基地在做大做强的基础上,完成从以专业集聚为主的园区1.0向以特色服务为主的园区2.0转变。突出各园区主题,形成梯次,差异发展。同时新建精品园区,如打造建筑设计、景观设计、工业设计企业集聚区的万科云设计公社,2019年第十五届中国(深圳)国际文化产业博览交易会上,有18家入驻企业进行了设计集群入驻签约;打造设计服务、数字影视、信息媒体文化园区的前海深港文创小镇;支持高北十六创意园引进同济大学创意设计学院"未来需求实验室"项目,合作建设未来生活研究院等。沿着未来文创概念做好园区规划,促进南山文化产业发展的良性"血液循环",形成文化产业"创新生态"。

另外,借助展览会、孵化器、行业协会等各种平台,推动南山文化产业"走出去"和"引进来"。借助国际文化产业博览会这一国家级文化产业博览交易会,通过组建主会场南山展团、承办分会场以及配套文化活动等方式,为企业搭建"显身手"平台。

积极引进深圳-布里斯班国际创意孵化中心项目,该项目作为国际双向文化创意产业孵化和文化交流平台项目,由深圳和布里斯班两地孵化中心共同组成,充分发挥孵化器和桥头堡作用,促进文化产业经济提升和国际文化交流。支持成立南山区文化科技促进会,利用行业组织的力量推进文化科技深度融合发展,发掘文化科技产业机会,集聚产业培育力量,打造了一个集聚创新人才、产业基金、信息与商机充分流动的服务平台,由此形成科技自觉融合文化、文化交融科技的良性发展路径,进一步提高南山区文化产业整体实力。

以十九大精神为指导,以改革开放40周年为契机,深圳南山围绕建设"世界级创新之都、现代化宜居之城、国际化魅力之都"发展愿景,用"文化+科技"激活创意密码,用"引导+市场"推进改革坚定"文化自信",用"园区+生态"形成产业集聚营造活力发展生态,大力建立完善支持文化创意产业发展的生态系统,充分激活市场在配置资源中的决定性作用,使文化创意产业成为南山区经济社会发展的强大引擎和支撑,在迈向世界级创新型滨海中心城区道路上砥砺前行。

案例启示

本章三个案例是从政府管理的角度加快文化与科技的发展,如何通过文化与科技的融合做大做强,通过对以上三个案例展示可以看到,政府在文化与科技融合产业发展中发挥着重要作用。主要有如下的经验启示:

1.改进管理服务,完善文化科技融合政策体系

新生事物的成长都需要关爱和支持。文化和科技的融合,作为一种新的工作内容和发展方向,更是需要政策的引导和扶持,需要政府的主导与推动。一是健全文化科技管理体制机制,构建职责清晰、分工明确的跨部门协作机制,建立完善文化科技融合发展督查推进制度,规范文化新业态内涵、分类等基础问题,适时出台宏观发展规划。二是落实财税优惠、用地保障等配套政策,着重发挥财政资金导向作用,加强文化产业专项资金等对文化科技融合创新的倾斜,鼓励各级政府加大配套资金投入。

2.强化创意创新,提升文化新业态核心竞争力

一是提升文化科技企业自主创新能力,加强培育和认定文化新业态领域高新技术企业,重点培育具有自主知识产权、优势品牌和较强市场竞争力的骨干企业,支持骨干企业建设重点实验室和工程技术研究中心,提高核心关键技术与装备的自给率。二是支持文化科技领域产学研协作体系建设,打造专业研究院、产业技术创新战略联盟等专业平台,加强与文化新业态密切相关的关键共性技术攻关,强化科技对文化新业态的引领功能。三是加强文化创意开发与转化,鼓励企业构建文化创意研发中心,推动文化元素植入科技产品,建立完善创意与研发对接机制,充分发挥文化创意与科技创新的互动作用。

3. 加快资源整合,放大文化新业态集群效应

一是加强文化新业态关联产业协同规划,破除企业跨地区、跨行业经营壁垒,鼓励企业整合创意、研发、生产及营销等上下游环节,打造和延伸文化新业态产业链。二是支持文化新业态企业集团化发展,提高企业集约化程度和规模经营能力,引导企业组建发展战略联盟,实现创意创新资源的综合开发、互通互享,联合打造文化新业态区域品牌。

4. 贯彻人本理念,强化文化新业态人才支撑

一是建立多层次文化科技人才培养体系,加强与相关高校、职业技术学院与市场对接,结合文化新业态发展需要设置专业与课程,鼓励大型企业面向本行业开展职业技能培育、推广先进标准与理念,推动企业与高校及科研机构联合培养文化新业态高端人才。二是完善文化科技人才管理与激励机制,组建文化科技人才库,支持文化新业态企业实施创意创新骨干人才持股、参股、配股等政策,探索建立文化新业态人才职称评定和职业资格认证机制。三是注重引进高层次文化科技复合人才,研究制订专项人才引进计划,加强子女教育、住房、医疗及税收等政策配套,全面营造尊重人才、人尽其才、才尽其用的良好环境。

5. 健全市场秩序,优化文化新业态发展环境

一是健全知识产权保护体系,加强文化新业态知识产权登记管理与评估,加强产权交易市场监管与服务,完善网络、信息技术环境下产权保护的有效手段,加大对文化领域知识产权侵权行为惩治力度。二是健全文化科技市场化融资体系,引导金融资本、社会资本、境外资本进入文化新业态领域,鼓励银行等金融机构开发针对性金融产品,鼓励文化产权交易、投资担保等机构搭建文化科技投融资服务平台,推动综合实力强的文化新业态企业上市融资。三是加快培育服务型社会组织,支持行业协会加强行业规范、标准建设与权利救济,发展面向文化新业态的评估、咨询、知识产权服务等中介机构。

视角三

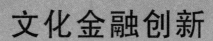

文化金融创新

拓展与更新

文化产业与金融的融合并不是一个新的概念,这个概念最先出现于 2010 年中宣部、人民银行等九部门发布的《关于金融支持文化产业振兴和发展繁荣的指导意见》,该文件提出了"推动文化产业与金融业的对接""促进银政企合作",这一理念在各地的实践操作中逐步形成了"文化金融合作"的概念。2012 年 6 月,文化部出台《关于鼓励和引导民间资本进入文化领域的实施意见》,提出鼓励民间资本投资文化产业,建立健全多元化、多层次、多渠道的文化产业投融资体系。

党的十八大以来,我国金融体制改革逐步推进,多元化多层次的投融资体系逐渐完善,为文化产业发展插上了金融的翅膀,文化金融合作进入新阶段。十八届三中全会提出了"鼓励金融资本、社会资本、文化资源相结合"的要求,将文化金融合作纳入了全面深化改革的总体格局,体现了中央对文化金融合作的高度重视,为文化金融合作发展指明了方向。

2014 年 3 月,文化部、中国人民银行、财政部三部委联合发布《关于深入推进文化金融合作的意见》。该意见没有过多重复以往金融单方面支持文化产业的诸多具体事项,而是从促进文化和金融的对接与合作角度对今后工作提出指引,重点体现了文化金融合作的新趋势、新需求、新做法,着力在文化金融的瓶颈环节、薄弱领域下功夫,体现出文化金融合作的开拓创新。从此,文化金融合作进入了新的发展阶段。

2014 年 7 月,文化部、工业和信息部、财政部等部门联合发布《关于大力支持小微文化企业发展的实施意见》,指出大力推广小微文化企业集合债券、集合信托、短期融资券和行业集优债券等。国家开发银行、北京银行等政策类和商业性银行已成功运作中小企业集合票据融资。在运作过程中,首先由地方政府牵头挑选出 2~10 家中小企业组成集合,担保机构提供担保,同时地方担保公司或产业基金提供反担保措施,发债企业将资产抵押给反担保公司,注册通过即可在金融市场发行债券。

2015 年 5 月,国务院办公厅转发了财政部、发展改革委、人民银行《关于在公共服务领域推广政府和社会资本合作模式的指导意见》,文化领域首次被纳入,在第二批政府与社会资本合作示范项目中 11 个文化项目被纳入,总投资规模超 1000 亿元。

2016 年 6 月,财政部联合文化部、教育部等二十部委印发了《关于组织开展第三批政府和社会资本合作示范项目申报筛选工作的通知》,文化部门首次作为工作的推动部门,出现在国家 PPP(公私合作模式)战略实施的文件中。

根据国家统计局数据显示,2017 年全国规模以上文化及相关企业共计 5.5 万家,实现营业收入 91950 亿元,比上年增长 10.8%(名义增长,未扣除价格因素),增速提高 3.3 个百分点,继续保持较快增长。文化及相关产业 10 个行业的营业收入均实现增长。2018 年 3 月,在国家机构改革中,文化部和国家旅游局合并组建文化和旅游部,这将对文化产业发展起到积极的推动作用。

2017 年,文化产业发展过程中,资本市场投融资活动活跃,监管趋严背景下,新的文化金融政策内容对风险较高领域持谨慎策略,文化金融各领域发展格局日渐清晰,调整之下文化金融政策的主体部分得到进一步延续和深化。

2017 年国家部门出台的文化政策文件主要包括:2017 年 5 月 7 日中共中央办公厅、国务院办公厅印发的《国家"十三五"时期文化发展改革规划纲要》、2017 年 02 月 23 日文化部印发的《"十三五"时期文化发展改革规划》、2017 年 4 月文化部印发的《关于推动数字文化产业创新发展的指导意见》(文产发〔2017〕8 号)等规划性或指导性文件。虽然 2017 年未有国家级文化金融专门政策或法规出台,但文化金融类政策内容仍然是2017年国家出台的文化政策文件中的"标配"内容。

各地方政府在2017年至2018年初在相关政策中也重点涵盖了文化金融的内容,北京、上海、江苏、广东、陕西等地在文化金融政策制定和执行方面较有成效。总体上,各地在相关文化产业发展规划中继续延续和贯彻了文化金融政策,结合本地实际细化了国家政策并出台具体落地方案;各地政策关于文化金融的内涵已经比较清晰;各地对文化金融的定位不同,定位不同则发展方向不同。地方出台的文化金融专门政策虽然较少,但在实施层面深化和细化了文化金融政策。例如,2018年2月5日,北京银监局、北京市文资办对外公布《关于促进首都文化金融发展的意见》。这一专门政策文件的主要内容涉及八个方面:政策、组织服务体系、文化产业新业态、资金投入方向、服务产品创新、业务流程和管理模式、金融服务平台、文化金融生态圈等。由于是银行业监管部门和文化产业主管部门主导制定的政策,并未能涵盖保险、证券等其他文化金融范围。2018年12月27日,为深入贯彻党的十九大精神,落实《中共陕西省委办公厅 陕西省人民政府办公厅关于印发〈关于进一步加快陕西文化产业发展的若干政策措施〉的通知》(陕办发〔2017〕30号)文件精神,促进文化金融深度融合发展,构建现代文化金融融合发展体系,中共陕西省委宣传部、陕西省地方金融监督管理局、中国人民银行西安分行联合制定了《陕西省文化金融融合发展三年行动计划(2019—2021年)》。

在我国文化产业持续快速发展的过程中,金融机构进行了大量产品创新、模式创新来适应产业发展,满足产业融资需求,初步形成了多层次、多渠道的文化金融体系。银行业设立文化专营机构,下沉服务方式,深入行业调研设计金融服务方案,创新文化金融的热情日益高涨,未来很长一段时间银行仍将是文化金融的主力军。资本市场日趋完善,直接融资发展迅速,国家不断出台支持政策,直接融资市场广阔。同时,新兴文化业态不断涌现也给文化金融发展提出了新的挑战。如何适应产业发展新形式、把握新机遇将是金融机构未来一段时间必须面对和解决的问题。金融支持是文化产业发展获得资金支持的重要途径。运用金融手段支持文化产业发展,能够调动全社会参与文化产业发展的积极性,因此金融对文化产业发展的支持至关重要。文化金融是一个新的产业业态,它不是简单意义上的文化产业与金融业的融合,而是指在文化资源资产化、产业化发展过程中的理论创新架构体系、金融化过程与运作体系、以文化价值链构建为核心的产业形态体系、服务与支撑体系等形成的系统活动过程的总和。

通过文化金融创新,快速实现文化创新在资源、制度、管理、技术、产品、市场上的创新与创新融合,打造具有国际水平的文化产品,塑造中华文化品牌,为中华优秀文化进入全球市场提供金融创新支持;同时,吸纳世界上先进的文化产品、文化要素、文化品牌、文化金融、交易机制、风控机制、产品创新进入中国市场,填补、满足、丰富中国文化市场的需要。文化产业之所以能取得今天这样的发展成就,还有一个不可或缺的因素就是,文化与金融全面、深入、创新的合作,只有创新模式的文化产业之路才是最终的正确道路。

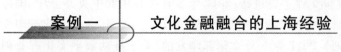

案例一 文化金融融合的上海经验

多年来,上海市委、市政府高度重视文化金融发展,积极引导文化与金融联姻。当前,上海文化产业呈现出创新化、融合化、集聚化、生态化、联动化、国际化的发展态势和优势门类增速加快、企业活力显著增强、产业活动能力不断提升的发展格局。

从数据上来看,2018年上海文化产业实现增加值2193.08亿元,占地区生产总值比重为6.09%,占我国文化及相关产业总增加值41171亿元比重为5.33%。上海文化产业和金融业良好的发展势头,为上海文化金融融合发展奠定了基础。为了推进文化产业发展,促进文化与金融合作,上海市主要做了以下工作。

1. 研究政策,服务产业

在2010年中央宣传部、中国人民银行、财政部、文化部等九部委发布的《关于金融支持文化产业振兴和发展繁荣的指导意见》的指导下,上海市委宣传部、上海市金融办等11部门联合发布了《上海市金融支持文化产业发展繁荣的实施意见》,从加大对文化产业的信贷投入、推动文化产业直接融资、培育文化产业保险市场、改进对文化产业的综合金融服务和健全金融支持文化产业发展的配套措施五个方面,提出了上海金融支持文化产业发展的具体意见。针对实际操作中,金融机构普遍反映3%的信贷风险补偿率标准太高,形同虚设,无法调动金融机构投贷文化产业的积极性的问题,上海市文化广播影视管理局积极与上海市财政局、市金融服务办公室等沟通,建议降低金融机构投资文化产业的风险补偿率。2013年10月,上海市财政局、市金融服务办公室等四部门发布了《关于调整完善本市科技企业和小型微型企业信贷风险补偿办法有关问题的通知》,延长了小微信贷风险补偿政策执行期,并将"科技信贷风险补偿"和"小微企业风险补偿"的准入门槛由3%调整为1.5%。

2012年,上海市文化广播影视管理局通过顶层设计,创新工作模式,搭建了局重大文化项目、文化产业发展协同推进平台,聚焦产业政策、规划和重点文化产业项目,通过整合全市文化产业资源,有效解决推进文化产业各项工作中需要集中协调的重点、难点问题。在文化金融方面,一是携手金融机构签订战略合作协议。2012年,上海市文化广播影视管理局与中国工商银行、中国建设银行、中国银行等八大银行签订"百亿授信"——五年内八大银行对上海影视企业给予130亿元的意向性授信额度,帮助上海电影产业借助金融资本发展壮大。二是通过文化金融创新,推进重点文化产业项目。中华艺术宫、上海当代艺术博物馆等重点文化项目建设顺利进行,如期开馆。中国工商银行上海分行成为首批两馆理事会成员单位,并与两馆签约,5年内为两馆基金提供2500万元的资助。积极推进华人文化产业投资基金与美国梦工厂动画公司共同合资组建的"东方梦工厂"落户上海徐汇滨江。

2014年3月,文化部与中国人民银行、财政部出台了《关于深入推进文化金融合作的意见》,对深入推进文化金融合作进行了全面部署。上海在广泛听取金融机构、文化企业以及借鉴外省市经验的基础上,由上海市委宣传部、市金融办、中央在沪"一行三局"等十个部门共同制定了《上海市关于深入推进文化与金融合作的实施意见》,从完善文化金融合作机制、拓展文化金融合作渠道和优化文化金融合作环境三个方面,提出了16项具体措施,力争使上海文化金融合作发展"出上海经验、有全国影响"。

2017年12月,上海市委、市政府印发《关于加快本市文化创意产业创新发展的若干意见》,提出要加快金融服务体系创新,发挥产业基金撬动放大效应,构建文化创意投融资体系,充分利用多层次资本市场。2018年4月,上海市委办公厅、市政府办公厅又印发《全力打响"上海文化"品牌加快建成国际文化大都市三年行动计划(2018—2020年)》,提出加快推动文创产业发展,创新开发特色融资产品。

2020年,文化设施停业停演、旅游业全线暂停、正常经营业务中断,文化行业成为受此次新冠肺炎疫情影响较大的行业,中小微文化企业的经营压力尤甚。上海市委宣传部于2月14日率先发布了《全力支持服务本市文化企业疫情防控平稳健康发展的若干政策措施》(简称"20条"),该政策是以市属国有文化企业上海精文投资有限公司为主体推出的"文金惠"文创金融服务,实行小额贷款优惠利率和担保费率,开通绿色审批通道,不到一个月时间里,已为600余家小微文创企业提供"一对一"专项咨询或产品服务,近百家达成初步服务意向,多家企业已审批通过获得支持。

2. 开拓创新,模式领先

2006年,针对中小文化企业融资难问题,上海成立了全国首个专职于文化产业企业和项目融资担保的公司——上海东方惠金文化产业创业投资有限公司,创新了银行信贷投向引导机制,确立了以政府资本引导社会资本投入文化产业的发展模式。2009年6月,为便于文化企业、项目、产品进行产权交易,上海建立了全国第一家文化产权交易所,为文化物权、债权、股权、知识产权等各类文化产权交易搭建了专业化市场平台,为文化产业创设了投融资新渠道和产业资本退出通道。2009年4月,上海创设了全国第一家在国家发展改革委员会获得备案通过的文化产业私募股权基金——华人文化产业投资基金,基金规模50亿元人民币,重点用于为目标公司提供成长性资本、企业重组、管理层收购等市场化融资。2012年底,上海创建了百亿元的上海文化产业股权投资基金,首期募集资金30亿元。

同时,上海市还积极采取多种措施,进行金融服务体系创新。2017年11月,上海设立了一支由国有传媒集团发起、市场化运作的文化产业母基金——众源母基金,该母基金总规模100亿元,首期管理规模30亿元已募集到位。目前基金投资人包括:上海市委宣传部旗下投资平台、上海报业集团、上海闵行区文化产业投资基金、上海浦东发展银行、上海城投集团等。2018年11月5日,国家主席习近平在上海举行的首届中国国际进口博览会开幕式上宣布,将在上海证券交易所设立科创板并试点注册制,支持上海国际金融中心和科技创新中心建设,不断完善资本市场基础制度。2019年1月,经党中央、国务院同意,中国证监会于2019年1月30日发布了《关于在上海证券交易所设立科创板并试点注册制的实施意见》。科创板成为上海金融创新领域一个里程碑式的事件。上海在金融开放创新的另一件大事就是2019年6月沪伦通的正式开通。沪伦通在上海证券交易所和伦敦证券交易所之间架设了一个业务沟通的渠道,这是中国资本市场改革开放的重要探索和新的突破。

3. 多维度支持文化产业发展

在上海建设国际金融中心的过程中,加强金融对文化产业发展的支持,推进文化要素整合和资源优化配置,有利于增强文化产业的核心竞争力,加快上海市转变经济发展方式;同时,也有利于金融机构拓展业务范围,完善服务功能,培育新的盈利增长点。这也对上海集聚金融人才、加快上海国际金融中心建设有一定推动作用。

在支持文化产业发展的具体实践中,上海不断创新金融服务,实现全方位多维度服务支持。文化产业类投资基金在上海不断涌现。例如,新文化公司与上海赛领资本管理有限公司共同设立赛领新文化股权投资基金,文广集团、华纳兄弟等合作成立跨国文化创意投资基金等。

上海还设立文化企业直接融资储备库,如徐汇区面向优质文化企业建立了直接融资企业储备库,引导投资银行、股权投资以及法律、会计等中介机构与入库企业对接,并为入库企业上市、发债、挂牌等提供培训与指导,实现资源对接服务。与此同时,在沪各商业银行纷纷推出创新服务,促进文化产业发展。

中国工商银行上海分行为文化产业企业提供的金融产品包括资产业务、负债业务和中间业务三大体系,推出了影视制作项目贷款、艺术品质押贷款等特色融资产品,以及并购重组顾问业务、债券融资等多元化金融创新产品。

中国建设银行上海分行推出了专注文化领域金融服务新品牌"文化悦民",并通过"繁荣影视""支持出版""网络金融""振兴演艺""特色会展""多彩动漫"六个子方案,全方位服务上海文化产业发展。

浦发银行针对文化创意产业"重创意、重人力、轻资产"的特点,形成了专门服务于文创类中小微企业的综合金融服务体系"文创赢"。通过该行针对文化创意园区开发的"园区贷"产品,已有近20家文化创意园区以园区未来租金收益权作为质押,获得了3至5年的中长期贷款支持。

早在2011年1月,上海银行便与上海市委宣传部下属文化发展基金会签署了一项授信额度为10亿元的战略合作协议,重点扶持上海影视和演艺界的优秀创作剧目。2012年,该行发起成立"上海文化发展基金会上海银行文化艺术专项基金",该基金设在上海文化发展基金下,专用于支持上海文化艺术产业项目,是上海银行业内第一只文化艺术专项基金,该行对列入国家和上海市重大文艺创作项目的重点作品加大信贷扶持力度、实施优惠利率。

招商银行上海分行则专门推出针对广告行业代理公司的"广告贷"业务,以解决小公司的大问题。轻资产、无担保、资金垫付量大是广告代理投放公司的"软肋",传统信贷模式很难满足。"广告贷"则可以凭借广告代理投放公司手中规范、真实的代理合同,以未来产生的应收账款做质押,向其发放流动资金贷款,贷款用于向媒体支付广告播放费用。

此外,中国建设银行上海分行、交通银行上海分行、中国工商银行上海分行分别与上海文化广播影视集团、上海报业集团、世纪出版集团和上影集团建立战略合作关系,实现良性发展。如,原上海市新闻出版局与交通银行签订战略合作框架协议,原上海市新闻出版局向交通银行推荐有融资需求的优质企业名录,交通银行建立贷款绿色通道,支持上海新闻出版及版权产业的发展。

4. 搭建平台,有效对接

上海市文化广播影视管理局积极发挥文化金融信息沟通平台的作用,通过倾听企业、跟踪服务等方式,促进文化与金融的互相了解,实现了文化金融的有效对接,金融产品丰富多样。浦发银行为中小文化企业和科技型中小企业提供了"投贷宝""投贷联";上海银行为科技型小巨人企业提供了"创智贷";北京银行上海分行推出了"创意贷";中国银行上海分行为中小微企业推出了"微贷通";上海东方惠金文化产业创业投资公司推出了"文创惠"八类担保产品等,从而使上海文化产业和金融的对接呈现出了信贷规模持续增长、产权交易全国领先、担保力度持续加强、保险助推产业发展等特点。

2018年8月16日,上海市对接文创企业与金融服务机构的信息平台"上海文创金融服务平台"正式上线,该平台目前的载体为微信公众号"上海文创金融服务"。目前,该微信公众号除了发布信息外,还在底部分设了金融服务、申报指南、政策导航等三个板块。其中,金融服务以本市金融机构提供的产品和服务为主,申报指南和政策导航分别为各类文创相关扶持资金申报信息、文创金融相关政策信息。在文创金融服务板块,已有上海银行、浦发银行、中国建设银行、双创文化母基金、众源母基金、太平洋保险小贷、惠金担保、平安租赁等近30家各类金融机构上线发布了相关的服务和产品。

除了线上服务功能,上海文创金融服务平台还将进一步拓展产业政策解读会、全程投融资对接、文创金融机构进园区服务、论坛路演专场活动等文创金融线下服务活动,并在后期推出功能更全、服务更广的微网站,引入行业协会、知识产权、法律、会计、评估、交易所等专业社会机构。文创企业不仅可以查询到相关信息,还可实现在线活动报名、在线资金申报、在线融资申请等功能。

除了搭建文化金融服务平台,为提高上海文创金融服务专业化水平,上海市委宣传部、市经信委、市金融办、上海银监局还决定建设一批上海市银行业文化创意特色支行。在 2018 年 8 月,上海市文创金融合作座谈会,相关部门共同签署了关于推进上海市银行业文化创意特色支行建设合作备忘录,并为上海银行广中路支行、上海银行淮海路支行、浦东发展银行上海静安支行、建设银行上海第五支行、招商银行上海宜山支行五家首批文化创意特色支行授牌。这些支行拥有专门的文创金融业务专业团队、适合文创企业需求的特色产品、专业的文创金融服务管理制度和考核激励政策,具备较强的文创金融服务能力。

以上海银行为例,截至 2018 年一季度末,这家本地法人银行服务的各类文化创意产业客户已达 1.3 万户,不仅有上海电影集团、上海报业集团、新华传媒、万达文化、游族网络、PPLive 等在内的多家行业龙头企业,也包括了量大面广的中小微企业。针对文化创意中小企业轻资产的特点,上海银行还与上海市中小微企业政策性融资担保基金合作,推出中小企业文化创意担保专项金融服务方案。该服务改变了原有纯抵押融资模式,无须提供传统的抵质押担保,而是以企业家个人担保为主担保,重点为文创企业提供信贷支持,单户最高 1000 万元。此外,通过"银政联动、文艺活动联动、园区联动、同业联动"等模式,上海银行还切实支持了一批原创剧目的诞生,如电视剧《南方有乔木》《醉玲珑》《誓言今生》,音乐剧《剧院魅影》《伊丽莎白》等。

2020 年 3 月,在上海市委宣传部指导支持下,上海银行、上海精文投资有限公司下属上海东方惠金融资担保有限公司(简称"惠金担保")与上海市中小微企业政策性融资担保基金管理中心(简称"担保中心")联动推出的一专项贷款产品(简称"文创保"),具有面向中小微企业、审批快速高效、贷款额度有保证、融资成本低等特点,首期规模暂定 10 亿元。如果说"文金惠"是疫情期间缓解小微文创企业资金周转困难的"急策",筹备已有一段时间并在特殊时期推出的"文创保"则是上海不断完善文化金融服务体系的长远之计。

案例二　广东"文化+金融"合作模式

广东省作为我国文化产业发展的大省、强省,在中共广东省委宣传部推动下,文化产业的发展立足新常态,捕捉新机遇,在"十三五"规划开局之年,以"产业+基金"的创新机制,推动国家战略、政策导向、市场机制、产业规律与金融服务的贯通,提升文化产业的发展能力,促进文化产业业态的创新与融合发展;以"文化+金融"产融结合新模式,培育新动能,打造文化新经济,提升经济发展质量,做大做强文化产业,促进产业结构转型升级。这些战略举措的不断落地实施,在引来文化产业发展勃勃的生机之外,也引起了广泛关注。

1. 进行机制创新,打造标杆项目和拳头产品

在文化产业的创新发展过程中,进行机制创新,打造标杆项目和拳头产品,推动融合发展必须以强大的资金做后盾。2016 年 11 月 8 日,中共广东省委宣传部与浦发银行在广州签署《"文化+金融"战略合作协议》,共同在媒体融合、新兴媒体、文化创意、影视产业、广电网络、文化贸易等领域开展深度战略合作,共同探索文化金融合作新模式、新路子。根据该协议,"十三五"期间,浦发银行向广东省文化企业提供不低于500亿元的授信额度,双方将设立文化产业专营金融机构,共同打造骨干文化企业,建设文化科技示范基地、文化创意产业基地,培育优势文化产业集群和南方传媒文化产业的新型航母。

在广东省委宣传部发力推动"文化＋金融"的背景下,多个文化产业投资基金得以加速组建。如,珠江电影集团有限公司与广州越秀集团共同筹备设立规模50亿元的珠影越秀文化产业发展投资基金。又如,佛山市政府与中国建设银行股份有限公司广东省分行合作设立总规模为50亿元的佛山市文化产业发展投资基金,采用股权投资、股权与债权相结合或者投资相关子基金等多种方式对目标企业或项目进行投资。

广东省各地也"量身定做"相关贷款担保产品,鼓励文化领域"大众创业、万众创新"。如,东莞市创意产业中心园区、顺德创意产业园等大批文化产业园区引进小贷公司,由园区采用多种方式担保,为众多小微文化企业及时发放贷款。

"文化＋金融"的重磅出击,一方面为广东文化产业发展提供了强有力的资本支持,增添了强劲动力,注入了发展新动能;另一方面,由于更加强调市场化原则,从而引领带动了全省文化产业转型升级、提质增效。在此背景下,广东文化产业更加成为争相投资的热点,各类资金踊跃投资,投资总额大幅增加,投资结构更趋优化。

在广东省委宣传部指导下,2016年以来,广东宣传文化系统先后发起设立运作三个百亿元量级的产业基金,由省财政出资10亿元为引导资金的、政策性方式运作的广东省新媒体产业基金,由四家省属媒体会同海通证券共同发起设立的、市场化运作的广东南方媒体融合发展投资基金,以及由新组建的南方财经全媒体集团和中国建设银行广东省分行共同成立的"全媒体文化产业基金"。同时,还设立总规模50亿元的珠影越秀影视文化产业发展投资基金,成功与浦发银行签署500亿元投融资额度的"文化＋金融"战略合作协议。截至2017年4月底,广东南方媒体融合发展投资基金立项项目17个,完成投资项目6个,实际投资金额2.45亿元。广东省新媒体产业基金签约投资项目8个,签约金额达13亿元,有效地破解了媒体融合发展和文化产业转型升级的资金瓶颈,为文化产业发展注入强大新功能。

在产业布局方面,广州、深圳发挥了中心城市的引领辐射作用,着力打造"创意之城""设计之都",新闻出版、影视、音乐制作、动漫游戏、创意设计、演艺娱乐、数字新媒体、网络文化服务、文化会展等发展突出,建设了一批空间集聚、竞争力强的文化产业集群和园区,以及文化物流中心、出口基地。珠三角其余各市创意设计、印刷复制、动漫游戏、工艺美术、演艺娱乐、文化旅游、文化设备制造等产业优势突出。东西两翼和粤北山区依托地方特色文化资源,大力发展文化旅游、演艺娱乐、工艺美术、文化产品制造等,区域特色文化产业初见规模。大力推动"文化＋金融"深度融合,"文化＋金融"机制创新,以资本撬动产业,促使广东文化产业站上风口。广东文化产业由此获得了强劲的动力支撑,步入加快发展、转型升级的快车道。

2019年9月底,广东省统计局发布了《新中国成立70周年广东经济社会发展成就系列报告》文化篇。该报告的数据显示,广东文化产业增加值连续16年位居全国第一,约占全国文化产业总量的七分之一,占地区生产总值的5%以上;广东全部文化及相关产业法人单位数近15万个,占全国文化企业总数的10%以上,其中规模以上文化企业近万家,总量位居全国第一。

此外,科技创新正在为文化产业与互联网的融合发展插上翅膀。近年来,广东制定了《关于推动文化与科技融合发展的实施意见》,大力发展"互联网＋文化",文化信息传输服务业实现年均增长

35%以上,涌现了腾讯等行业巨头,微信、QQ、酷狗音乐长期占据全国App总榜安装量前列。

2. 用好政府引导和市场运作"两只手"

一直以来,资金问题是文化企业发展面临的一大难题。文化产业是战略性新兴产业之一,发展需要大量资金,然而文化企业具有"轻资产、无抵押、成长性高、风险大"的特点,存在着融资难、贷款难的难题。另一方面,金融产业要突破自身发展瓶颈,也需要找到新的"蓝海"。

广东省找准工作切入点和着力点,因势而谋、应势而动、顺势而为,用好政府引导和市场运作"两只手",大力推动"文化+金融",创新文化投融资体系,破解文化企业融资难题,并使文化产业和金融产业成为互相促进的"双子星"。

广东省委宣传部、省文化厅、中国人民银行广州分行、省财政厅等多部门先后联合出台《关于金融支持广东省文化产业振兴和发展繁荣的实施意见》《关于贯彻落实深入推进文化金融合作的实施意见》等一系列政策文件,助推"文化+金融"发展。

2016年,广东文化传媒产业出现了诸多里程碑式的"第一次"。

2016年2月15日,猴年上市的第一只新股广受关注。当天,南方出版传媒股份有限公司A股股票在上海证券交易所挂牌上市。南方传媒是广东省级文化企业整体上市第一股,以它的成功挂牌为新起点,广东省全力借金融风帆行文化产业之船,踏上加快转型升级的新征程。

一个多月后,3月27日,百亿规模的广东南方媒体融合发展投资基金在广州成立。它是广东省第一个媒体融合投资基金,在省委宣传部指导下,由南方报业传媒集团、羊城报业传媒集团、南方广播影视传媒集团有限公司、广东省出版集团等省直四家传媒出版企业和海通创意资本管理有限公司、中赛信合(北京)投资管理有限公司等共同发起。基金成立以后,还吸收了华夏人寿保险股份有限公司、珠海横琴金融投资有限公司成为新合伙人。

7月19日,广东省第二个百亿元规模以上扶持媒体产业发展的投资基金接踵而至。广东省新媒体产业基金在广州揭牌。它是经省政府批准,由省委宣传部、省财政厅联合发起设立的政府投资基金,重点支持广东省国有媒体企业新媒体发展项目、媒体融合发展重点基础性项目、传统媒体产业转型升级重点项目、国有文化企业的重组改制等。广东省新媒体产业基金由省财政出资10亿元引导,吸引金融机构等社会资金参与,募集目标规模100亿元以上。广东省粤科金融集团、中信银行广州分行凭借丰富的行业经验和雄厚实力,经过层层筛选,在众多金融机构中脱颖而出,成为基金财政出资托管机构和基金托管银行。

在服务媒体和文化产业发展总体目标一致的前提下,广东省新媒体产业基金将侧重于发挥政策引导作用,广东南方媒体融合发展投资基金则重在市场运作。两者优势互补,形成基金双轮驱动、促进媒体融合发展的格局。据统计,2017年1—6月,广东文化产业投资总额与上年同期相比增长17%,广播电视电影服务同比增长214.7%,文化创意和设计服务同比增长59.8%。

3. 为媒体融合和新媒体发展注入强劲动力

进入互联网时代,党的新闻舆论工作面临的社会环境、工作对象、受众需求等都在发生着深刻变化。文化传媒企业如果"以不变应万变",还在津津乐道于传统的做法,那么影响力必将日渐式微。

广东经济体量位列全国第一,广东的传媒业、文化产业发展也要和经济地位相匹配,让党的新闻舆论阵地充满勃勃生机,让具有强大竞争力的广东文化产业成为新的发展引擎。2016

年7月8日上午,广东南方媒体融合发展投资基金在广州举行首批项目签约仪式。广东以金融助推媒体融合发展迈出实质性步伐。南方媒体融合投资基金管理公司分别与广东广电的南方新媒体公司、扎客(ZAKER)、广州舜飞信息科技等省内外六家新媒体企业签订投资框架合同,首期投资总额约4亿元。扎客(ZAKER)是加入智能、社交等新元素的移动新媒体业态的代表之一,位居行业前列。

2016年7月19日广东省新媒体产业基金揭牌仪式上,基金管理公司与南方报业传媒集团、羊城晚报报业集团、南方广播影视传媒集团、省出版集团等相关单位的代表签署了合作框架协议。此次签约意向投资项目包括上述单位的南华智闻投资项目、数字媒体投资项目、南方新媒体投资项目、数字出版投资项目等。

4. "以变应变"组建南方财经全媒体集团

党的十八届五中全会明确提出,要积极参与全球经济治理。加快推进传统媒体和新兴媒体融合发展,巩固壮大主流舆论阵地,是党中央赋予全国新闻舆论工作者的重要任务,也是广东传媒业的责任之所在。广东是经济大省,毗邻港澳,具有组建财经全媒体集团的良好经济基础和现实需要。组建一家以财经信息服务为核心内容的传媒集团,在推动广东省主流媒体供给侧结构性改革的同时,也推动了金融信息服务转型,提升了服务全省经济发展的综合能力,不仅是服务广东省创新驱动发展战略的需要,也有利于发展文化新业态,成为广东省文化产业领域的重大项目。

广东省委宣传部结合广东实际,牵头推动南方报业传媒集团和广东广播电视台共同组建广东南方财经全媒体集团股份有限公司,发展"媒体""数据""交易"三大核心业务。从提出构想到项目筹备、从业务方向到资源对接,省委宣传部负责人率团访问美国、加拿大、中国上海等地,借鉴优秀企业的成功经验,与多家企业实现了合作。南方财经全媒体集团的组建,意在打造集"媒体、数据、交易"于一体的专业财经全媒体和综合金融信息服务商,使之成为全球商业报道的领跑者、国内综合金融信息的服务商和现代文化产业的新引擎。

2017年1月15日,新组建的南方财经全媒体集团与中国建设银行广东省分行签订战略合作协议,共同组建百亿量级的"全媒体文化产业基金"。这是在广东省委宣传部的大力推动下,2016年以来广东宣传文化系统发起成立的第三个百亿元量级的文化产业基金。

南方财经全媒体集团定位为广东省属国有重点文化企业,不设行政级别,战略定位为全球商业报道领导者、国内综合财经信息服务商、现代文化产业新引擎。其核心业务有以下三个方面。一是构建财经全媒体。通过整合两单位旗下的财经类平面媒体、广电媒体和新兴媒体业务资源,构建可与国际著名财经媒体集团比肩的媒体矩阵。二是推动向金融信息服务转型。积极应用大数据技术,建设国内领先的金融信息综合服务提供商,力争打造中国的"彭博社"。三是拓展交易业务。盘活两单位的证券咨询牌照等资源,积极参与或者主导建立各类资产交易中心和金融要素交易平台。

据悉,南方财经全媒体集团力争尽快完成媒体融合转型,基本建成国内领先、国际知名,拥有强大实力和传播力公信力影响力的专业财经全媒体和综合金融信息服务集团,努力掌握全球经济话语权,成为广东媒体融合发展的示范性工程。

案例三 因文化而生的互联网金融创新[①]——众筹网的文化金融新模式

文化众筹,在"互联网+"的时代,以其与文化产业天然亲近的特性及符合互联网营销的透明、互动等特点,其模式和威力已然被文化业界所共知。文化众筹,也已经成为文化金融的重要发展方向。2014年6月在国内知名平台众筹网上发起的音乐剧《爱上邓丽君》项目,先后四次在众筹网上进行筹资,获得了总额超过90万元的资金,一个月内就完成了众筹目标。自2011年首演以来,《爱上邓丽君》在国内原创音乐剧演出市场收获了良好口碑,这是首次采用众筹模式进行市场推广,是国产音乐剧在运营模式上的一次积极探索。

1. 众筹因文化而生

众筹,翻译自国外"crowdfunding"一词,即大众筹资或群众筹资,香港译作"群众集资",台湾译作"群众募资",是指用"团购+预购"的形式,向网友募集项目资金的模式。众筹利用互联网和SNS(社会网络服务)传播的特性,让小企业、艺术家或个人对公众展示他们的创意,争取大家的关注和支持,进而获得所需要的资金援助。相对于传统的融资方式,众筹更为开放,能否获得资金也不再是由项目的商业价值作为唯一标准。只要是网友喜欢的项目,都可以通过众筹方式获得项目启动的第一笔资金,为更多小本经营或创作个人提供了无限的可能。仍处于起步阶段的众筹市场未来具有巨大的发展潜力,通过众筹思维不仅拓宽了创业企业的融资渠道,同时也改变了传统的商业模式。

试水众筹模式,是小微文化企业主动适应行业特点,调整发展思路的有益尝试,文化产业也成为与众筹模式结合最好的行业之一。以众筹网为例,其常设的投融资栏目中,有出版、艺术、娱乐等几个明确的文化板块。

2. 从《爱上邓丽君》看众筹模式

众筹网,目前是国内最具影响力的众筹平台,2013年上线以来,涵盖了艺术、影视、科技、设计、音乐、出版、动漫、公益,力求打造成老百姓的"众筹淘宝"。众筹网以股权众筹和奖励众筹为主,还有部分公益众筹项目。股权众筹是由公司出让一定比例的股份,投资者通过购入股份入资公司,获得未来的收益。而奖励众筹的特点就是完成项目后给予投资人一定形式的回馈品或纪念品,回馈品大多是项目完成后的产品。另外,奖励众筹还为项目投资人提供项目产品的优惠券和和预售优先权。公益众筹则是单纯的赠予行为,也就是项目发起者无须向投资者提供任何形式的回馈。公益众筹的投资人更多地考虑发起项目带来的心理满足,是一种公益行为。文化项目作为精神消费产品,是众筹模式的最佳对象。

(1)《爱上邓丽君》如何与众筹网结缘。

那么众筹网为什么选择音乐剧《爱上邓丽君》,音乐剧《爱上邓丽君》又是为何选择了众筹网呢?一个带有互联网金融的众筹如何与文化创意项目同台唱戏?对于舞台演出的众筹影响力,众筹网进行了思考、探索和尝试。

2013年,国内音乐剧处于快速增长时期,场次增长53.2%,票房增长21.7%,总收入增长404%,相较于电影市场,国内音乐剧市场具有相当大的发展潜力和空间,是一块投资的洼地。

[①] 文化产业案例研究课题组.首都文化产业(文化企业)案例分析[M].北京:经济日报出版社,2015.

在许多民众看来,音乐剧依旧是一个可望而不可即的奢侈品。一方面是目前国产的音乐剧市场规模小、票价成本高等直接因素,导致了许多人望洋兴叹。从北京演出行业协会的数据可知,2011年北京音乐剧的平均售价为480元,相较于国外音乐剧票价较高,例如日本四季剧团的音乐剧票价约为200元人民币。《狮子王》在百老汇的票价约为255元人民币。而中文版的《妈妈咪呀》平均票价在500到600人民币之间。另一方面音乐剧毕竟在中国起步较晚,而真正有影响力的作品,如纽约百老汇的《猫》等作品在国内演出时间短,国产音乐剧的时间又很难比肩,同时又缺乏好的营销。而众筹模式可以减少多个环节,降低成本,吸引更多观众,对于演出票价的降低可以起到非常重要的调节作用。

结合国内外的所见所闻,众筹网决定从音乐剧的源头寻找深层次合作的可能。音乐剧,包括日本、韩国、美国等都采用一种会员制。这种制度能把粉丝的信息汇集在一起,进行细分。譬如,这出剧的粉丝、这个导演的粉丝,甚至是某个主演的粉丝。这些粉丝的诉求和带来的经济效应才是对音乐剧、对制作人,最有诱惑力的。

除了对国内音乐剧市场的把握,众筹网也希望树立行业标杆项目,打造出国内演出市场具有品牌影响力的众筹项目。众筹网考虑了以下几个方面:首先,要选择高品质的作品,要有明星制作团队及演出团体;其次,要有多场次的持续演出,以达到口碑相传的目的,最终实现回收成本、创造利润;最后,要有最普世的受众群体,能做到谁都可以欣赏。

众筹网经过多方考察,最终确定音乐剧《爱上邓丽君》,是因为它还符合以下四个条件:首先,阵容强大的制作演出团队,金牌制作人李盾,百老汇托尼奖《戏曲故事》的导演卓依·马可尼里,具有小邓丽君之称的王静,再加上太阳马戏团的灯光、别具特色的舞美及变雾灯,等等。其次,《爱上邓丽君》在东方剧院进行首轮50场的演出,这种多场次的持续驻场演出,有助于口耳相传,吸引带动潜在群众。其次,邓丽君为大众所熟知,经典曲目多,传唱度广,拥有非凡的个人魅力,可覆盖几乎整个年龄段的受众群体。最后,2014版的《爱上邓丽君》在保留原有剧情的基础上,突出了邓丽君四大经典形象的重现和首次再现六大演唱会的场景,更多地唤起观众对邓丽君的回忆和缅怀。舞蹈方面增加了拉丁和国标舞的表演,并对邓丽君原版老歌在配器和韵律上进行了创新,使经典歌曲各具时代特色。

众筹网与《爱上邓丽君》制作团队进行了会面和沟通,双方最终决定共同尝试音乐剧众筹的跨界合作。经实践证明,双方均得以大获成功。

(2)《爱上邓丽君》成功开启众筹路。

即便逝世已经20年之久,"邓丽君"这三个字仍足以令许多人魂牵梦绕。音乐无止境,虽然纪念邓丽君的各类活动层出不穷,但却少有像东方剧院推出《爱上邓丽君》这类音乐剧让人震撼。当音乐剧开始邂逅众筹,以《爱上邓丽君》为代表的经典艺术,终将大放异彩。"众筹+音乐剧"成为业界广为流传的话题。音乐剧《爱上邓丽君》在众筹网上共发起4轮众筹,募资超过95万元,每次均超过预期设定的目标金额。

3. 众筹为《爱上邓丽君》带来的商业价值

对于音乐剧《爱上邓丽君》项目来说,其大获成功一方面是其本身具备的商业价值,同时另一方面也与众筹这种创新性的融资模式密不可分。那么众筹为《爱上邓丽君》带来哪些商业价值呢?

(1)突破传统模式,降低制作成本,增加受众群体。

音乐剧属于舞台剧的一种。如何用互联网思维做舞台演出,众筹网一直在深入探讨和实践。以往传统模式是"原创舞台剧—演出承办方—场地方—推广团队—票务公司—执行团队"。而采用众筹这种模式,是"原创舞台剧—众筹网—执行团队",与传统的模式相比,众筹模式减少了三个环节。

环节的减少,意味着人力、物力、投资成本的降低,门票价格自然降低。《爱上邓丽君》的票价从原来的480元降低到150元,相当于一场3D电影的票价。不仅如此,区别于传统的票务公司,众筹模式不仅是预售票务,还有其他回报,让用户获得更多的实惠。

《爱上邓丽君》通过众筹网实行点对点的项目传播,微信平台和众筹网App购票,大幅度压缩了经营推广的费用,所节省下来的费用比照民航购票的优惠方法,根据购票时间的不同,可最低享受6折的大幅优惠。通过众筹平台把全国的市场连接在一起,减少了中间环节,让观众买到真正"出厂价"的票。低票价、持续演出、明星阵容,可以让更多的观众亲临现场感受舞台剧的独特魅力,也有利于舞台剧市场受众人群的培养。

(2)强调受众参与,突显剧作价值最大化。

掌握观众属性数据,可有效与市场结合。传统票务无法掌握观众数据。而在众筹网的注册用户,会注册基本信息,众筹网强大的数据支撑及市场覆盖可以帮助国内舞台剧做得更好。例如,众筹网可以利用自身强大的互联网平台进行大数据分析,如观众的年龄层、职业、在众筹平台上支持过的项目等,从中可以分析出用户喜好,根据喜好,可以增加项目卖点,让用户产生连续不断的支持行为,从而增加项目支持的黏度。另外,众筹网还可以帮助院线及演出团体聚拢自己的粉丝团,对注册会员进行点对点式的营销,最终使剧团和院线受益。李盾曾表示,"音乐剧需要不停地编排,这样的作品才是活的,有灵魂的,众筹网可以把他们采集分析的数据反馈给我,我再用于创作,这样的作品才会更接地气,更有生命力"。

众筹网还可以检验市场。项目的支持情况、成功与否、超预期还是远离预期,在一定程度上反映了项目的市场情况,众筹网可提供这些数据以促进项目方调整产品和战略。

观众可以通过众筹来"定制"舞台剧。未来,舞台剧的观众可以通过众筹网参与互动,不仅可以一起参与剧本讨论及制作,甚至可以参与演员人选等,做到真正意义上的"众筹定制"舞台剧。这些才是众筹在舞台剧市场的重要价值,这也可以一定程度上提高观众参与度,增强用户的粉丝心态,增加演出品牌黏度。

众筹模式还可以促进舞台剧产业的良性循环。关注数据分析、观众参与互动、定制化的舞台剧种,众筹营销方式能够让剧团专心于剧目创作,生产好作品,用最低的成本得到尽可能高的票房,从而促进舞台剧产业的良性循环发展。

另外,众筹网立足数据分析,力求把衍生品经济做起来,并做精准。根据《爱上邓丽君》的粉丝信息,他们发现集中在"60后""70后""80后"的这些人群有一定的经济实力,但是消费也更理智。针对这样的受众,众筹网与李盾团队一起根据粉丝的心理需求,研制了不同层次的衍生品。譬如,真丝制的限量版T恤,包装精美,甚至可以收藏。

(3)整合双方资源,实现合作共赢。

众筹网本身有受众资源、平台资源、媒体资源,也具有平台推广的作用。而合作项目方自身的各类资源,双方可以联手宣传推广,充分整合并利用资源。《爱上邓丽君》这一项目,一方面,众筹网的注册用户、东方剧院的老观众、邓丽君的粉丝、编剧和导演的粉丝等,覆盖了更大范围的观众;另一方面,众筹网与东方剧院,双方整合各自媒体资源共同宣传推广,中央人民广播电台、《新京报》、凤凰新闻、北京《文艺报》、地铁十号线灯箱广告等都进行了报道,微信朋友圈的推广,也让《爱上邓丽君》演出口耳相传,宣传物、票纸上都印有众筹网的二维码,可随时随地通过手机端下载众筹 App 快捷地注册并购票。

最终,众筹网与音乐剧《爱上邓丽君》的携手,从第一轮的牛刀小试,一直持续发布到第四轮,每轮募集资金额都超过了预期的目标额度,双方可谓实现互利共赢。

4. 众筹让文化企业不再缺钱

众筹已经成为资本市场关注的焦点。文化企业应该抓住这个机会,主动融入其中,借助众筹项目开展创新变革。目前在国内众筹项目中,受到关注较多且筹集到资金较多的文化项目主要是电影、音乐等领域的项目,在部分网站中这类项目众筹数量甚至超过了70%。而国外比较流行的动漫和游戏类项目,在国内市场仍然处于起步阶段。众筹正在成为破解文化产业融资难题的利器。

(1)众筹对于文化企业的意义。

《爱上邓丽君》采取众筹模式对中国音乐剧的发展有着重要借鉴意义。一方面,它以公开透明的形式,通过项目众筹提前预知演出的出票率,节省了票务代理等环节,让民众真正以市场乐于接受的价格欣赏喜爱的艺术;另一方面,它很好地解决了经济学的"信息不对称"问题,众筹不仅仅局限于门票,剧目在后续还可能会有更多的众筹机会,比如让观众们参观排演感受现场、参与演出排期等,让公众与艺术的交流亲密无间。通过众筹平台,把全国的市场真正连接在一起,减少了中间环节,让观众买到的是真正"出厂价"的票。

(2)众筹的未来前景。

随着互联网金融概念的火爆,众筹这一新鲜事物逐渐走进人们视野。相较于传统的融资方式,众筹更加灵活、开放、高效,成本更加低廉。根据世界银行预测,2025年全球众筹市场规模将达到3000亿美元,发展中国家将达到960亿美元规模,其中有500亿美元在中国。从国内市场来看,众筹的出现直接填补了市场上直接融资的缺口,降低了初创企业融资的门槛和难度,因而得到了快速发展。我国众筹机构自2011年出现,至今为止已累计推出7000余个众筹项目,接近一半项目筹资成功并顺利发放回报。随后成立的众筹网目前在演出、音乐、出版等多个领域筹得资金2100余万元。

文化产业中无论是音乐、出版、影视还是动漫等,都是传统的B2C模式,即商家先生产出来,在上市前先进行推广,观众是被动接受的,这样存在不确定性。而众筹模式则是C2B,众筹平台设立了游戏规则,只有资金募集达标了,项目才能用众筹方式开始运作,是一个"观众接受后商家才生产"的逻辑。对于盈利结果不容易预测的文化产业,是一个不错的选择,尤其是一些小众文化项目。

文化众筹的体量在文化金融整体板块内还是一根小苗,但也能长成一棵大树。对文化产业来说,创意至关重要,众筹让好的创意在初期就能得到资金,这样对文化产业链的源头进行促进,从而推动整个产业的发展。

案例启示

通过对上海、广东发展文化金融以及文化众筹案例的分析,我们可以得出如下启示:

1. 政府需要在文化金融中发挥主导作用

文化产业具有经济性和意识形态性的双重属性,政府对文化产业发挥了不容忽视的作用,政府财政资金对具有公益性的文化产业进行资助,设立文化基金支持文化产业发展,采取法律和税收手段对社会资本进行引导。例如,英国政府对文化产业的基础设施建设和文化机构进行投资补贴,对营利性的文化产业实施税收优惠的激励政策。日本政府对文化产业发展发挥的作用更为直接,在文化产业发展前期起着主导作用,日本在1995年提出了"文化立国"的战略,为了实现战略计划,日本政府构建了良好的金融环境,建立了专业金融机构助力文化产业发展。

2. 要为文化产业发展构筑良好的政策环境

文化产业具有创新创意的特性,不同于一般产业的发展特点。首先,政府要加强知识产权的保护与交易制度的完善。因为文化产业的收益或价值实现,主要是通过对著作权、专利权、商标权等知识产权的确认和有效交易来完成的,要发展文化产业就应完善知识产权交易市场的投融资服务功能,建立和完善知识产权专利评估机构和评估体系,为交易或融资提供条件,建立和完善文化产业融资担保机构为文化产业融资提供便利。其次,设立文化产业基金也是国外发展文化产业的常用方式。通过产业基金对具有价值的文化创意给予资助,弥补市场融资的不足。最后,利用税收优惠政策支持文化产业融资和发展。如美国和英国都对一些文化产业进行税收减免或者出口退税的政策,以及对文化产业捐赠进行税收减免。

3. 要建立多元化、市场化的投融资体系

发展文化产业,不能单靠政府的投资和优惠政策,必须建立融合全社会资本的多元化投融资体系,引导企业、个人以及外资投资和经营文化产业。第一,发挥银行信贷的作用。国外有关经验说明银行信贷在文化产业发展中发挥了很大的作用,美国的文化企业向商业银行和投资公司的借款占公司总资本的29%,日本的文化企业的贷款比例则更高。因此,我国的商业银行应根据文化产业无形资产多、固定资产少的特点,建立适合文化产业信贷的金融项目。第二,发展多层次的资本市场。以美国为例,美国的资本市场非常发达,种类和层次众多,为不同发展水平的企业提供融资条件,具体包括纽约证券交易所、纳斯达克市场等全国性市场,还有地方性的证券交易所;另外美国的场外交易市场上市条件更为宽松,为新兴的文化产业提供了发展平台,一些企业都是在场外交易市场发展壮大,然后转进入主板市场上市。第三,降低市场准入限制,放宽投资条件,支持各类投资方参与文化产业投资和管理,为文化产业发展吸引资金和优秀的管理经验。

4. 要积极推动文化金融产品和服务的创新

文化产业的营利模式主要依靠开发和经营创意内容来维持,而这些与创意内容相关的知识产权、版权等无形资产难以被评估,这导致银行难以展开对文化产业的信贷服务。金融机构需要根据文化产业的特点和文化产业融资特征,开展金融创新。例如,美国影视业,保险公司为电影制片公司提供影视制作"完工担保"服务,电影制片公司就可以在投资制作影片过程中获得银行贷款。风险投资是美国文化产业融资的有效渠道,电影业风险较高,风险投资将风格不同的多部影视项目投资做成一个投资组合,这样能够降低风险,均衡收益。日本动漫产业中基于产业链的融资模式也是一种值得学习的金融模式,有助于实现资本与资源的整合开发与利用。

5. 构建知识产权交易与评估平台

权威的文化金融中介服务机构(如知识产权交易所)可对文化企业的知识产权进行客观公正的评估,为文化企业的融资提供可供参考的量化依据,构筑一个能为知识产权持有人、意向方和投资方提供知识产权展示推介、知识产权交易转让、资产评估和质押融资等一系列综合配套服务的平台。

视角四

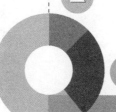

文化消费升级

拓展与更新

随着我国经济的快速发展,国家综合实力不断增强,居民收入水平稳步增长,生活水平也有了显著提高,人民的物质生活不断丰富和完善,人们开始越来越多地追求精神和文化生活,文化消费渐渐成为人们关注的消费新热点。国家发改委发布的《2017年中国居民消费发展报告》系列之六"文化消费发展情况"指出,文化消费渐成人们消费新热点,政府部门出台多项政策,提供资金支持,在重点领域促进文化消费。

近年来,文化消费增速加快,对经济增长的拉动作用不断增加。2019年1月,国家统计局发布了2018年居民收入和消费支出情况。根据统计数据显示,2018年全国居民人均消费支出中,教育文化娱乐支出2226元,同比增长6.7%,占全部支出的11.2%。目前,居民教育文化娱乐支出已经成为居民各项支出中仅次于居住、食品烟酒、交通通信后的第四大支出。根据2020年1月的国家统计局消息,经核算,2018年全国文化及相关产业增加值为41171亿元,占GDP的比重为4.48%,比上年提高0.22个百分点。按行业大类分,2018年文化制造业增加值为11999亿元,占文化及相关产业增加值的比重为29.1%;文化批发和零售业增加值为4340亿元,占比为10.6%;文化服务业增加值为24832亿元,占比为60.3%。按活动性质分,文化核心领域创造的增加值为27522亿元,占文化及相关产业增加值的比重为66.8%;文化相关领域创造的增加值为13649亿元,占比为33.2%。2019年1月,中国人民大学文化产业研究院发布了"中国省市文化产业发展指数(2018)"和"中国文化消费指数(2018)"。根据指数分析发现,我国文化消费环境和满意度指数逐年上升,反映出居民文化消费环境在逐渐改善,民众的获得感和幸福感在增强。然而,近三年文化消费意愿基持续略微下降,这与我国这几年经济增长的下行密切相关。增强文化消费的能力以及激发文化消费的意愿,应该是今后促进文化消费工作重要的发力点。这也契合2018年年底最新的中央经济工作会议的精神。

影响文化消费市场发展的重要因素是文化产品及服务供给。在我国,大城市文化消费供给丰富,文化消费市场相对活跃;而小城镇和农村多元化的文化供给不足,抑制了消费潜力的释放,文化消费结构的区域差距主要源于文化供给的区域不均衡。另外,部分文化供给主体为了快速获取利益而复制成功产品和模式出现的同质化现象影响了文化创新能力,导致文化精品缺失,也是文化消费市场难以健康持续发展的原因。例如,根据国家原新闻出版广电总局电影局统计显示,最近几年全国电影票房总体呈现快速上升的趋势,自2012年起的170.7亿元增长至2019年的642.66亿元。中国电影市场经历了2014—2015年票房的高速上扬,也经历了2016年票房增速仅为4%的"冷静期",2017、2018、2019年的增幅,让不少业内人士认为中国电影市场将步向稳健。但是,在电影市场大踏步发展的同时,我们也应看到,电影市场还存在着不少问题,例如,2016年我国共生产电影944部,而在影院有票房可查的不到400部,近六成的电影无缘登录院线,其中一部分原因在于消费群体对产品质量的诉求日益增长,对产品的选择更加理性,而产品供给的质量与消费需求并不匹配。

在近几年我国经济下行压力较大的情况下,培育文化消费成为新的经济增长点和经济转型升级新的支撑点,可以为稳增长、促改革、调结构、惠民生和推进供给侧结构性改革作出重要贡献。在此背景下,2015年6月,文化部、财政部共同实施拉动城乡居民文化消费试点项目,选取北京市海淀区、安徽省合肥市和湖北省武汉市武昌区以及贵州省遵义市汇川区,分别作为东部、中部、西部的试点地区,并采取有针对性的促进文化消费政策措施进行试点,并收到了较好的试点效果。

有了前期经验,2016年4月28日,文化部、财政部联合印发《关于开展引导城乡居民扩大文化消费试点工作的通知》,提出将按"中央引导、地方为主、社会参与、互利共赢"的原则扩大文化消费试点工作,试点为期两年。对于申报条件和流程,该通知做了明确要求,申报试点城市需满足成立工作小组、落实试点资金、文化企业和商户参与试点比例、文化消费设施水平、地区生产总值和居民人均可支配收入等五方面的基本要求,并根据当地文化消费实际,制订切实可行的试点工作方案,包括总体设计、保障措施、数据采集和统计等方面的内容。该通知下发以后,文化部先后分两次确定了45个国家文化消费试点城市,旨在通过多点尝试以探索行之有效、能复制推广、可持续的经验做法,发挥典型示范和辐射作用,进而全面促进文化消费优化与增长。

近年来,我国文化消费异军突起,成为颇具特色的消费热点。2018年9月,中共中央、国务院近日印发《关于完善促进消费体制机制 进一步激发居民消费潜力的若干指导意见》。该意见中对文化消费给予高度重视,并为未来文化消费发展指明了前进方向。该意见指出,消费是最终需求,既是生产的最终目的和动力,也是人民对美好生活需要的直接体现。加快完善促进消费体制机制,增强消费对经济发展的基础性作用,有利于优化生产和消费等国民经济重大比例关系,有利于实现需求引领和供给侧结构性改革相互促进,有利于保障和改善民生。该意见强调,近年来,我国在扩大消费规模、提高消费水平、改善消费结构等方面取得了显著成绩,但也要看到,当前制约消费扩大和升级的体制机制障碍仍然突出。重点领域消费市场还不能有效满足城乡居民多层次多样化消费需求,监管体制尚不适应消费新业态、新模式的迅速发展,质量和标准体系仍滞后于消费提质扩容需要,信用体系和消费者权益保护机制还未能有效发挥作用,消费政策体系尚难以有效支撑居民消费能力提升和预期改善。

2018年10月,国务院办公厅印发《完善促进消费体制机制实施方案(2018—2020年)》,部署加快破解制约居民消费最直接、最突出、最迫切的体制机制障碍,进一步激发居民消费潜力。中央宣传部、文化和旅游部、国家文物局、广电总局、国家发展改革委、财政部按职责分工负责文化领域消费,具体为:在文化服务领域开展行政审批标准化试点;推进经营性文化事业单位转企改制、公益性文化事业单位改革和国有文化企业公司制股份制改造;制订实施深化电影院线制改革方案,推动"互联网+电影"业务创新,完善规范电影票网络销售及服务相关政策,促进点播影院业务规范发展;拓展数字影音、动漫游戏、网络文学等数字文化内容;完善游戏游艺设备分类,严格设备类型与内容准入;总结推广引导城乡居民扩大文化消费试点工作经验和有效模式;扩大文化文物单位文化创意产品开发试点范围;清晰界定文物的所有权、保管权和收藏权,完善文物合法流通交易体制机制。该方案提出了2018—2020年实施的六项重点任务:一是进一步放宽服务消费领域市场准入;二是完善促进实物消费结构升级的政策体系;三是加快推进重点领域产品和服务标准建设;四是建立健全消费领域信用体系;五是优化促进居民消费的配套保障;六是加强消费宣传推介和信息引导。

案例一 "硬消费＋软投资"——南京文化消费试点的工作经验[①]

新时代之下,如何促进文化消费,提升文化生活品质?怎样才能提供称心如意的文化产品及服务?如何才能满足人民群众的文化需求?2016年6月,南京被文化部认定为第一批26个国家文化消费试点城市之一。如何让这座千年历史文化古城焕发出文化消费的新活力?最恰当也最行之有效的方法莫过于让文化消费融入老百姓的日常生活中,让老百姓在切身体会中提升生活幸福感,在潜移默化中增进民族自豪感,提升文化自信。

1. 文化自信与文化消费同频共振

文化是一个国家、一个民族的灵魂。文化兴国运兴,文化强民族强。千百年来,奔腾不息的长江不仅孕育了长江的文明,也催生了南京这座"六朝古都""十朝都会"的江南城市。如朱自清所说,走在南京,像逛古董铺子。作为中国四大古都、首批国家历史文化名城,南京城连空气中都弥漫着历史的味道。

文化消费能否发展,文化市场能否繁荣,战略定位和政策制定至关重要。早在2016年底,经过半年深入研讨和细致谋划,南京市政府出台了《南京市引导城乡居民扩大文化消费的实施意见》及系列配套政策文件,为南京文化消费试点工作提供完善的政策保障。

南京文化消费试点结合自身实际,以演出市场为切入口,先后出台了《南京市促进演出市场消费实施办法(暂行)》《关于政府文化消费补贴剧目涉及商业赞助的规定(暂行)》和《南京市文化消费政府补贴剧目管理实施细则(暂行)》《南京市促进演出市场消费试点工作绩效奖励办法(试行)》等政策,引导和规范试点工作。

2. 供需互促加强文化消费"黏性"

文化消费,不同于物质需求的即时性、明确性,它往往处于无意识的、潜在的模糊状态,具有供给创造需求的特点和"黏性"习惯效应,需要通过市场的有效供给来激活人们潜在的文化需求,而文化需求一旦产生,又会形成持续性的"黏性"习惯效应。

"良辰美景奈何天,赏心乐事谁家院。"很多南京市民喜欢上了闲暇时间去剧院重温一些经典剧目,这得益于南京市财政2017年投入1500万元资金试点演出市场,通过直接补贴消费者、奖励积分补贴等方式,把文化消费专项资金补贴给文化市场的供给端和消费端。截至2017年12月,通过演出机构申报、专家评审、公示等程序,南京已遴选了五批次近140部演出剧目作为政府文化消费补贴剧目,剧目补贴比例达10%~50%,预计拉动文化消费9000余万元。人们的生活因有了文化产品和服务的渗入,得以从原来日复一日的平淡乏味中抽离出来,变得丰富多彩,生活质感得到了提升。

在促进文化消费潜力不断释放的同时,文化消费需求也在迭代升级,文化消费已从供给不足变为优质产品短缺。这要求文化消费领域要减少低端无效的供给,加强有效供给,增强供给结构对需求变化的适应性和灵活性。

2017年南京市财政补贴的近140部剧目,均是由多位业内专家从420多部剧目中认真遴

[①] 邹银娣.硬消费＋软投资,南京的文化消费为什么做得好?经验有哪些?[EB/OL].(2017-12-13)[2019-05-06]. https://www.sohu.com/a/210328049_152615.

选出来的,充分保证了剧目的质量。这些剧目的上座率都在83%以上,较未补贴前提高了20个百分点,这也再一次说明了只有好的文化作品才能经得起市场的考验,才能满足人民群众的精神文化需求。

除了邀请专家对文化作品质量进行把关之外,2017年9月还启动了"南京有戏·我最喜爱的剧目"大众评选活动。大众评选活动让很多文艺院团、文化企业等了解到群众愿意为哪些文化作品掏腰包,不愿意接受哪些作品,这也起到了以大众需求倒逼文化供给侧进行结构性改革的效果。

南京通过"你看戏,我补贴""购票立减,积分当钱花"等接地气的精准惠民口号,采取直接补贴消费者、积分奖励补贴、绩效奖励等多种形式相结合方式,将财政文化消费专项资金直接补贴给文化市场的供给端和消费端。

同时,以积分奖励形式,激励和吸引消费者可持续文化消费,提高文化消费增量,鼓励文化消费机构引进更多更好的文化产品,最终达到"政府补贴,精准惠民,全民共享"的目的,有力地扩大了文化惠民消费,丰富了老百姓的文化生活,增强了文化发展活力,提升了城市文化软实力,加快了文化小康建设。

3. 服务平台与文化氛围相辅相成

放眼全国,自2015年起,文化部(现文化和旅游部)、财政部开始推动引导城乡居民扩大文化消费试点工作。随着文化消费试点工作的推进,很多城市确实增加了不少文化产品及服务,各地的老百姓也确实存在着文化消费的需求。但是,很多地方的文化消费建设却收效甚微,不少人反映自己所在的城市,很多感兴趣的文化活动都是事后才得知,以致错失了体验的时机。这反映出了文化消费市场信息的不对称,因此建设一个集便捷性、全面性、创新性于一体的文化消费服务平台显得尤为重要。目前,北京、上海、深圳、成都等城市都纷纷建设了各具特色的文创产业平台。

2016年10月开始,南京依托南京文化投资控股集团搭建了"国家文化消费试点城市(南京)智能综合服务平台",该平台集政策查询、消费信息资讯、消费指南、消费采购、积分置换、产品与服务定制、消费补贴发放、文化消费数据采集等于一体,为老百姓提供O2O一站式服务。该平台已经研发完成了演出市场的消费试点模块,该模块集演出机构登记、补贴剧目申报、审批、会员注册、信息发布、补贴结算、演出数据统计和积分等多项功能于一体。

该智能综合服务平台,作为文化消费的互联网基础设施,切合"网生代"的使用习惯,实现了文化消费信息资源共享,既是文化消费得以实现的载体和平台,又对文化消费起着示范和促进作用。

如前文所提及的,文化消费行为具有潜藏性,因而充分利用互联网、电视、报纸、杂志等媒体开展形式多样的宣传活动,营造良好的文化消费氛围,也是促进文化消费必不可少的一环。

为充分发挥媒体的宣传优势,2018年,南京市从文化消费专项资金中拿出100余万用于文化消费宣传。南京市文广新局(现南京市文化和旅游局)依托南京报业传媒集团出版了《南京城市文化消费指南》,将南京全城文化消费信息汇总发布。截至2017年底,该指南已出版了15期15万册,覆盖热门旅游景点、商业场所、消费空间及优质小区。同时,南京市利用新街口、北京东路、南京南站等优势地段户外大屏资源及南京地铁灯箱广告位,精准发布南京文化消费补贴政策及剧目广告,营造了浓郁的文化消费氛围,引导人们养成健康有益的文化消费习惯。

为了持续扩大和巩固南京文化消费试点工作的相关政策、举措的影响力,南京市先后在80余家省市级媒体、网站、微信公众号,发布文化消费相关信息,及时向老百姓提供最新文化的消费资讯,图文累计阅读量达100万次,覆盖人群超过千万人次。南京市还大力推进文博场馆建设,截至2019年底,南京有58座登记备案的博物馆,其中,国家一级博物馆3座,二级博物馆1座,三级博物馆4座。

2017年5月27日至6月2日,国家文化部根据试点城市实地考察和问卷调查情况,下发了《文化部办公厅关于引导城乡居民扩大文化消费试点工作专项督察情况的通报》,总结通报了各试点城市的试点工作情况,南京市被列为"试点工作进展较好的城市"。

文化消费,犹如一块石子,激起了南京文化市场的圈圈涟漪。

案例二 宁波文化消费试点的工作经验[①]

宁波市2016年6月被列为第一批国家文化消费试点城市。在文化部(现文化和旅游部)、浙江省文化厅(现浙江省文化和旅游厅)的指导支持和宁波市委、市政府的领导重视下,坚持立足实际,多管齐下,综合施策,试点工作稳步推进。2017年1月,文化部专家组来宁波考察扩大文化消费试点城市试点工作进展情况。在听取工作汇报和实地考察后,专家组组长、国家行政学院社会和文化教研部主任、原文化部文化产业专家委员会委员祁述裕教授表示,宁波市创建文化消费试点城市基础好,要在试点到示范的过程中先行一步,争做创建工作的领头羊。

1. 着眼顶层设计,完善试点方案

一是开展调研,全面摸清现状。开展"供给侧结构性改革背景下宁波文化消费对策研究",摸清宁波文化消费的特点、热点、难点和突破点,形成了促进文化消费的课题报告和政策建议稿。

二是发布规划,明确发展目标。首次启动编制文化产业的专项规划并于2016年10月正式发布,明确要建设国内一流的"创意设计高地""文化智造基地""文化休闲胜地",到2020年宁波文化创意产业增加值占地区生产总值的比重要达到8%。《宁波市文化广电新闻出版局"十三五"文化发展规划》也已发布,明确提出以打造"书香之城、音乐之城、影视之城"为主要抓手,建设魅力独特、影响广泛的东亚文化之都;以国家文化消费试点城市建设为抓手,建设文化产业转型发展试验区。

三是完善方案,确保试点落地。在调研论证基础上,反复修改试点方案,已经明确了试点的目标、模式、任务和保障措施,将尽快报宁波市政府下发。

2. 着眼政府主导,强化政策保障

一是修订文化产业政策,突出扶持重点。2016年8月宁波市就修订出台了新的《宁波市动漫游戏专项资金管理办法》,重点扶持动漫游戏原创作品的出版、播映和推广及平台建设,下达动漫游戏专项资金313万元。9月,修订出台《宁波市文化产业发展专项资金使用管理办

[①] 浙江省文化厅. 浙江宁波国家文化消费试点城市工作稳步推进[EB/OL]. (2017-02-08)[2019-05-22]. http://www.mct.gov.cn/whzx/qgwhxxlb/zj/201702/t20170208_786199.htm.

法》,进一步明确政府资金扶持的方向和重点。2016年下达补助、贴息和奖励资金4630万元,支持100个项目(企业)。扎实做好中央财政文化产业发展专项资金重大项目申报工作,全市10个项目共获得2285万元的中央财政专项资金支持。

二是鼓励文化产业集聚,做优消费场所。出台《宁波市级文化创意产业园区认定及管理办法》并于2016年10月初评选出"宁波市级文创产业园区"15家、"宁波市级培育文创产业园区"17家,市财政对入选园区给予60万元~300万元不等的补助,累计发放补助资金5430万元。加强文化类特色小镇培育和特色小镇内的文化建设,2016年10月份宁波市公布第一批市级特色小镇创建名单19个,其中2个为文化类特色小镇,3个小镇被授予浙江省特色小镇文化建设示范点。截至2017年,全市共有鼓楼沿等10个市级特色夜市街区、5个省级特色商业示范街、2个省级文化创意试点街区。

三是编制试点预算方案,落实专项保障。精心编制国家文化消费试点城市项目预算方案,争取设立国家文化消费试点项目专项资金,2017年资金规模为1500万元。

3. 着眼资源整合,优化消费供给

一是发挥政府文化部门、文化单位的主导作用。举办、承办东亚文化之都·2016宁波年系列活动、浙江省合唱节、第三届市民文化艺术节、第八届中国·宁波农民电影节、中国(宁波)国际微电影节、宁波书展等数十项重大文化消费节庆活动,以及"书香之城、音乐之城、影视之城"等涵盖大型演唱会、音乐会、文艺赛事、展览展示、节庆活动、文化消费等数百项活动,为市民参与文化消费、享受文化服务提供了极大便利。宁波甬剧节、宁波越剧节演出近20场,最低票价低至20元,场均上座率超过90%。宁波书展吸引了8万多市民前往参观消费,现场现金交易额超过200万元。

二是推进文化与商贸、旅游、体育等融合发展。充分利用经济部门已经建立且较为成熟的宁波购物节、宁波旅游节、宁波服装节等节庆展会品牌,设立了商文互动板块、文旅互动板块和文化产品展示单元,让市民在参与经济活动的同时参与文化消费,文化引领商贸、旅游等其他产业发展作用明显。

三是鼓励社会资本投资文化产业和文化消费领域。2016年宁波市主抓大招商、大平台、大项目,文化创意产业发展驶入快车道,据统计,2016年上半年文化产业增加值同比增速12.1%,高于全市GDP增速5.3个百分点,94个重点项目完成投资62.5亿元。2015年8月以来相继引进了宁波音乐港、现代影视基地等一批重大项目。罗蒙环球乐园、宁波方特东方神画等民营主题公园成为新的旅游热点。总投资7.7亿元的宁海县文化综合体被财政部、文化部(现文化和旅游部)等20个部委联合公布为第三批政府和社会资本合作(PPP)示范项目。2016年10月份以来,社会主体相继举办了火鸦音乐节、宁波国际城市艺术博览会、鸟人音乐节,引进了美国国家地理经典影像展、四川自贡艺术灯会,形成新的消费热点。

4. 着眼改革创新,优化消费环境

一是深化文化行政审批制度改革。落实市县审批层级一体化,深入推进文化行政审批市县同权同批模式,2016年新增市县同权同批事项35项,宁波市文化行政审批市县同权同批事项增至48项。

二是推进文化金融合作创新。积极争创国家文化金融合作实验区,构建文化金融合作发展体系,成立半年的文化产业信贷风险池为14家文创小微企业提供贷款近3000万元,成立一年的文创小贷公司累计发放贷款1.5亿元。加大宁波市金融文化卡推广力度,进一步优化文化卡功能。截至2016年底,文化卡已经签约文化机构和企业400余家,发卡50多万张,文化卡的文化类消费总额达到2.03亿元。

三是开展文化文物单位文创产品开发试点。宁波博物馆、宁波图书馆、宁波美术馆纳入文化文物单位文创产品开发试点,目前三家单位根据各自实际,采取自行开发与对外合作相结合的方式,已陆续开发出一批富有特色的文创产品。

案例启示

培育文化消费是实现"文化产业成为国民经济支柱性产业"发展目标的基本途径,也是保障和改善居民文化民生的重要手段。依据南京与宁波的经验,我们可以得出以下启示。

1. 完善规划政策,强化顶层设计

不管是南京还是宁波,在文化消费试点工作开始,就着手制定规划政策。南京市为推动文化消费,出台了五六个政策,尤其在演出市场,通过政策补贴和绩效考核,大大地提升了南京市民的文化消费水平;宁波出台政策也达到了六个,极大地推动了居民的文化消费。

2. 积极培育居民文化消费意愿

要针对居民的新消费需求,加强文化电子商务体系建设,培育网络娱乐、网上阅读、网上观赏等消费新模式;发展以内容和创意为核心的文化服务业,如文化创意、数字出版、动漫游戏等文化领域战略性新兴产业,以文化供给创新刺激居民消费意愿。针对不同消费群体,实施多元化、个性化的文化消费模式。例如:对高收入消费群,实施精品消费模式;对中等收入消费群,实施优质消费模式;对低收入群体,实施大众或广场类消费模式。

3. 全面营造良好的文化市场环境

要综合运用行政、法律、经济、思想教育等手段,保护知识产权、打击各类侵权盗版行为,保护创作者的权益,提高创作者的创作热情。要形成合理的文化消费价格机制,防止漫天要价、曲高和寡的局面,为居民创造一个更经济、更适宜的文化消费市场。要开展文化消费信贷,对大件文化用品和大额文化消费活动给予信贷安排,消解流动性约束,促进居民在理性预期的基础上合理安排跨期文化消费。要降低文化经营的准入门槛,鼓励、扶持各种经济主体进入文化经营领域,特别扶持和资助社会非营利性组织开展文化活动,扩大文化产品供给渠道。

4. 加大文化产品和服务有效供给

要引导文化产品和文化服务的提供者为人民群众积极提供导向正确、喜闻乐见的精品力作和优质的文化服务,努力满足不同地域、不同层次、不同群体、不同年龄消费者日益增长的文化需求。加大对文化产品和服务供给主体的刺激和激励,即进一步放宽市场准入,让更多的民营资本进入文化领域;加强文化企业的创意和创新能力建设,激励文化企业加大研发力度,提高文化产品和服务的创意和策划水平。通过政府购买服务、消费补贴等途径,引导和支持文化企业提供适应不同消费者群体的多样化文化产品和服务。

5. 大力推进文化惠民工程建设

要坚持公益性、均等性、基本性原则,通过政府主导、社会参与的模式,有序推进公益性文

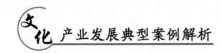

化设施建设。加强社区文化设施供给,按辐射范围、辐射人群合理设定设施密度,以方便群众就近、经常参加文化活动,实现社区文化设施的普及化、便利化。政府可考虑从财政中划出一定经费设立"国民文化消费卡"或发放文化消费券,资助文化消费,并针对低保人员、中小学生、外来务工人员等特定人群进行文化消费补贴。针对本地文化旅游景点,可以对本地居民实行免费或半价折扣优惠。

6.继续提升文化消费的便捷化水平

要鼓励文化企业拓展电子商务营销模式,向消费者及时提供最新文化消费信息,并将其打造成为释放文化产业活力、促进文化消费的集中展示和宣传推介平台;打造一批商业服务与休闲文化高度融合的综合消费场所,支持商业综合体、文化设施运营单位与文化创作、服务机构开展多种形式的合作,提供"一站式"文化服务;加强金融创新服务文化消费,拓展文化旅游、教育培训、体育健身等方面消费信贷业务,鼓励和扶持文化类电子商务平台建设,完善便捷支付系统,提升文化消费便利水平。

另外,各城市文化消费试点的经验还可以启示我们,一方面,需要注重通过政策鼓励、宣传引导等方式营造大众自觉进行文化消费的氛围;另一方面,要顺应大众消费个性化、多样化的发展大趋势,不断增加差异化、特色化的高品质文化产品和服务的供给,充分挖掘巨大的文化消费潜力,要以更科学有效的举措,提高文化供给体系质量和效率,进一步释放文化消费的潜能和活力,推动文化消费转型升级,使其成为拉动经济可持续发展的新动力。

视角五

文化资源开发

拓展与更新

视角五 文化资源开发

文化资源是人类除了自然资源之外最重要的资源之一,它既存在于人类的物质领域,又存在于人类的精神领域,构成了人类赖以生存的基础,也是社会发展进步的重要动力。所谓文化资源是人们从事文化生产或是文化活动所利用的各种资源的总和。根据不同划分标准文化资源可以分为文化自然资源和文化社会资源;还可以分为物质文化资源和精神文化资源,并以精神形态为主要存在方式。文化资源与物质资源相比,具有再生性、时效性、传承性、持久性、稀缺性等特征。

我国历来重视文化资源的开发和利用。早在1998年印发的《文化部关于进一步加强农村文化建设的意见的通知》中就提出:"开发文化资源,促进农村文化产业的发展。农村各级文化主管部门和单位,要增强产业意识,积极探索发展农村文化产业的途径。农村有着非常丰富的文化资源,既要采取措施,加以保护,又要制定优惠政策,充分开发利用,使资源优势变为产业优势,促进农村文化产业的发展。"

2000年5月,《文化部关于实施西部大开发战略加强西部文化建设的意见》中对西部文化资源的发展利用提出:"合理开发利用文化资源,促进西部地区文化产业发展",西部地区"要大力宣传西部独特的文化财富,利用西部众多文物古迹,大力发展文化旅游项目,让更多的人了解、喜欢西部地区,愿意来这里观光、旅游和投资。同时,要积极发展艺术演出、美术品交易、民间工艺品生产、反映西部地区的影视制作等文化产业,建立一批有一定规模的文化产业集团",要"使西部地区逐步形成国有文化产业规模化、集约化的经营体制"。

2003年9月,在《文化部关于支持和促进文化产业发展的若干意见》中提出要"积极整合文化资源。充分发挥在国家宏观调控下市场对文化资源配置的基础性作用,打破地区、部门、行业、所有制界限,对文化资源重新进行整合,提高集约化经营水平和产业集中度"。

"十三五"以来,国家对文化资源的开发越来越重视,在多处的文件中均可以看到加大文化资源开发的相关论述。主要如下:

2016年9月,《文化部关于推动文化娱乐行业转型升级的意见》提出:"鼓励企业依托中华优秀文化资源,创作生产更多传播当代中国价值观念、体现中华文化精神、反映中国人审美追求的优秀文化娱乐产品。"

2016年5月,文化部等四部门《关于推动文化文物单位文化创意产品开发的若干意见》提出:"文化文物单位馆藏的各类文化资源,是中华民族五千多年文明发展进程中创造的博大精深灿烂文化的重要组成部分。""推进文化文物单位各类文化资源的系统梳理、分类整理和数字化进程,明确可供开发资源。""深入挖掘文化资源的价值内涵和文化元素,广泛应用多种载体和表现形式,开发艺术性和实用性有机统一、适应现代生活需求的文化创意产品,满足多样化消费需求。"

2017年4月,《文化部"十三五"时期文化产业发展规划》中提出:"推动文化创意产品开发。系统梳理传统文化资源,推动文化资源活起来,以中华美学精神引领创意设计,把传统元素与时尚元素、民族特色与世界潮流结合起来,创作生产更多优秀原创文化创意产品,扩大中高端文化供给。"

2017年,《文化部"十三五"时期文化科技创新规划》中提出:"建立服务载体。依托数字文化资源元数据仓储建设,汇集数据并进行组织与关联。研究用户数据采集标准,促进全国图书馆、博物馆、文化馆、美术馆采集与共享用户数据。与社会力量共同开发利用文化资源数据,选择优质社会数据与文化资源数据融合。"

2017年4月,《文化部关于推动数字文化产业创新发展的指导意见》提出:"促进优秀文化资源数字化。实施数字内容创新发展工程,鼓励对艺术品、文物、非物质文化遗产等文化资源进行数字化转化和开发,实现优秀传统文化资源的创造性转化和创新性发展。依托地方特色文化,开发具有鲜明区域特点和民族特色的数字文化产品。加强现代设计与传统工艺对接,促进融合创新。依托文化文物单位馆藏文化资源开发数字文化产品,提高博物馆、图书馆、美术馆、文化馆等文化场馆的数字化智能化水平,创新交互体验应用,带动公共文化资源和数字技术融合发展。"

文化是一个民族的精神和灵魂,是一个民族真正有力量的重要因素,常常深刻影响一个国家发展的进程,改变一个民族的命运。2015年,习近平总书记在陕西视察,谈起陕西文化资源时强调:"对历史文化,要注重发掘和利用,溯到源、找到根、寻到魂,找准历史和现实的结合点,深入挖掘历史文化中的价值理念、道德规范、治国智慧。"

深入发掘文化资源,扎实推进文化建设,必须注重传承优秀历史文化,做到以文化人、以史资政。古人说:"读经传则根底厚,看史鉴则议论伟。"浩瀚优秀的传统文化,代表了我们祖先的勤劳和智慧,是中华民族的宝贵财富,发掘和用好丰富灿烂的历史文化资源,对于今天大力推进文化建设具有重要的价值和意义。

案例一 越秀经验:如何把"广府文化"品牌做大做强[①]

文化是现代城市的灵魂,也是城市发展的动力。作为广州的传统中轴线和历史文脉所在地、广州建城2200多年来未曾发生偏移的城市中心,越秀区文化资源丰富,33.8平方公里土地上"处处是文物,遍地是宝藏",文化资源呈现数量多、密度大、类型多、等级高等特点,文化发展在全市处于领先水平,城区文化软实力潜力巨大。文化资源是越秀最大的资源,文化优势是越秀最大的优势,文化也是越秀区转型升级加快发展的重要途径。越秀区近几年发挥文化资源优势,探索强化城区发展竞争力之路成效显著,走出了一条强化城区发展动力之路。

1. 树立"文化引领"理念,强化文化发展战略支撑

(1)明确定位,高效对接。2011年,越秀区在"十二五"规划和区第十一次党代会上确立了"广府文化源地、千年商都核心、公共服务中心"的发展定位,提出"文化引领"的发展战略,明确把文化建设放在促转变、求创新的引领地位。

在高位规划的基础上,积极推动相关文化项目纳入全区重大战略部署。目前,全区百项重点项目中就有三分之一与文化发展有关,并以区领导督办的形式强力推动落实,各类文化建设项目有序推进。

(2)整合资源,机制保障。越秀是一个城市功能元素齐备的中心城区,走"文化引领"之路就是要将文化融入经济社会的各个方面,使文化成为城区发展的支撑力。越秀区十分重视构建"大文化"的发展格局,以文化系统内的融合、政府各部门间的融合、政府和社会力量的融合,进一步调动全社会共同参与文化建设的积极性和能动性。

近年来,越秀区成立了"越秀区文化发展委员会""越秀区文化发展咨询委员会"等文化议事机构,重点文化建设项目和文化发展决策通过集体研究和公众咨询产生,更加贴近城区实际和百姓需求。

在区委、区政府的统筹下,深入挖掘、有效保护、合理利用宝贵的历史文化资源,已经成为辖区内各单位开展各项工作的共识。

[①] 徐咏虹.广州文化创意产业发展报告(2016)[M].北京:社会科学文献出版社,2016.

"广府文化"品牌意识进一步强化,在新的历史条件下推动传统文化传承、创新和发展的思维不断开拓,思路和资源广泛集聚,逐步形成了政府主导、社会参与、各方协同、共建共享的"大文化"发展格局,形成了推进城区文化事业、文化产业发展的整体合力。

2. 推动"平台式"建设,提升文化发展集聚能力

越秀区立足实际积极搭建各类文化发展平台,推动政府角色从"办文化"向"管文化"转变,引导社会力量从"看热闹"向"齐参与"转变,强化了统筹文化发展的能力,有效整合了社会资源和力量,实现了文化发展的集聚提升。

(1)重点打造北京路文化重大发展战略平台。

作为广州培育世界文化名城六张"城市名片"之一的北京路,地处广州传统中轴线,保存了广州乃至岭南地区文化底蕴最深厚、历史最完整、精华最集中的文化遗产,聚集了众多主题突出、特色鲜明的历史文化街区,是岭南历史传统文脉所在。该区域在长期的发展过程中,集聚了金融、商贸、文化等市区主导产业。2013年底,经过充分的调研和论证,越秀区委、区政府提出打造11平方公里的北京路文化核心区的发展思路,被纳入广州市"2+3+11"重大发展战略平台。

作为广州市唯一主打文化牌的重大发展战略平台,北京路文化核心区积极实施文化引领、功能置换、空间优化、产业升级、商旅融合五大策略,努力将核心区打造成为以居住、教育、行政、人文、生态为主要功能的广府文化博览区、转型升级示范区、城市更新先行区。目前,核心区起步区总体规划、控制性详细规划,以及文化、旅游、交通等专项规划的编制工作在紧锣密鼓地开展。

项目建设按照以点带面、成熟一个推进一个的原则,着力推进大小马站书院街、省非遗馆、南粤先贤馆一期、东园广场、光塔民族民俗文化特色街、东濠涌沿线特色风情街、二沙音乐岛、"文物径"等一批文化项目的优化提升;加快民间金融街三期、广州老字号一条街、惠福美食花街、广州现代旅游服务一条街、大沙头游船码头风情街、一德路地下商业街、海港城、天字码头旅游港等产业项目的建设。

(2)建设公共服务文化体系示范平台。

高标准建设覆盖全区、结构合理、功能健全、实用高效的公共文化服务网络,以优质文化产品和服务惠及群众。

在硬件建设方面,辖内区级图书馆、文化馆、博物馆"三馆鼎立":区图书馆为国家一级图书馆,现有各类藏书、电子图书近100万册,被誉为"平民大书吧",2014年创新在全市率先推出公共图书馆手机客户端——"掌上越图",居民通过手机即可随时阅览馆藏图书;区文化馆为国家一级文化馆,集展览厅、小剧场、健身中心等多种功能于一体,建有展览、展演、创作、培训四大基地;区博物馆为综合性历史博物馆,是广州历史和广府文化的展示平台。

在街道社区,公共文化服务触角延伸分布,全区18个街道全部建成文化站,其中省特级文化站11个、省一级文化站7个;全区222个社区居委会的社区文化室覆盖率达100%;建有社区文体广场167个,总面积超过17.3万平方米。

依托全省公共文化设施最齐全、密度最高的文化设施网络,融汇省、市、区、街、社区五级公共文化资源,越秀区的公共文化服务网络不断完善,群众文化活动丰富多元,居民自主参与文化活动的热情高涨,具有越秀特色的"10分钟文化圈"日趋活跃。2014年初,越秀区"中心城区公共文化服务体系创新工程"获评国家公共文化服务体系示范项目第一名,群众基本文化权益满意度高达96.93%。

(3)建设文化创意产业发展平台。

近年来,越秀区委、区政府秉承"创新驱动"发展战略,将发展文化创意产业作为提升"越秀文化"影响力和竞争力的主导产业,纳入全区"十二五"规划重点发展,在动漫原创、文化传媒、出版展演、创意设计、创意衍生产品展贸市场等领域实现快速发展,形成创作、制作、传播、产品展示、体验、销售、服务等较为完整的产业链体系,在全市处于领先地位。越秀区精心打造了"一条创意大道·两大创意产业园区·三大特色产业群·四大高端产业功能区"的文化创意产业布局,走出了一条以产业园区建设带动产业发展的特色之路。

不断加大对文化创意产业人才扶持和培养,聚集了广东工业大学艺术设计学院、广州市动漫公共技术服务平台暨人才培训基地以及众多创意设计培训机构,全区的文化创意人才超过5万人,原创动力、漫友文化、奥飞文化等一批具有领先创意能力和自主品牌产品的重点创意企业迅速成长。截至2016年,越秀区共有国家级重点动漫企业和重点动漫产品占全国比例超过10%,形成了国内动漫龙头企业的集聚区。

2013年度,越秀区6900多家文化创意产业单位实现营业收入首次突破1000亿元,全区文化产业实现增加值170亿元,占广州市的1/4。文化创意产业在拉动城区经济发展、推动城区产业优化升级、吸纳就业等方面发挥着越来越大的作用。

(4)成立国家版权贸易基地平台。

版权贸易是一个新兴的朝阳产业,具有无限潜力。越秀区抓住广州市成功创建全国版权示范城市的契机,将版权贸易作为文化产业创新发展的又一个新平台,积极有序推进国家版权贸易基地的申报和建设工作。

2014年5月28日,华南地区首个国家版权基地正式在越秀揭牌,以版权产业为龙头的文化产业发展进入快车道。

3. 坚持"精品化"路线,彰显中心城区文化发展特色

越秀33.8平方公里土地上"处处是文物,遍地是宝藏",文化资源呈现数量多、密度大、类型多、等级高等特点。越秀区以打造"广府文化博览区"为目标,以"精品化"的特色文化发展思路,使辖内群众享受到丰富的文化盛宴。

(1)文化研究促发展。

2012年,越秀区联合广州大学、广州市社科联,共同申报建立"广府文化研究基地",搭建文化交流互动和资源整合共享的平台,被广东省委宣传部、省社科院评定为"广东省第一批特色文化研究基地"(全省共9个)。

基地成立后,共建三方积极开展广府文化的研究、宣传和推介,举办了"广府文化论坛""广府文化沙龙"等学术研讨活动,编辑出版了《广府文化论》《广府文化》系列丛书等专著,积极参与和指导越秀区举办的广府庙会、广府文化推广优秀项目征集等一系列文化活动,为全区的文化发展奠定了扎实的基础。

(2)文化活动树品牌。

连续多年举办迎春花市、广府庙会、广府文化旅游嘉年华等广府节庆品牌活动,通过民俗节庆活动的形式弘扬广府非物质文化遗产、广府美食、广府文艺、广府习俗等文化内涵,彰显越秀"广府文化源地"魅力。

其中广府庙会被评为"广东省特色品牌活动",举办四届以来吸引的市民、游客超2000万人次。面向全社会开展"广府文化推广"优秀项目征集活动,扶持和培育了"广府通草画传承与教育"等多个民间优秀文化项目,鼓励、扶持社会各界积极参与广府文化的传播和推广。

探索开展以"五个一"计划为核心的青少年广府文化教育传承工作,推动广府文化在青少年群体中的传承和发展。加强广府、佛山、肇庆三地文化交流共建,联合佛山禅城区、肇庆端州

区举办广府童谣大赛、广府名家工艺精品展、广府书画摄影大赛等活动,共同弘扬广府文化品牌,取得较大社会反响。

立足广州海上丝绸之路申遗六大史迹中有五个坐落于越秀辖内的资源优势,积极策划开展系列宣传推介活动,2014年广东"探访海上丝绸之路"海外联合报道在天字码头启动。

(3)社区活动显特色。

倡导和推行"一街一品牌""一社区一特色",不断完善社区文化基础设施建设,培育社区文化能人,引导街道、社区及各企业单位因地制宜组织和开展以社区居民为主体的各类文化活动,形成各具特色的社区文化品牌。如大东街的"金雁工程"为流动人员提供了文化展示和交流的平台,北京街的"邻里节"融洽了邻里关系,光塔街的"粤语讲古"活动荣获社区教育全国优秀特色课程,洪桥街的"客家山歌节"成为客家山歌的传承品牌,丰富的社区文化活动吸引了广大居民群众的积极参与,营造了浓郁的文化氛围。

(4)特色"微博"聚人气。

充分挖掘和发挥越秀区作为"没有围墙的博物馆"的历史文化优势,探索政府与社会力量相结合的微型博物馆建设管理模式,有效解决博物馆建设运作中的场地、资金、藏品、人员不足等问题,打造了国内首个典当行业博物馆东平大押博物馆、国内首个水主题博物馆东濠涌博物馆、国内首个汉代陶瓷私人博物馆普公汉代陶瓷博物馆及八旗历史文化博物馆、广府会馆等一批各具特色的社区微型博物馆,被群众亲切地称为"微博"。这些博物馆对群众免费开放,成为提升区域形象、体现"文化惠民"的鲜活载体,大大增强了社区居民的文化认同感和归属感。

(5)民间"孵化"出活力。

在广州市首创品牌民间文艺团队孵化基地,吸收有热情、有资质、有水平的民间艺术团队组成艺术联盟,为民间文化艺术力量的发展提供全方位的支持,并引导其以社区巡演、基层辅导等方式带动社区文艺发展。目前已有鳟鱼歌剧艺术团、广州脱口秀俱乐部等26支团队入驻孵化基地,经常举办各类有特色、有影响的活动,品牌效应逐步显现。

(6)文化资源新"活化"。

创新引入社会力量参与历史建筑的保护和管理,探索出一条历史文化资源"保护→开发→利用→发展→保护"的良性循环发展之路,推动东平大押、万木草堂、青云书院、逵园等一批建筑遗产通过"活化"重新焕发生机。其中,逵园成为近年来民间人士对建筑遗产"活化"再利用的成功范例;东平大押、万木草堂作为示范案例入选由国家文物局举办的"海峡两岸及港澳地区建筑遗产再利用研讨会"案例。

(7)文化创作推精品。

近年来越秀区获国家、省、市级奖项的文化创作超过500个,其中,区小云雀合唱团获"第十九届国际青少年艺术节"合唱一等奖;广东原创动力文化的《喜羊羊与灰太狼》动画系列片取得票房收入过亿元的骄人成绩。

4.善用"群众活动"载体,推动市民文明素质提升

文化发展软实力,包含了城市的文化内涵、服务品质以及城市居民的思想道德水平和文化素养。越秀区注重将社会主义核心价值观的传播融入城区发展软实力的培育过程,善用"群众活动"的载体,开展丰富多元的群众性精神文明创建活动,让广大人民群众共享文化发展成果,推动市民素质不断提升。

主题活动"接地气"。在社区广泛开展"睦邻日""邻居节""社区文化节""社区论坛"等邻里互助、社区联谊活动,积极推动社群和谐互助。立足群众与艺术"零距离"接触的渴望,发动和聚集

热心公益的艺术家,举办歌剧进社区、"书写文明——越秀区艺术家志愿队进社区挥毫"等活动。

身边好人"扬正气"。2013—2014年期间,越秀区推荐评选上榜的中国好人2名、广东好人6名、广州好人25名,市道德模范3名、提名奖2名、"小道德模范"3名。

志愿服务"有生气"。将志愿服务在空间上延伸到"大街小巷",在内容上拓展到"大事小情",在对象上涵盖到"大人小孩",实现了安老抚幼、济困助残的全覆盖。全区志愿服务队伍449个,注册志愿者人数达到18万,在广州市各区中排名第一。

5. 越秀区发扬"广府文化"的思路探索

在现有工作经验的基础上,进一步探索解决工作难点的方式方法,强化对文化建设在增强城市发展动力与活力、推动城市发展模式转型、提高城市综合竞争力、促进人的全面发展中的重要作用的认识。

(1) 提升文化对北京路文化核心区建设支撑力。

挖掘、整合和提升区域丰厚文化资源,全力推进北京路文化核心区规划建设,打造广府文化博览区、转型升级示范区、城市更新先行区。抓紧推进南粤先贤馆、省非遗馆暨大小马站书院街、东园项目、二沙音乐岛等重大文化项目建设和核心区申报国家4A级旅游景区工作。

以核心区为主要载体,进一步擦亮广府文化源地品牌,继续动员和整合社会力量传承发展广府文化,筹办好迎春花市、广府庙会、广府文化旅游嘉年华三大广府节庆品牌活动,全面深化青少年广府文化传承教育工作,深化与佛山、肇庆等地的广府文化交流共建活动,推出一批广府文化研究成果。

(2) 提升文化对公共服务支撑力。

推进文化基础设施建设,完善现代公共文化服务体系,优化提升具有越秀特色的公共文化服务创新"七大模式":博物馆群建设"微博"模式、历史文化传承"活化"模式、品牌文化活动战略合作模式、民间文艺团队"孵化"模式、文化社区精品模式、文化民生工程社会拓展模式、文化队伍志愿服务模式。

推进街道文化站改革试点工作。推进文化遗产普查工作,全面掌握越秀区内的文化遗产现状,进一步夯实文化遗产保护基础,打出"没有围墙的博物馆"品牌。

(3) 提升文化对经济发展支撑力。

挖掘利用"广府文化源地、千年商都核心"的文化资源和现有优势,促进越秀区文化、商贸、旅游融合发展。认真研究新兴朝阳产业的发展规律,加快推进"国家版权贸易基地"平台建设、管理和服务模式的创新,集聚品牌文化企业,不断提升平台影响力和辐射力,全力打造华南地区规模最大、区域辐射能力最强的版权贸易中心,引领文化产业实现跨越式发展。抓住黄花岗科技园、北京路文化核心区被确定为"广州市首批重点文化产业园区(集聚区)"的契机,积极争取省、市相关资源的支持,打造若干文化产业发展集群,形成文化产业的聚集和辐射效应。加快文化与科技、创意等元素融合,培育扶持鉴赏展拍、艺术创作、动漫广告、演艺出版、教育培训、饮食娱乐、旅游休闲等特色文化产业。

(4) 提升文化对精神文明建设的支撑力。

持续开展"越秀好人""广州好人"评选和在社区设立善行义举榜活动,引导居民做中华民族传统文化和美德的传承者,强化居民的文化归属感。进一步推动未成年人思想道德建设,全面推行青少年广府文化传承教育工作,让广府文化真正常态地、长期地走进课堂,走进广大青少年心中,从小培养市民的文化自信和自觉。强化志愿服务文化的培育和传递,以打造"志愿之区"为目标,打造开放式社区志愿服务平台,建立社区志愿服务对接制度,优化社区志愿服务项目,常态化开展以关爱空巢老人、外来务工人员及子女、残疾人为主要服务对象的邻里互助志愿服务。

案例二　营销让故宫文创年销售额破10亿元

早在2011年,故宫就在大力推广自己的文创产品,不过当时市场并不买账,产品销量持续低迷。然而,在2013年之后,故宫推出的每一款产品,都具备了成为"爆款"和"网红"的特质,销售额终于在2017年一年之内突破了10亿元大关。

那么,故宫是如何走出销售瓶颈的?探寻原因,还要追溯到2013年。2013年,电视剧《甄嬛传》在海峡两岸大红大紫,台北故宫博物院独具匠心地将"朕知道了"这句台词印在了胶带上,意外受到两岸年轻人的热烈追捧,成了赴台游客必购纪念品之一。受到台北故宫博物院这一创举的启发,北京故宫开始了各种新的尝试。2014年,故宫淘宝微信公众号刊登了《雍正:感觉自己萌萌哒》。此文一出,迅速成为故宫淘宝公众号第一篇"10万+"爆文,也借此,雍正皇帝成为当时的热门"网红"。同一年,故宫相继推出朝珠耳机、"奉旨旅行"腰牌卡、"朕就是这样的汉子"折扇等一系列文创产品。朝珠耳机还获得了"2014年中国最具人气的十大文创产品"第一名。从此以后,故宫在文创方面越玩越"溜",各种突破脑洞和传统思路的新营销玩法不断推向市场。

全国博物馆有几百家,而独有故宫取得了这么好的成绩,故宫又是怎么做到的呢?

1. 准确的产品定位,满足各个年龄段的受众

故宫文创的崛起,首先要归功于准确定位。深度挖掘丰富的明清皇家文化元素,努力将故宫的建筑、故宫的文物、故宫的历史故事,找到一个符合当代人喜欢的时尚表达载体,即研发具有故宫文化内涵,鲜明时代特点,贴近受众实际需求,深受消费者喜爱的故宫元素文化产品。这里的定位从三个层面理解:一是用户定位,二是产品定位,三是价格定位。

首先,在用户定位上,故宫曾走过不少的弯路。刚开始,故宫将自己的产品用户定位在35岁到50岁人群,男性为主,并且在产品设计上,偏向传统。直到几款年轻化产品的爆红,才促使故宫调整步伐,更加注重年轻群体。而现在,故宫已将自己的产品用户定位在35岁以下人群,女性为主。从故宫淘宝的用户分析就能看出,25岁到34岁的用户已经成为消费主力。

其次,在产品定位上,故宫也曾出现过偏差。过去故宫推出的产品,大多是一些观赏性的绘画和瓷器,普遍高端大气。这样的产品,虽属精品,却很难打动年轻群体。而现在,经过7年院藏文物清理,25大类180余万件文物藏品得以呈现,成为文化创意研发最宝贵的文化资源。故宫产品的研发,在文化底蕴的基础上,以大众实际需求为主,努力让产品具有"实用性",尽可能地扩大产品覆盖面。因而,故宫的文创产品,大多和大众生活息息相关,诸如鼠标、扇子、茶杯等。并且,故宫还会根据热点,适时推出产品。比如展出《千里江山图》时,故宫就推出了与之相匹配的文创产品,小到书签、笔筒、明信片,大到珠宝等。

最后,在价格定位上,故宫也做了相应调整。粗略划分,故宫产品可以分为萌化产品和雅化产品。萌化产品多以呆萌和可爱为主,迎合年轻群体;雅化产品则多以典雅和别致为主,符合传统文化爱好者。比如,同样一款胶带,萌化产品是上写的是"朕知道了",雅化产品则是迥然不同的风格。萌化和雅化产品不仅外观和风格上具有差异,价格上也有一定的差距。总的说来,萌化产品的定价显得亲民,雅化产品的定价相对偏高。

2. 传播策略:"社交媒介+电商平台"

近年来,新媒体平台应运而生,自媒体的门槛不再高不可攀,每个人都是被传播的对象同

时也是传播者。在短平快的时代下,传统文化虽然不可被取代,但是紧跟潮流、顺势而为也是作为传统文化的社会职能所在。故宫的新媒体团队在这样的时代下应时而出,主要涵盖了社交媒体、网站群、App等。而其中社交媒体包括微信、微博,统称为"微故宫"。"微"可以代表"micro"以小见大,也可以代表"we"大家的故宫。故宫官方新浪微博于2010年正式"坠地",故宫相继又开通了腾讯微博,不到一个星期的时间,粉丝突破百万,如此势如破竹的涨粉速度说明大家强烈地希望通过"新"方式与故宫交流。2014年初,故宫官方微信公众号"微故宫"上线,新媒体阵营中再添一员。微博、微信成为故宫与公众沟通的重要桥梁。

故宫在"双微"上,始终保持着极高的活跃度。故宫的官方微博故宫博物院,会及时发布故宫消息,吸引用户关注。其发布的消息,可以分为三类:第一类,是故宫景色的最新"动态";第二类,关于讲座和志愿招聘信息;第三类,设置一些话题和抽奖活动。

故宫的社交运营能力,促使其吸引了大批粉丝的关注和参与。光是微博的粉丝数,就已经超过500万。庞大的粉丝数,让故宫发出的每一条消息都有可能瞬间传遍网络,引发人们的热议。进而,故宫推出的每一款文创新品,都可能立马热销。以下线的"俏格格娃娃"为例,尽管599元的售价略高,但还未正式上线,故宫淘宝上就已经有几百人预定。

除了社交媒介,故宫还在自己的官网——故宫博物院增加了文创板块,便于销售文创产品。

至于故宫在各大电商平台上的店铺,则是专职负责出售文创产品。目前,故宫在天猫上有故宫博物院文创旗舰店,淘宝上有故宫淘宝,京东上则有故宫商城旗舰店。为了尽可能地扩大产品销量,故宫将所有的社交媒介和电商平台连接起来,然后进行无缝对接,最大限度地减轻了购物流程的烦琐性。

新媒体平台需要培养粉丝的兴趣,然后慢慢地渗透进去,实现一个循序渐进的过程。只有受众基础牢固了,才能慢慢向上发展,形成故宫特有的传播金字塔。服务与迎合是不冲突的,雅俗共赏和社会进步也不是相悖的,要有传播的个性和风格,保持自己的态度,这样的迎合才是新媒体运营的精髓所在。

3. 跨界宣传和线下体验

"故宫淘宝"引发的火热,除了让故宫看到了自身作为授权方更多的可能性,也拓展了各种品牌与之合作的方向。不管是故宫博物院本身,还是其衍生产业——故宫文化珠宝、故宫书店、故宫文化都大受品牌们欢迎,玩跨界玩得不亦乐乎,俨然成了品牌跨界合作的新宠。为了扩大自己的影响力,故宫采用了跨界宣传和线下体验的方式。

先看跨界宣传。2016年12月,故宫与民生银行合作,将信用卡与中国风跨界搭配,十足体现皇室贵族气质。在故宫博物院和腾讯联合举办的"传统文化×未来想象"数字文化艺术展上,用户可以通过"天天P图"体验自己穿上服饰的效果,零成本穿越成古代美人!2017年中秋,北京稻香村与故宫淘宝合作预售的2017中秋限量月饼糕点"掬水月在手"更成了网友们秀朋友圈的"利器"。这些月饼被做成了月亮、祥云、玉兔、印章等故宫特色的样式,俨然成了一件艺术品,预售三天,产品就告售罄。故宫在跨界宣传成功圈粉的同时进一步扩大了自己的影响力,逐步形成了"故宫出品,必属精品"的良好口碑。

再来看线下体验。虽然故宫已经具备了强大的线上宣传和销售渠道,却还在不断尝试线下体验。在2015年,故宫就在东长房区域开设了文化创意体验馆;2017年,故宫又开设了儿童体验馆;在2018年春节前夕,故宫将首个快闪店"朕的心意"搬进时尚之地三里屯。

视角五　文化资源开发

为什么故宫要增加线下体验呢？除了更好宣传故宫文化，另一个作用恐怕还是希望培养用户终身消费的习惯，不希望用户"买完即走""一次性消费"。

4. 运用科技，紧跟时代

除了文创产品，故宫还紧跟时代，运用科技扩大影响。

趁着快闪店的热度，Google 也在故宫博物院里办起了快闪实验室。快闪实验室主要展示了三个艺术作品数字化的项目：第一个是 Google Portrait Matcher 展区，系统会根据人的脸型来匹配相似的艺术人物肖像，转动脑袋，便会出现不一样的艺术肖像；第一个是轮播世界各地博物馆艺术作品的电子屏展区（每张都在 10 万像素以上）；第一个是 Expeditions 展区，电脑打开 Expeditions，戴上 VR 眼镜，转动视角就可以进行 360 度的观赏图片或视频。

微信"跳一跳"小游戏让人们看到了轻度手游的魅力，小游戏在宣传方面的作用不可小觑。如今，故宫也已经开发出十多款小游戏，并且推出了多个 App，比如《皇帝的一天》《每日故宫上线》《故宫社区》等。故宫用小游戏和 App 迅速拉近了与年轻群体的距离，吸引年轻群体关注传统文化，由此带动文创产品的销量。

5. 强大的研发团队和明确的指导理念

截至目前，故宫文创产品近 1.2 万种，年销售额超过 10 亿元，数量之多，种类之全，让人惊叹。故宫产品研发最后还需归功于研发团队和清晰的指导理念。

首先，故宫在产品研发上，没有选择"关门闭户"，而是"敞开心扉"，积极主动和外界合作。比如，故宫和中国陶器品牌万仟堂共同设计文创产品。目前，和故宫合作的企业已有 60 多家。

其次，不断吸收人才，成立产业联盟。故宫文创产业的规模化发展，需要大量资金和人才，建立更具长远效应的激励机制。故宫广泛吸纳优秀设计师和设计团体，再成立产业联盟，统一规划产品设计。这样做的目的不仅是为了更好满足市场需要，也是为了设计出"统一"产品，打造和凸显自己的品牌。

再次，故宫为了加强产品研发能力，落户平遥，成立了首个文创研发交流中心并正式挂牌运营。据了解，故宫和平遥当地主要在文创产品的设计、研发、销售、市场推广、文化交流等领域开展合作。

最后，故宫在产品研发上更愿意投入，也更愿意等待。据悉，故宫每年文创产品的研发成本是一到两个亿，平均每款产品的研发投入为二三十万，研发周期为八个月。这一点，很多博物馆和企业都难以达到。

6. 科技含量助力故宫文创产品知识产权保护

故宫在不断深化知识产权保护。随着文创产品的人气增长，一些人开始蹭热度，开始复制、仿制故宫的文创产品，未经授权进行销售的也越来越多。在实际工作中，故宫通过注册商标、维权等多种方式应对侵权行为，从 2011 年开始到 2017 年，比较典型的维权案例约 58 次。例如，故宫之前出版的一本书——《如意琳琅图集》，是故宫出版社出版的第一本游戏书，当时通过众筹，还没到预订的时限，就达到了 2020 万本，为了保证质量，故宫提前叫停众筹时间。但当产品上线后，第三天就发现有假冒产品。故宫马上发布声明，同时讲述这部书的制作过程，包括这本书的一些技术含量，同时通过电商下架比正版价格便宜的产品，达到维权效果。

即便如此，故宫产品仍免不了偶然发生的疑似产权争议问题，比如"俏格格娃娃"的下架，从该事件也可以看出故宫对自己产品的严格和品牌的爱惜。

案例启示

文化产业与其他传统产业一样,发展均离不开对一定资源的占用、开发。或者说,无论是文化产品的生产,还是其他物质产品的生产,都必须有一定指向性的生产对象,而其产业发展过程,在本质上都是一个资源向价值的转化和实现过程,生产力的解放和发展也体现在这一过程之中。文化资源是文化产业发展的重要条件,而且文化资源越丰富,文化产业就越容易发展。通过对广州越秀区和故宫文创的案例分析,我们可以得出以下启示。

1. 深挖并灵活运用各类文化资源

我国历史文化资源丰富,但是将历史文化资源开发成旅游景点并不是一劳永逸的做法,对历史文化资源需采用先保护后开发的模式,开发过程中也要注重历史文化的传承。好的历史故事和历史人物可以以影视、动漫、游戏等形式进行开发,传统的历史文化元素可以体现在当地建筑、公园雕塑、街道路牌中,元素可以无处不在,这也是最为潜移默化的文化力量。

2. 通过新媒体拓宽文化展示渠道

单纯文字和图片的展示无法让游客直观而深刻地了解历史文化资源的内涵和价值,新媒体技术的飞速发展则为之提供了可能。近年来历史文化资源的保护开发利用越来越多地用到了新媒体技术,在文化旅游景区内,传统的展板被放映着纪录片的液晶显示屏替代,观众也可以通过扫描二维码等方式看到更多相关的图文信息和动画形象。一些历史知识的展示不再是单方面的强制输送,而是被改造成体验项目让观众乐在其中的同时也接受了教育。例如,陕西历史博物馆进驻抖音后,僵硬的文物表情变得生动起来,陈列的历史人物也跳起了拍灰舞。一个小小演绎方式的转换,让博物馆文化的封闭、僵化、陈旧等历史面孔,变成了动感、时尚、活灵活现的现代化面貌,由此也提升了人们的参观积极性和参观效果。

3. 有序和融合开发并重

文化资源是打造城市特色风貌的重要因素,文化资源的开发要注重有序性、系统性和融合性。我国各地历史遗迹、民俗资源、历史人物、历史故事等不在少数,但在规划开发时需要基于本地特色,结合区域文化和时代要求,让各项文化资源在一个和谐互通、共融共生的系统中有序发展。文化资源之间不是相互对立的,优质契合的文化资源可以进行整合性开发,例如为传统手工技艺搭建互动展示平台,举办传统的文化活动,表演各项传统节目,在各地重要景区中重新上演当地知名的历史故事等。

4. 积极鼓励博物馆开发文创产品

故宫文创的成功,有些原因是显而易见的,比如设计出来的产品满足了市场需要,得益于互联网技术的迅猛发展。但有些原因,却需要深入的探究,不然就容易被忽视。比如下面这些"招数"就值得我们注意:跨界宣传、线下体验、运用科技以及强大的研发团队和明确的指导理念。当然,也没有必要将这些"招数"奉为圭臬,随着时代的发展,要想立于不败之地,除了推陈出新,恐怕别无他法。作为公益类文化文物单位的博物馆,是中华优质文化资源的集中保存地,是传统文化研究人才的集聚贮存地,因此更应该利用博物馆馆藏优势,利用藏品所蕴含的传统文化底蕴,把中国的传统文化精髓创意设计到文化创意产品当中,并且让它融入人们的生活,让人们的生活"越中国、越高贵"。

视角六

文化旅游演艺发展

拓展与更新

根据文化和旅游部发布的数据显示,从 2013 年到 2017 年,我国旅游演艺节目台数从 187 台增加到 268 台,增长 43%;旅游演艺观众从 2789 万人次增加到 6821 万人次,增长 145%;票房收入从 22.6 亿元增长到 51.5 亿元,增长 128%。旅游演艺多依托著名旅游景区、景点,综合运用歌舞、杂技、曲艺等艺术表现形式,表现地域文化或民俗风情,注重体验性和参与性。旅游演艺主要包括实景旅游演艺、主题公园演艺、剧场旅游演艺等。旅游演艺的产生和发展,丰富并改变了传统旅游产品的内涵,提升了文化旅游的质量,在完善旅游设施及功能、延伸旅游产业链条、提升城市知名度和综合竞争力等方面都具有重要意义。

从社会发展阶段来解析,中国旅游演艺的出现是伴随中国经济社会发展到一定阶段,居民旅游需求水平的不断提高和国内旅游市场不断发展的必然结果,也就是说经济社会的发展是旅游演艺发展的环境条件。

探寻中国旅游演艺的起源,目前旅游行业存在两种认识。一些人认为 1982 年陕西省歌舞剧院古典艺术团在西安推出的《仿唐乐舞》,是我国旅游演艺的开端;但另一些人认为 1995 年中国民俗文化村推出的《中华百艺盛会》是我国的第一个旅游演艺项目。针对这个问题,业界有人认为当时《仿唐乐舞》主要目的是接待来访的国家首脑和政府官员,不具备旅游市场的商业行为,因此不是旅游演艺项目。但笔者认为,《仿唐乐舞》应该是中国第一个旅游演艺项目,这是无可置疑的,因为《仿唐乐舞》具备旅游演艺主题明确、突出西安的地方文化特色、注重高度的文化娱乐性和欣赏性等特征,同时,因为《仿唐乐舞》的成功运行,开启了"尘封的历史文化动起来"的探索之路,也为后面旅游演艺探索者提供了学习、借鉴的典型,因而《仿唐乐舞》的出现,也为中国旅游演艺事业拉开了发展的序幕。

1997 年,当时广西省文化厅对拥有丰富多彩的民族文化,而局限于静态山水观光和无序低品质的文化表演观赏感到棘手,为此广西省文化厅把这件事情交给了梅帅元,点名立项要他做出特色、做出名堂。当时梅帅元已经完成《印象·刘三姐》的策划,却不知道怎么样的表现形式最受市场欢迎,后来梅帅元去找著名导演张艺谋,张艺媒对此很感兴趣,觉得是一个不错的项目,也就有了后面的《印象·刘三姐》。

2004 年 3 月 20 日,投资 2 个亿,近千名演员和两百匹战马阵容的大型实景演出《印象·刘三姐》正式公演,在 2004 年后半年就获得了 7900 万元的票房收入,接待游客 30 万人次,到了 2005 年接待游客突破 50 万人次,票房收入 1.3 亿元,2006 年接待游客 70 万人次,2015 年接待游客 150 万人次……《印象·刘三姐》刷新了一项又一项营收及接待记录,就连世界旅游组织官员看过演出后都如是评价:"这是全世界看不到的演出,从地球上任何地方买张飞机票飞来看再飞回去都值得。"《印象·刘三姐》从一炮打响到长演不衰,不仅为地方带来了可观的经济收益,更是广西一张亮丽的旅游名片,名扬四海。

虽然在《印象·刘三姐》之前,张家界在 2001 年就推出浓郁民族风情的旅游演艺节目《魅力湘西》以及 2003 年杨丽萍在云南上演独树一帜的《云南映象》,但这两个旅游演艺项目在当时取得的市场效益是较小的,因而全国性的示范作用不是很强。一直到 2004 年,在《印象·刘三姐》成功示范之下,国内形成了一股旅游演艺投资演出热潮,随后,旅游演艺市场越来越火爆,《功夫传奇》《禅宗少林·音乐大典》《长恨歌》《宋城千古情》《金面王朝》《天门狐仙》《大宋·东京梦华》《藏谜》《唱享山西》《梦幻九歌》《徽韵》《神奇赣鄱》《天地吉祥》《烟雨春秋》等相继问世,极大激活了旅游市场。

中国旅游演艺从1982年《仿唐乐舞》的诞生,到如今全国遍地开花的演艺项目,国有文艺院团的转企改制,民营资本全面介入,旅游演艺投资额越来越大。目前中国旅游演艺市场上最为活跃、份额最大的都是由民营文化企业投资的,从而盘活了国有的艺术根底,如《禅宗少林》《宋城千古情》《云南映像》都是民营资本成功的典范。国有文艺院团的转企改制,盘活了之前僵化的演艺水平,节目质量和人员积极性异常提高,如《丽水金沙》的成功,与丽江市民族歌舞团改制密不可分,中国实景演出创始人梅帅元的成功也与转企改制有关。国有文艺院团的转企改制,民营资本全面介入和市场的需求,直至拉动旅游演艺的竞争发展,单项旅游演艺投资节节攀升,从2000年之前每个项目平均投资2100万到2014年平均投资的15600万,足足增长了7倍,中国旅游演艺进入大投资、大手笔、大规模时代。

中国旅游演艺30多年的发展,表现形式从单一到复合化、多元化共用。20世纪80年代旅游演艺仅仅是演员、音响加普通的灯光就能实现,但现在一场旅游演出从设计到多媒体、成像设备、视觉表现技术、舞台造型、裸眼3D视觉、全息技术、烟雾技术、监控系统、高清屏、座席技术、触碰等方面不断创新。

2018年3月22日,国务院办公厅印发《关于促进全域旅游发展的指导意见》,该文件尤其强调了要"推动剧场、演艺、游乐、动漫等产业与旅游业融合开展文化体验旅游",这也是首次由国务院发出的文件明确提出剧场、演艺、产业和旅游业的融合。

2019年4月,文化和旅游部印发《关于促进旅游演艺发展的指导意见》,明确提出,到2025年,旅游演艺市场繁荣有序,发展布局更为优化,涌现一批有示范价值的旅游演艺品牌,形成一批运营规范、信誉度高、竞争力强的经营主体。这是文化和旅游部成立后发布的首个关于促进文旅融合的政策性文件,也是国内首个促进旅游演艺发展的文件。

随着旅游业的快速发展,走马观花的旅游形式已无法满足游客的需求,游客更看重的是精神方面的享受。我国旅游业正逐渐向人文旅游、文化旅游转型,其中,以实景演出为代表的旅游演艺模式最受游客欢迎。越来越多的游客希望在参观景点之外能更深入地了解和感受当地的风土人情、传统文化。旅游演艺将当地的传统文化加以独特的艺术创意,以演出的方式表达出来,这正好满足了游客的需求,大大丰富了游客的旅游体验。

案例一　《宋城千古情》成功经验

近年来,旅游演艺产品市场持续升温和发展,宋城演艺是这个领域的主要代表。这个上市企业1996年5月18日建成开园,是浙江省第一家主题公园和中国最大的宋文化主题公园。大型歌舞《宋城千古情》是杭州宋城景区的灵魂,用先进声、光、电的科技手段和舞台机械,以出其不意的呈现方式演绎了良渚古人的艰辛、宋皇宫的辉煌、岳家军的惨烈、梁祝和白蛇许仙的千古绝唱,把丝绸、茶叶和烟雨江南表现得淋漓尽致,极具视觉体验和心灵震撼。在杭州,《宋城千古情》已成为文艺界与旅游界的一面旗帜:获得国家"五个一工程"奖、舞蹈最高奖荷花奖,带动了每年逾600万游客量的杭州夜游市场消费。有关人士认为,《宋城千古情》作为民营企业打造的舞台精品,为大家提供了全新的旅游市场经营理念和文艺改革的思路。用一张演出票涵盖所有门票,游客们因《宋城千古情》演出而来同时也记住了景区。这种模式从2013年开始走出杭州,在三亚、丽江、九寨沟等地成功复制。如今的宋城景区,活动多样,演艺为本不变,累计演出两万余场的《宋城千古情》仍旧常演不衰,"宋城模式"奥秘何在?

1. 扎根文化融汇精华,演绎杭州历史典故

《宋城千古情》以杭州的历史典故、神话传说为基点,融合世界歌舞、杂技艺术于一体,运用了现代高科技手段营造如梦似幻的意境,给人以强烈的视觉震撼。

在悬置于舞台与观众席间的剔透水幕上,由激光打出的"宋城千古情"五字流光溢彩,各种动画栩栩如生地展现着人类文明的最初进程;由激光映射出的长达百米的时光隧道和漫天云彩,让人穿越时空,触摸千年情怀……

从早上开演到晚上闭园,园区各种民俗类的小型演出不间断进行。6月份是宋城的旅游淡季,但被视为宋城灵魂的《宋城千古情》每天仍有2~4场的演出,每场容纳游客3000人。

立足杭州城市历史文化的《宋城千古情》,歌舞、杂技加上变幻多端的舞台效果,给游客带来一场惊喜不断的演出。这场演出以时间为轴,给游客展示着杭州最广为人知的历史故事、历史人物和神话传说。撑伞姑娘们舞蹈中舞台上下大雨,观众席上降临了毛毛细雨;大炮突然几声巨响攻城开始,战马飞驰讲述岳飞的故事;逼真的金山寺,雷峰塔囚禁的白娘子缓缓从空中落下……声、光、电和多种效果的配合,让一个小时的演出每隔几分钟就给观众带来新惊喜。

这场演出,不仅满足了游客的审美观赏需求,也满足了每个来到这里的游客普遍的好奇心——想了解杭州的历史。准确的定位,或许就是《宋城千古情》能够迎来送往一波波游客,仍有强大生命力的原因。它已经累计演出两万余场,接待观众6000余万人次,成了杭州的文化标志之一,并与拉斯维加斯的"O"秀、巴黎红磨坊并称"世界三大名秀"。

没有历史文脉的剧目没有根,没有人文积淀的剧目就少了魂。《宋城千古情》由《良渚之光》《宋宫宴舞》《金戈铁马》《西子传说》《魅力杭州》几个板块组成,白蛇与许仙、梁山伯与祝英台的爱情传说和悲壮豪迈的岳飞抗金故事等众多杭州典故、传说与西湖的自然人文景观在舞台上相互辉映,这些家喻户晓的题材自然唤起了人们对杭州的神往之情,让游客深切感受到了历史厚重。

而在表现形式上,《宋城千古情》又借鉴了国外优秀的歌舞形式进行包装,集舞蹈、杂技、时装表演等多种表演艺术元素为一体,并采用了当今世界先进的灯光、音响、舞美、服装等表现手段。比如在服装设计上,《宋城千古情》旨在突出中华民族源远流长的服饰文化,同时,又融入国际设计理念,大胆想象,夸张表现,使古典的美丽与现代的风韵在每一件演出服里完美融合,别具一格。如在粉红的荷花演出服上配以三朵同色调争奇斗艳的荷花装饰灯,和谐自然,又突显江南水乡的清新脱俗,令人耳目一新。正是由于内容上扎根民族文化,形式上融汇了其他艺术的精华,《宋城千古情》自然赢得了各阶层、各年龄段游客的欢迎。

2. 灵活的用人机制

为了把《宋城千古情》打造成一台高水平的文化演出,1996年,宋城成立了宋城艺术团。目前,艺术团已拥有自聘的专业舞蹈、杂技、模特演员400多位,成为国内最大的民营剧团。

不少艺术院团,尤其是国办艺术院团由于人员只进不出,自身负担越来越重,这也是国有艺术院团文化体制改革的难题之一。宋城艺术团在选人、育人、用人上实行优胜劣汰、能进能出的机制。一方面艺术团每年都要对演员进行考核,考核与奖金挂钩,并实行末位淘汰制。另一方面,为了能留住优秀演员,艺术团不惜成本,与浙江大学等联合多方位培训艺术团演员,提升演员艺术素质和修养,提高演员对角色的理解和感悟能力。同时,从演员职业生涯考虑,注重培养文化知识,掌握技艺,以便演员可以在岗位之间流动、选择。这样,就给演员吃了一颗"定心丸"。

此外,艺术团还给演员进行艺术等级评定,与薪酬、待遇挂钩,并为全体演员都缴纳了"五险一金"。400多名演员中有10%是一级演员,他们的底薪达到每月5000元以上。由于艺术团能做到事业留人、待遇留人、感情留人,因此也极大地激发了演员的积极性。

3. 找准市场定位

《宋城千古情》赢得市场的重要原因就在于找准了市场定位,把握住了市场脉搏。首先,演出依托宋城景区,采用购票即可看戏的配套营销理念,提高了景区游览的附加值;其次,集团营销中心、艺术团针对目标消费群开展市场调研,细分市场,根据观众群及其审美需求的不同,及时对节目进行适当调整。

"白天看庙,晚上睡觉。"尽管杭州是全国著名的旅游城市,但在《宋城千古情》问世之前,夜间旅游消费却非常贫乏。看到了"夜游"这一巨大的市场空白,宋城景区决定在白天演出的基础上,增加夜间演出,使该表演增加到了每天5场左右。于是,来杭州的游客白天在各景点能感受到静态的历史人文积淀,而到了晚上,《宋城千古情》又能以新颖生动的形式如梦如幻地加以表现,给人以强烈的艺术视听享受。

《宋城千古情》很快就改变了杭州原来单一的观光旅游格局。依托杭州庞大旅游市场规模,《宋城千古情》彻底改变了杭州"夜游"市场的格局,带动了600万游客量的杭州"夜游"市场消费,创造直接经济效益40多亿元,还拉动了相关服务行业的产生和发展。

宋城演艺被称为中国演艺第一股,是全球主题公园集团十强企业,以"演艺"为核心竞争力,成功打造了"宋城"和"千古情"品牌,产业链覆盖旅游休闲、现场娱乐、互联网娱乐,是世界大型的线上和线下演艺企业。宋城的成功得益于以下几点。

第一,紧紧抓住"千古情"的"情",挖掘当地文化,传输故事作为最主要的元素。比如在杭州,宋城集团挖掘了岳飞的精忠报国,在九寨沟挖掘了"5·12"地震解放军在大自然灾害面前大爱的表现,这才能够真正打动每一个观众。

第二,综合运用各种艺术门类与技术手段。整个《宋城千古情》中,把舞蹈、武术、杂技、话剧、音乐剧等各种艺术形式结合进来,只要能为《宋城千古情》加分的,能打动观众心理的都为其所用。同时在整个技术的应用方面也是这样,不拘泥于音乐剧应该是怎样的,歌舞应该是怎样的,只要能为其所用,把各种艺术形式和技术都整合进来。

第三,强大的营销策划能力。一部戏的质量很重要,现在虽然强大的媒体渠道非常畅通,但是好的产品要有人知道,要会推广。宋城演艺成立二十多年来,可以分成三个阶段:第一阶段策划1.0版,1996年宋城景区用了30万撬动了上海市场,选择比较好的载体,紧紧抓住了上海人心理,用"上海幸运家庭游宋城"活动策划,直接有五六万人参加这个活动;第二阶段策划2.0版,近十年以来,在每个景区、每个季节都整合了一大批像裸婚、九寨沟熊猫打麻将和重阳节等活动,每个活动点击量都有上亿人次,各个媒体有足够的曝光率;第三阶段策划3.0版,古装游宋城,上半年半个月,下半年半个月,每个游客到宋城来都可以穿着宋城提供的古装在景区游玩,这一活动大受游客追捧,这样也就变成了最大型的沉浸式演出。

第四,永恒的危机意识和创新意识。宋城集团内部有一句话叫"创意者不死,独特者永恒"。宋城在全国的每一个"千古情",每一个月都有一个小的改动,每一年都有一个大的改动,各景区每一年都会有一些创新。一个游客来,反复来,觉得似曾相识,但又有所不同。

现在宋城景区已经从原来单一的景区变身为从作品创意、景区规划设计、建筑、服装、灯光、道具、运营、商业、销售、投资全产业链的闭环。

《宋城千古情》最高纪录是一天演出15场。现在景区里两个剧院同步演出,两个演出团队同时演。目前,《宋城千古情》系列已在全国四面开花。宋城集团每到一个地方开发新园区,都会致力于将当地深厚历史文化与风土人情通过新版"千古情"表达出来,《三亚千古情》《丽江千古情》《九寨千古情》都获得了市场认同。

案例二 陕西旅游集团:让演艺提升旅游体验[①]

2016年元月,刚刚度过元旦不久,陕西旅游产业发展的领军者——陕西旅游集团公司(以下简称陕旅集团)又有了新"动作",宣布成立下属朗德演艺有限公司。陕旅集团方面也明确表示:旅游实景演艺将成为今后发展的战略重点方向。

从20世纪80年代,以一部《仿唐乐舞》拉开全国文化旅游演出市场的序幕开始,到实景演艺国家标准的《长恨歌》、大型红色历史舞台剧《延安保育院》,再到2016年6月刚刚上演的大型全景开合剧场奇幻三国秀《出师表》,十几年的发展历程中,陕旅集团一直走在国内旅游演艺领域的前列,为观众奉献出了一部部文化旅游演艺精品。朗德演艺有限公司的成立,能否开启中国旅游实景演出的又一新篇章,大家都拭目以待。

1. 缔造超级IP,领跑国内旅游演艺领域

2016年7月2日,午后时分,勉县诸葛古镇新一轮的游客高峰刚刚开始。对于从西安自驾前来的尚华一家而言,刚刚在小镇里转了一大圈儿,又在小吃街品尝过汉中地道的美食,便到了等候观看《出师表》演艺的时间了。"本来是听说汉中开了一个新的古镇,想趁着假期带孩子过来转转,没想到除了休闲、美食之外,这里还有一场讲述诸葛亮故事的旅游实景演出。于是,我们就买票过来看看。"尚华表示。

与尚华一家拥有相同感受的游客还有许多。作为诸葛古镇二期工程的一大亮点,由陕旅集团打造的旅游演艺《出师表》,一经推出便受到了游客的欢迎。这种"主题景区+旅游演艺"的旅游景区模式,将三国文化作为对外展示的窗口,为观众呈现一场视觉上的饕餮盛宴,更让游客产生了某种身处故事发生地的穿越感,加大了可融入性。

1988年,陕旅集团前董事长张小可策划了当时中国最大的剧院式餐厅——西安唐乐宫,主要是接待外宾。在千年古城西安,游客一边品尝美食,一边欣赏唐代宫廷舞蹈,令人耳目一新。在旅游业界,外宾观看的这部《仿唐乐舞》也被普遍认为是中国旅游演艺的肇始之作。

2006年,在陕旅集团的主导下,历史实景舞剧《长恨歌》在华清池上演。时至今日,这部开创中国大型历史实景演绎先河之作,依然是"一票难求"的精品品牌。2015年,《长恨歌》更被列为中国实景演出的国家标准,成为全国旅游演艺最高水准的代表。

2011年,大型红色历史舞剧《延安保育院》在圣地延安上演,开创了红色文化旅游演艺的

[①] 李佳.陕旅集团旅游演艺的突出制造[EB/OL].(2016-09-19)[2019-10-10]. http://www.sohu.com/a/114666879_348977.

先河,一经推出便引发各方关注。与其他众多旅游演艺选择"大而全"的叙事角度不同,《延安保育院》从一个"小"点展示出波澜壮阔的历史年代中的"大"爱精神,让人动容。

2. 依托竞争优势,"陕旅制造"风头正劲

当前国内旅游演艺消费需求日益旺盛,旅游演艺发展空间巨大。在实景演艺的国家标准《长恨歌》、大型红色历史舞台剧《延安保育院》等的成功经验下,2016年1月13日,陕旅集团注册1000万元成立了朗德演艺有限公司。短短数月,朗德演艺动作不断,与陕西省众多一线景区陆续筹备开展了多个演出项目,旅游演艺的"陕旅制造"风头正劲。

由著名导演金铁木执导,取材于诸葛亮北伐期间在汉中的生活故事,以汉中勉县诸葛古镇园区景观为演出背景,结合声、光、电等高科技表现手段为一体的实景剧——《出师表》,于2016年6月26日正式上演。许多如尚华一样的游客已然领略过它的精彩。

2016年7月9日,由陕旅集团倾力打造的《大唐女皇》也隆重上演。这场由李捍忠任总导演(亦是《长恨歌》总导演)的唐宫乐舞,是唐乐宫《仿唐乐舞》在28年的连续演出后的一次重装上映。

《12·12》是在陕旅实景演艺的起步地华清宫,取材于1936年12月12日,张学良、杨虎城"兵谏"蒋介石停止内战,一致抗日的故事。该剧已于2016年12月12日作为年终大戏在华清池景区上演。白鹿原影视城也推出《二虎守长安》《黑娃》两台演出供游客选择。依托文安驿古镇的《文安驿》演出项目2017年9月已与观众见面。

另外,陕旅集团还策划了多台演出,在宝鸡扶风法门镇开演的实景演出项目《法门往事》,由中国实景演出创始人梅帅元策划并担任导演,综合运用多种艺术表现手法,围绕法门寺佛骨舍利的供奉历史和对舍利的保护,表现天堂、人间、地狱等场景故事。大型户外实景投影演艺项目《延安记忆》,2016年10月15日在延安进行了首演,这个项目主要依托延安深厚的革命文化历史和人文风情,结合山体、水景、广场等打造的红色文化灯光秀,使观众可以近距离、全方位地欣赏到3D户外实景演出。

3. "走出去"战略,旅游演艺走出国门

作为陕西省创新旅游发展模式的先导者,不满足于现有的发展速度,在旅游演艺发展方向的定位上,陕旅集团有着更长远的思考。

"如何将旅游实景演艺这种中国首创文化模式展示于世界艺术的大舞台,成为国际上'立得住、演得久、传得开'的不朽之作?如何打破制约中国演艺产品在海外推广的瓶颈,为践行中国文化'走出去'战略掀开新的篇章?就成为当下中国旅游演艺市场新的课题和出路,也为朗德演艺的发展指明了方向。谋而后动,我们携手威尼斯筹划打造的大型实景演艺巨制《马可·波罗》应时而生。"陕西旅游集团朗德演艺有限公司负责人如是说。

大型实景演出《马可·波罗》重点讲述的是意大利著名旅行家马可·波罗在东方17年的游历及返乡后的故事。依托在实景演艺行业的成功经验,首倡通过"输出投资、输出演艺、输送游客"合作模式,陕旅集团正在积极开辟丝路实景演艺国际大市场。《马可·波罗》也成了陕旅集团旅游演艺走出国门的首次试水。

2016年初,陕旅集团董事长一行远赴意大利对项目进行实地考察,经与威尼斯市政府的初步洽谈,选择了威尼斯圣地亚诺公园作为项目拟选址。该项目的初步计划书、可行性研究报告于2017年9月完成,实施方案向威尼斯政府进行了汇报。据了解,《马可·波罗》项目计划

投资5亿元人民币,遴选国内外最具实力的主创团队和演员队伍,确保创作水准,保证演出质量。

曾有人这样评价:"陕旅集团顺应国家旅游业'走出去'发展布局,凭借自身优势适时打造《马可·波罗》大型实景演艺巨制,在助推中国旅游演艺发展、繁荣文化艺术影响方面起到了示范带头作用。"

4. 文化注入,促进陕西文旅产业新活力

任何旅游产品要想永久性地占据市场,必须以大众的需求为出发点,保持常变常新。如何以创意驱动,让演艺回归艺术本身,并借此实现与景区的深度融合,是当下旅游演艺持续性思考的不变课题。

陕旅集团在旅游演艺项目的制作中一贯秉持的原则又是什么?

"文化是旅游的灵魂,是演艺与旅游的联结点和根基。我们打造旅游实景演艺项目秉承的第一原则当然是'文化原则'。旅游演艺项目的文化注入,不仅增强了项目内涵,也增强了旅游目的地的魅力和吸引力。众多实景演艺项目发展的经验也证明,旅游演艺与文化结合程度愈高,旅游文化因素越多,旅游经济越发达。演艺、旅游相结合创造的并不仅仅是文化消费本身,还有旅游目的地的文化形象和文化品位,创造的是一个旅游目的地的品牌、魅力和恒久的吸引力。"陕旅集团负责人如是说。"当然,从《长恨歌》到《延安保育院》再到《出师表》,再到之后的许多正在谋划中的演艺项目,我们在强调'文化注入'的同时,也会注重运营过程中的一些其他原则:比如,'此山此水此人'的当地化原则。这里的山,这里的水和这里的人民,展示出当地人民的生活状态和文化,与景区有机融合,互为补充,组成一个天衣无缝的体系,达到真正的实景演出效果。此外,我们在实景演艺的打造过程中也会遵循创新原则,每个演出都在文化的现代感和旅游形式上有所创新,在观影、观看上寻求突破,在探索艺术规律与艺术创新之间寻求联结点,注重满足旅游者对于同质文化和异质文化的同时追求,真正打造出一台'立得住、演得久、传得开'的不朽之作。"

2016年,是陕旅集团转型升级承上启下的一年,也是朗德演艺打造海内外知名旅游实景演出的关键一年。陕旅集团负责人表示,按照制定的工作主线,除了《法门往事》《马可·波罗》《文安驿》《12·12》《黑娃》等一系列已形成关注的项目如期公演外,朗德演艺接下来将紧紧围绕集团发展方向,沿着丝绸之路布局,用一台台经久不衰的实景演艺助力国家"一带一路"倡议发展宏伟目标。

"旅游实景演艺将成为陕旅集团今后发展的战略重点方向。朗德演艺公司成立后,将逐步形成以满足人民精神需求为导向,以艺术生产经营为中心,面向群众、面向市场的艺术生产机制,形成以旅游实景演艺为重点,其他艺术门类共同发展的工作格局,促使陕西旅游文化产业焕发新的生机和活力。"陕旅集团总经理如是说。

案例启示

旅游演出最著名的地方是拉斯维加斯,他们演出的内容很丰富,并不只是展现当地文化,游客占观众比例的50%。这说明,拉斯维加斯的演出不仅仅用于吸引游客,拉动旅游业,它的长盛不衰是基于多元演出的内容与上乘的品质。一台叫好又叫座的演出可以撬动当地旅游的食、住、行、游、娱、购等六个方面的产业。游客来景点游玩可以通过观看演出,领略当地特有的文化底蕴和风土人情。在浓郁的文化氛围里,游客静心品味、流连忘返,无形中增加旅游时间,文化体验的层次也变得愈益丰富起来。

1. "主题公园+旅游文化演艺"的盈利模式

"主题公园+旅游文化演艺"具有很强的复制拓展潜力。考虑到我国主题公园和旅游文化演艺市场拥有巨大的市场潜力,其中,主题公园的人均消费水平 3.5 至 12.3 美元,远低于北美地区的 30 美元;旅游文化演艺则受益于游客不断提高的个性化旅游需求和精神文化娱乐要求。

2. 结合当地文化,创新演艺模式,打造特色演艺

真正的旅游演出应该以中国传统文化为根基,准确描绘出当地的文化特性,与当地的山水风景真正融合,共同构成一个演出的整体,同时应该考虑地域、文化和市场的需要,让旅游文化市场和本土文化形成有效的互动。《宋城千古情》以杭州的历史典故、神话传说为基点,融合世界歌舞、杂技艺术于一体,运用了现代高科技手段营造如梦似幻的意境,给人以强烈的视觉震撼。这是民营企业打造的舞台精品,该剧不借助明星效应,以其特色成为宋城的特色产品。宋城演艺对文化的发掘和策划很到位,是一种主题文化的提纯和生活情趣的演绎,处处都给人以足够的旅游信息和文化浓度,让人流连忘返。

3. 以主题公园为载体,文化演艺创作能力和营销网络成就核心竞争力

吸引游客的不一定是风土人情,驻场演出是旅游演出发展的一个方向。一台演出要想吸引游客,首先要做到吸引本地人。演艺产业、文化产业不能一味追求快钱,培养优秀团队,培养驻场演出是旅游演出发展的方向。要用文化演艺创作能力造就旅游演艺项目的特色产品,在营销方面针对团客市场和散客采取对应的营销模式。

视角七

文化旅游名镇建设

拓展与更新

视角七 文化旅游名镇建设

我国作为一个具有五千年悠久历史的文明古国,一些地区因地制宜创造了文化旅游、民俗文化、名人文化、传统书画、工艺品制造等多种模式挖掘传统文化资源,涌现出诸如山东曲阜三孔文化产业、江苏古镇周庄水乡文化旅游产业、杭州西湖龙井休闲品茗茶文化产业等一大批各具特色的县域文化产业典型。但同时,我国很多省份的县域文化产业依然面临着基础薄弱、总量不大、动力不强、创新不足等问题,很多县市"千城一面",县域文化产业特色不突出、特色资源的深度开发不够、产业化水平不高、抗风险能力弱,在做强做大、开拓市场方面缺乏有效的方法和思路。

文旅小镇是新时期文旅产业发展的一个重要领域,而且随着第一批中国特色小镇名单的公布,以文旅为特色的小镇在2016年迎来一个爆发增长期。文旅小镇之所以能够引起产业界的积极参与,就在于其潜在的资源价值得到了重新发现。文旅小镇可以分为两类,一类是以保护为主的中国传统村落和历史文化名镇,譬如皇城相府、福建土楼、安徽西递等;另一类则是以开发为主、面向当代人们生活的新型特色小镇,如古北水镇、彝人小镇、马嵬驿等。

特色小镇这个概念兴起于浙江省。2014年,浙江省省长初次提出要建设特色小镇;2015年4月22日浙江省政府出台《关于加快特色小镇规划建设的指导意见》;5月,国家领导人考察浙江时对特色小镇给予了充分肯定;9月,中共中央财经工作领导小组办公室(简称中财办)负责人到浙江调研特色小镇;11月,中财办关于浙江特色小镇的调研报告得到国家领导人的重要批示;12月,在中央经济工作会议上,习总书记讲话中提到特色小镇,梦想小镇、云栖小镇、黄酒小镇等一一被点到。

自浙江最先推进特色小镇建设后,特色小镇就如雨后春笋般在全国遍地开花。无论是国家、各个部委还是地方各级政府针对特色小镇都提出了许多扶持政策,各大房地产商也纷纷加入特色小镇开发大军中来。

2016年7月21日,住房和城乡建设部、国家发展和改革委员会、财政部联合发文提出,即日起在全国范围内开展特色小城镇培育工作,到2020年培育1000个左右各具特色、富有活力的特色小镇。2016年10月,住房和城乡建设部公布了第一批127个国家级特色小镇。2017年7月住房和城乡建设部公布了第二批276个国家级特色小镇,比第一批翻了一番。

短短几年,全国性的特色小镇培育热潮一浪高过一浪,但是特色小镇在推进过程中出现概念不清、定位不准、急于求成、盲目发展,以及市场化不足等问题,有些地方甚至存在政府债务风险加剧和房地产化苗头等现象。为了规范特色小镇建设,2017年12月4日国家发展和改革委员会、国土资源部、环境保护部、住房和城乡建设部发布《关于规范推进特色小镇和特色小城镇建设的若干意见》。文件指出,各地区要准确理解特色小镇的内涵特质,不能盲目把产业园区、旅游景区、体育基地、美丽乡村、田园综合体以及行政建制镇戴上特色小镇"帽子"。《关于规范推进特色小镇和特色小城镇建设的若干意见》的出台预示着住建部将中国特色小镇的申报审批权限移交给国家发改委,并对国务院有关部门已公布的两批共403个全国特色小镇、96个全国运动休闲特色小镇等开展定期测评和优胜劣汰。

2018年8月30日国家发展改革委员会《关于建立特色小镇和特色小城镇高质量发展机制的通知》(发改办规划〔2018〕1041号)提出建立三种机制:一是建立规范纠偏机制,以正确把握、合理布局、防范变形走样为导向,统筹调整优化有关部门和省级现有创建机制,强化年度监测评估和动态调整,确保数量服从于质量;二是建立典型引路机制,以正面引领高质量发展为导向,持续挖掘典型案例、总结有益经验、树立示范性标杆,引导处于发展过程中的小镇和小城镇对标典型、学习先进;三是建立服务支撑机制,以政府引导、企业主体、市场化运作为导向,稳步推动符合规律、富有潜力的特色小镇和特色小城镇高质量发展,为产生更多先进典型提供制度土壤。

未来,伴随着国家特色小镇政策调整和规范,特色小镇的创建和培育更加精准,各地方在推进特色小镇市场上更需要进一步引导规范,总结经验,要按照市场规律推动特色小镇的发展。

案例一 古北水镇打造特色旅游小镇[①]

位于北京市密云区司马台长城脚下的"古北水镇"旅游度假区项目,经历3年半的建设后,于2014年元旦开始试营业,同年10月正式营业。2018年,古北水镇游客接待量256万人次,营业收入达到3.08亿。古北水镇从2014年开业,才历经了短短的几年,它是如何从一个无名的小镇成为当今的"爆款"?又是如何从竞争激烈的旅游行业中脱颖而出成为后起之秀呢?

1. 紧抓北京近郊旅游需求,积极利用自身先天优势

古北水镇所在地位于北京市京郊密云区,距离北京仅100余公里,车程仅一个多小时,又处于(北)京承(德)黄金旅游干线上,高速公路直达景区,交通十分便捷。每年,北京市短途休闲游潜在市场规模在5000万人次/年。但现有北京近郊休闲游产业发展不足,存在地域文化特色不浓,缺乏人文历史资源产品和休闲度假产品,品牌旅游产品稀缺,旅游衍生产品太少,产业链与价值链较短,产业业态单一等问题。古北水镇在享有北京两千多万潜在旅游消费者的巨大市场外,还通过北京这一知名旅游目的地平台,间接拥有数千万乃至上亿的潜在客源市场。

古北水镇背依司马台古长城,坐拥鸳鸯湖水库,是北京市及周边区域罕见的山、水、城有机结合的自然古村落,拥有原生态的自然环境、珍贵的军事历史遗存和独特的地方民俗文化资源。古北水镇所在地原本为自然村落,受外界干扰较少,周边自然环境保护完好;司马台长城曾被誉为中国最美的长城,观赏游憩价值极高;作为曾经的边塞小城,这里自古以雄险著称,有着优越的军事和地理位置,也吸引着无数文人雅士,并形成多元的军事文化和民俗文化等聚集。

古北水镇建设者紧抓自身旅游优势资源,结合周边城市出游需求,以"国际水乡小镇+司马台长城"为两大主要卖点,定位"观光+休闲+会议"的复合型景区,除了包含4A级景区司马台长城的美丽风光,还拥有酒店、民宿、餐饮、温泉、演艺等配套设施,满足休闲、度假和会议需求。

2. 引入乌镇成功经营管理理念

"乌镇模式"以"整体产权开发、复合多元运营、度假商务并重、资产全面增值"为核心,观光与休闲度假并重,门票与经营复合,实现了高品质文化型综合类出游目的地的建设与运营。依"乌镇模式"而建的古北水镇主要有以下方面引入了其建设管理模式。

(1)吸取乌镇建设经验。

一般而言,古镇或乡村开发旅游大多采取租赁经营或者集体经营的模式,因为古镇既是旅游景区又是居民区,各处房产归属于不同居民,产权很难统一。然而这样的模式存在很大的弊病:旅游开发起步时,居民还能配合统一管理,而一旦人气旺起来后,在巨大的利益驱动下业主纷纷装修改造,要么自己经营,要么出租经营,古镇整体风貌就会被肢解,成了低档、同质和杂乱无章的店铺集群。由于房屋产权分散在各家各户手中,因而很难实现整体布局,更别说进行统一的管理。而古北水镇在开发时采取了全资买断所有原商铺和住家的房屋产权,在此基础上实现整个景区开发的主体一元化,从而使得对古镇的统一规划和统一经营管理成了可能。

在产权经营方面,古北水镇将原住居民全部迁出,景区内的居民主体是游客,除此之外都是工作人员,这样的社区重构使得一般古镇开发中的居民与游客的矛盾不复存在。对于古镇中民宿的房东来说,他们的身份由原来的居民变成了旅游公司的雇员,他们租赁自己的原有房

[①] 文化旅游. 古水北镇,营业3年收入7亿的运营秘诀. [EB/OL](2018-10-17)[2019-10-10]. http://www.sohu.com/a/259914830_440272.

屋经营餐饮,与游客之间也是服务关系,并且需要在公司统一的规范下进行经营。古北水镇改变了一般古镇开发中的社区关系。对于一般古镇而言是外来者的游客在古北水镇是真正的"镇民",原来的居民却成为进入景区务工的外来者,原住居民通过承租景区公司的房屋进行经营。正是这种颠覆式的社区重构,给游客带来了对古镇的深度感受和极佳的旅游体验。

(2)古镇整体规划和建设方面对原有村镇进行彻底改造。

从古镇的整体规划和建设来看,一般的古镇景区都是对原有建筑进行简单的修缮和搭建,然而原有古镇的水电、卫生等条件往往难以满足现代消费者的居住需求,因此一般古镇的住宿产品往往是低端的。古北水镇对原来的村镇进行了脱胎换骨的改造。在基建方面,以古北水镇新建的地下管廊为例,它的宽、高达2.2×2米,这在整个北京都是绝无仅有的。在外部整治方面,古北水镇不只是整旧如旧的单体修复,而是基于街区风貌的整体打造。在内部改造方面,古北水镇对历史建筑内部空间进行了重构,包括对室内空间重新分隔、安装现代厨卫设备、提升人均居住面积,使得改造好的古建筑更适合现代城市人的居住。在社区配套方面,古北水镇按照现代居住社区的标准,配套包括公共场所、社区休闲活动空间、人文活动设施及旅游配套设施,建立了戏楼、祠堂、书院、镖局等,更让游客体验真实的古镇生活。此外,整个景区总体规划以"国际休闲旅游度假综合体"为目标规划概念,除常规的旅游景区项目之外,还多元复合了高尔夫、别墅地产、星级与精品酒店、民宿客栈及会务中心等延展项目。

此外,古北水镇激活了古镇的生活文化。比如古镇原有的染坊,在这里工艺师傅手把手教游客自己动手制作(DIY)属于自己的印染作品;再比如古镇的镖局,在这里师傅可以带领游客推镖车、展拳脚,走进镖师们的真实生活。在静态方面,古北水镇通过多个主力店营造出的文化韵味与体验感,辐射游客消费的多重场景,景区内的4家五星级酒店、2个高档会所、4家精品酒店、30多个特色民宿、200多家商铺、10余个民俗展示体验区、全长1256米的长城索道以及国内首屈一指的温泉资源都成为游客重要场景体验场所,这其中让人印象最为深刻的是十余处特色民俗展示体验区。在动态方面,古北水镇规划举办一些大型节庆活动,并且将皮影戏等一些文艺节目按旅游需求重新编排,在夜间露天表演或公开表演,丰富旅游夜生活的内容。

(3)复合经营创收,专业化管理。

古北水镇在规划时,对景区业态进行了"三三制"划分,三分之一的门票收入,三分之一的酒店收入,三分之一的景区综合收入。门票只是进入古北水镇的门槛,游客在景区里的二次消费才是经营者更为看重的收入来源。景区还包括索道、温泉、餐饮、住宿、娱乐、演艺及展览等项目,收入渠道多样,同时各项目间能彼此促进,在充分满足游客多种旅游消费需求的同时,极大地降低了门票在整个经营收入中的比例,取得了破解"门票经济"的巨大成功,提升整体收入规模。2017年3月1日古北水镇取消原有的夜游门票优惠,从2017年3月25日开始,景区全天门票价格统一为150元/人,大量客流使景区运营突破了昼与夜的限制,实现了真正意义上的旅游度假。另外景区除了文物部分的内容归政府管理外,大部分项目的营收归公司所有,由公司统一运营管理。运营公司除通过招标、拍卖、挂牌形式取得近70公顷用地外,原有古镇采用租赁模式运营,降低重资产投入的规模,提高投资回报率。古镇中新建的酒店采用自持模式,其他商业物业自营,将计入利润表的收入规模尽可能做大,便于未来持续融资。通过运营公司的统一运营管理,实现了古北水镇全域范围内的资源统一调度、区域综合管控、产品统筹营销、服务全面提升,形成了一个多渠道、长短期现金流互补的盈利模式。

古北水镇国际旅游度假区项目由中青旅控股股份有限公司、IDG资本、北京能源集团有限责任公司和乌镇旅游股份有限公司共同投资。该团队拥有丰富的景区整体开发经验,能够充分保证景区设计统一、风格完整和规划合理。同时能够避免其他景区易出现的产权纠纷和过度商业化的现象。古北水镇景区采用专业化管理,包括中青旅控股股份有限公司和其他战略投资者在内的股东均不参加古镇管理,整个古镇是由乌镇旅游公司专业团队负责打造和运营。景区的管理从业人员以旅游、酒店相关专业大学毕业生为主,这极大地提高了服务的质量和素质,保证了景区服务水平。

3."整体产权开发＋多元复合经营"投融资方案

古北水镇整体投资45亿元,投资回收期在八至十年。项目投资额较大,主要是由于原有基础配套较薄弱,自来水厂、污水处理厂和供暖设施缺乏,需要投入12亿元进行基础设施建设。面对如此巨大的资金需求,投资方采用成熟的市场化资本运作方式,由中青旅控股股份有限公司、乌镇旅游股份有限公司、北京能源集团有限公司和其他战略投资者共同成立北京古北水镇旅游有限公司,按比例共同出资持股,承担古北水镇的开发、建设,确保了项目开发建设所需的巨额资金的保障。

古北水镇项目的建设运营团队、国有资本、战略投资人持股比例均在15%~20%之间,能很好地平衡项目管理团队与资方的利益关系。伴随古北水镇开发的深入,原有股东保持稳定并不断增资,又有新股东踊跃加入,古北水镇这处优质资产得到了市场上各类资本的一致追逐。此外,古北水镇投资方还与知名地产开发商龙湖地产,借助古北水镇巨大的游客量和消费能力,共同开发打造区域内唯一的房地产项目"长城源著",力求通过地产开发的资金快速回流,从而实现资金的平衡。

当然,作为北京市"十二五"规划的重点旅游建设项目,古北水镇的开发得到了当地政府的大力支持,除2012年获得密云县(现密云区)政府4100万的基建补贴外,更是在道路交通、征地拆迁、水电供暖等方面获得了当地政府的支持和帮助。

4.多样化的营销手段,做到淡季不淡

旅游业是一个季节性非常突出的行业,大多数景区的接待高峰一般集中在"五一"至"十一"期间,"十一"之后客流就会呈现断崖式的下跌。但从古北水镇季度经营业绩情况可以看出,每年的第二至第四季度的游客能达到相对的平稳,第一季度客流较为惨淡。然而2017年第一季度,古北水镇内的各大住宿设施都呈现出满房的态势,说明经过针对性的策划与提升,古北水镇一年四季客流皆满的"盛况"应该很快就能够实现。

古北水镇拥有丰富的特色活动,包括长城脚下的夜游"八大名玩"、还原老北京年味儿的"古北过大年"、长城星空下的"圣诞夜"、水镇中秋节、冰雪嘉年华、低空飞行观光之旅等,都带给旅客不一样的体验。例如冬天,古北水镇通过举办冰雕、雪景、挂红灯笼等北方特有的民俗活动再现了北方人民冬天的生活场景,通过适当的宣传和推广可以把季节劣势转化为文化优势。同时,以会议旅游、私人招待为代表的被动客流对古北水镇淡季经营提供了有效支撑。另外,古北水镇还通过植入热门综艺《奔跑吧兄弟》第二季第十期,跑男团奔跑在司马台长城,吸引了无数游客。综艺植入、举办特色活动、发布宣传片、借势营销、新闻宣传等多渠道整合传播,借助驴妈妈旅游网,于2017年4月22日在古北水镇上演了一场"穿越之旅",超过500名游客身着古装闲庭信步于水镇之中,过足了"古装瘾"。同时通过发布宣传片、官网、官微、官博等互联网手段,实现多渠道整合传播,新闻搜索结果达37300条,微博、微信社交口碑传播,全方位介绍小镇动态、相关活动以及营销策略分析等,使受众能够对小镇有深度全面的了解。

古北水镇作为古镇形态的主题公园,从设施、管理、文化等方面全方位提升自己,借鉴迪士尼主题公园模式,使小镇变成真正的大IP。

作为一个新建的旅游小镇,古北水镇以独有的"长城观光、北方水乡"为核心卖点,历经多年精心打造,充分借鉴浙江乌镇的运营管理模式,并最终取得成功,这对当前国内"古镇打造热""旅游小镇热"具有一定的借鉴意义。

案例二　陕西铜川照金红色旅游小镇

照金红色旅游小镇位于陕西省铜川市耀州区西北部,地处淳化、旬邑、耀州区三县区交界处,镇区距耀州城区54公里,距离陕西省会城市西安98公里,融入西安一小时经济圈。照金红色旅游小镇建设成效显著。2019年,仅陕西甘边革命根据地照金纪念馆接待游客91.6万人次。短短几年时间,从革命老区到山区小镇,再从红色旅游名镇到省级文化旅游名镇、第一批中国特色小镇、全国爱国主义教育基地、国防教育基地、全国青少年教育基地、全国运动体育特色小镇、全国"美丽宜居小镇",照金红色旅游小镇实现了从传统到现代、农村到城镇的"蜕变"。之所以取得如此成绩,在于从规划建设到业态安排、营销策划,都紧紧抓住了我国社会转型发展的机会,从而取得了丰硕成果。主要的做法体现在以下几个方面。

1. 依托特色文化资源,形成特色鲜明的产业形态

2011年7月,在陕西省促进铜川资源型城市转型领导小组第二次会议上,铜川照金红色旅游景区项目正式确立,此后,铜川市政府、陕西文化产业投资控股(集团)有限公司(简称陕文投集团)、陕西煤业化工集团有限责任公司(简称陕煤化集团)三方精诚合作,开始了一系列的规划策划工作。

在建设过程中,照金红色旅游小镇坚持产业、文化、旅游"三位一体",生产、生活、生态"三生"融合发展的思路。以农业经济发展为基础,因地制宜,充分整合照金独有资源,最终达到红色旅游、乡村旅游、农业三项融合,形成产业链,促进区域经济联动发展。通过产业发展,小镇吸纳周边农村剩余劳动力就业的能力明显增强。

(1) 和谐宜居的美丽环境。镇区建设最大限度地保留原有山区小城镇的地形地貌特征,组团式分布其间。延续、传承革命老区建筑风格,以红色为主色调,屋顶平坡结合,多层与低层交错,空间层次丰富。周边的生态风景林地被打造为山体公园。

(2) 彰显特色的传统文化。照金历史悠久,旅游资源优势明显。传说隋炀帝巡游此地,身穿的锦衣绣袍在雨后映金光,曰:"日照锦衣,遍地似金,此地应为照金",故得名照金。在文化传承上,坚持"保护为主、抢救第一、合理利用、加强管理"的文化保护与传承方针。发扬红色文化、佛教文化及养生文化、地方文化。通过坚持边建设边宣传,照金的影响力日渐增长,吸引了八方游客,居民思想道德和文化素质也得到了明显提升。

(3) 重要的红色经典旅游文化。照金作为西北第一个山区革命根据地,各级政府和领导非常重视。1933年刘志丹、谢子长、习仲勋等老一辈无产阶级革命家在这里创建了红军第二十六军,成立了中共陕甘边特委,诞生了陕甘边革命委员会,从而使照金成为西北第一个山区革命根据地——陕甘边革命根据地。

2. 开创新模式:企业主导,政府推动,市场化运作

作为全国第二批资源型可持续发展试点城市,铜川把照金红色旅游小镇开发建设列为十大转型项目之一,与大企业合作,高水平规划,大资本投入,大规模开发。

在铜川市委、市政府的领导下,形成了陕文投集团、陕煤化集团和铜川市三方合作"资源+技术+资金"的优化组合,共同出资10亿元成立了陕西照金文化旅游投资开发有限公司。通过与大企业集团的合作破解大投入、高水平建设困扰照金景区开发建设的难题。陕文投集团是全国省级最大的文化产业投资企业,在开发建设旅游景区上有一套先进理念、运作模式和成功经验。陕西照金文化旅游投资开发有限公司作为照金红色旅游小镇项目投资开发的主体,受市政府委托,全面负责景区的规划、建设、运营管理。政府推动下的市场运作,带来了开发建设的"照金速度"。仅仅一年时间,一座规划布局合理、建筑特色鲜明、生态景观协调的优美小镇,就奇迹般地展现在人们面前,几乎可以与欧洲的特色小镇相媲美。实践证明,政府推动下的市场运作模式产生了巨大的张力效应,走出了一条新型城镇化建设的成功之路。

3. 秉承新理念:红色即民生,无伤痕开发

照金红色文化旅游小镇项目建设中坚持"红色即民生,无伤痕开发"的理念。秉承"红色即民生"的理念,照金的开发建设始终把老百姓的民生改善摆在首位,实施了一系列民生保障工程。照金旅游名镇建设一期项目中,90%以上为民生项目。在照金城镇化建设中把"无伤痕开发"作为一以贯之的"铁律",坚持经济、环保、绿色并重的原则。虽然照金的森林覆盖率达到75%以上,但在规划建设过程中,照金镇全力保留当地的原有植被和生态,尽量做到建筑物与自然风景、大地风貌的互补融合,打造了诸如极具欧洲风情的照金牧场等一个个优美的生态景观。比如在照金广场的改扩建过程中,广场北侧的小山包按最初的规划是需要推平硬化的,但最终决定调整规划,保留原来茂密的小树林,达到了更加自然的景观效果。

照金牧场原为撂荒地和产量不高的耕种地,经过土地流转,根据缓坡地形修建成牧场,成为各地游客休闲度假的重要游憩区。牧场的景区管理、设施管理人员均为经过专业化训练的照金村红色旅游发展(集团)有限公司员工,他们都来自照金当地。通过牧场建设,既把村民从收益不高的农业生产中"解放"出来,同时也解决了他们的就业问题,实现了大地景观与生态农业相结合、生态农业与观光休闲相结合、观光休闲与解决就业相结合。

4. 激发内生动力,一步实现城镇化

照金的新型城镇化,把民生改善作为核心,把文化旅游作为产业方向,找到了一条最适合老区发展的道路。受照金的地理区位等所限,很难依靠城市拉动或城乡一体化等举措实现可持续发展,需要依靠主导产业的培育以及当地村民与主导产业的充分融合,实现可持续发展。照金红色旅游小镇坚持"基础设施城镇化、产业发展城镇化、生产生活方式城镇化、公共文化服务城镇化和人的城镇化"。在改善基础设施等硬件的基础上,照金老区以成立陕西照金村红色旅游发展(集团)有限公司为突破口,通过土地流转、就业培训、农特产品开发销售、开展系列文化活动等多项举措,逐步引导村民接受、融入市场经济。

照金的城镇化探索,核心本质就是把"脱地农民"变成真正的主人,把农民从传统的土地束缚中解脱出来,通过改变他们的观念,提升他们的市场意识,把他们的长远发展与本地社会经济发展紧密联系起来,把镇区建设、经济发展变成他们自己的事,提高他们的就业创业黏性。照金红色旅游小镇正逐步形成"股份收入+土地流转收入+商铺租金收入+工资收入+创业收入"的增收结构,努力实现"增收多元化,户户有保障"。

5. 由"冬"到"春"的体育产业成为照金"第二春"

单纯以文化、风景、历史等人文因素为卖点的旅游小镇也很容易产生审美疲劳,无法拉动二次消费以及淡旺季的问题。照金也不可避免地落入这个困境中。淡季时,大部分商店、酒店等都不开业,即使有零散的几个顾客,也很少在小镇上消费。"留不住客人"成为照金面临的最大问题之一。这一切,在滑雪场的开放后得到了极大的改善。自照金滑雪场投入运营以来的三个完整雪季里,接待游客量的年增幅从25%提高到40%,高峰时期100多天时间里接待了8万多人。滑雪场的"溢出效应"作为滑雪后的调剂品或是低于滑雪费用的替代品也令很多游客参加到骑马、射箭、山地自行车等消费中。这彻底整合了本地餐饮、住宿和旅游,往常的旅游淡季成了旺季。

尝到了将体育融入旅游的"甜头",照金也更加积极在旅游开发中加入体育元素。2016年底,陕西省体育局与陕西省旅游局签署战略合作框架协议,照金成为双方计划携手打造的首个体育旅游特色小镇。照金的发展历程提供了一个新的思路:"体育＋文化＋旅游"。其未来的发展离不开两个机遇,一个是旅游产业的发展,一个是体育产业上下游产业的衔接。

山区小镇基础设施和环境条件的改变提升,吸引着络绎不绝的游客,而连年增长的旅游人数,也不断拉动当地经济稳步攀升,照金小镇建设迈入良性循环。

如今,照金小镇从单一的红色旅游向休闲度假游、写生游、户外运动游等多体验方式转变。天然密林和小型湿地的"静"不露声色地平衡了靶场、拓展基地、山地自行车赛道的"闹";欧式风情的照金牧场,让人在格桑花海中尽享大自然的味道;而照金国际滑雪场和秀房沟"溪山胜境"景区建成运营,让"冬季滑雪春赏花、夏天滑草秋登高"的"四季游"成为可能。

案例三　传承与创新——宁夏镇北堡镇的经验[①]

中国的葡萄酒看宁夏,宁夏的葡萄酒看镇北堡。镇北堡镇依托镇北堡西部影城和贺兰山国家森林公园,抢抓宁夏贺兰山东麓葡萄文化长廊政策机遇,在种植葡萄3.3万亩,建设酒庄24家的基础上,打造葡萄文化旅游长廊,建设葡萄酒小镇,开展国际葡萄酒展会、高端论坛,推进产业经济、生态环境、交通网络、旅游资源的一体化联动发展,大力发展葡萄酒产业、影视文化产业、休闲度假产业,推进贺兰山东麓葡萄文化旅游长廊、镇北堡葡萄文化旅游度假小镇建设。

1. 发挥葡萄种植优势,做大平台,深化精品发展

一要大力实施名产区、名葡萄、名酒庄、名酒标、名酒、名企业"六名工程"。充分利用贺兰山良好的资源禀赋,打造贺兰山东麓酿酒葡萄的名产区,引资引才,改进种植模式,加强与国际交流合作;坚持国外酒庄引进来发展,本土酒庄特色发展的路子,建立一批具有国际知名度的特色酒庄。

二是搭建交流合作平台,以高起点、大视野打造葡萄酒小镇。加强与国际葡萄与葡萄酒组织协会以及法国、意大利等葡萄酒产业雄厚的国家合作交流,以贺兰山东麓葡萄及葡萄酒专题推介会、葡萄酒品鉴会、葡萄产业经济论坛等形式,搭建交流合作平台,招商引资、深化合作,积极参加具有国际影响力的知名葡萄酒大赛,提高国际知名度和影响力、美誉度。

三是大力发展葡萄酒深加工,打造精品配套产业。与国内外科研机构和公司展开科研合作,提取葡萄中有用成分,综合利用酿酒后的葡萄皮、葡萄籽等,研发化妆品、葡萄饮料等配套产品,延伸酿酒葡萄的产业链。

2. 以文化旅游为特色,继续放大影视城效应

充分利用好"中国的电影从这里走向世界"的品牌效应,重新塑造"南有浙江横店影视城,北有宁夏镇北堡西部影视城"的辉煌之势。

一是重新聚焦影视城发展方向。创新和借鉴横店影视基地发展模式,发挥镇北堡作为北方历史重镇的独特作用,放大北方重镇特有的历史文化、边塞文化、西夏文化、大漠文化,做大做强影视拍摄及制作等影视产业。邀请影视明星、作家汇聚镇北堡西部影城,探讨和挖掘影视产业发展前景。

二是招商引资,建设以西夏行宫为主的影视文化旅游基地。在贺兰山下,规划建设集影视

[①] 镇北堡镇联络员. 宁夏镇北堡镇创新发展的实践思考[EB/OL]. (2017-02-20)[2019-10-10]. http://m.eju.com-news/-yjnchuan-6239244358923910353.html#source=m_baidu_gfhtsource_ext=m_baidu.

拍摄、制作、动漫、3D、文化、旅游为一体的影视文化旅游大项目,与影视城形成产业互补。引进高水平的影视制作团队和专业人才,打造集电影制作、影视基地拍摄、宣传发行、动漫体验、观光旅游于一体的影视产业。

三是放大影视城效应,新业态激发新动能。进一步创新思维,借力借势发展,在建设温泉、特色餐饮一条街、红酒一条街、西夏盛典大剧院等基础上,建设贺兰山户外运动休闲公园、健康养生、野营自驾、影视拍摄、博物馆等一批文化旅游项目和新业态,延伸"吃住行游购娱"产业链条,补齐沿贺兰山旅游淡季的短板,打造镇北堡特色小镇的不夜城,让游客感受别样的风景。

3. 挖掘整理贺兰山艺术文化,在打造艺术小镇上做文章

镇北堡镇是银川西线旅游集散地,具有"特而强、聚而合、精而美、活而新"等产业定位、功能规划、建设形态、制度供给等诸多优势,发挥贺兰山岩画、韩美林艺术馆的优势和文化艺术提升品质作用,以国际视野、艺术前沿、名人聚集、艺术创作于一体打造中国北方艺术小镇。

一是艺术提升城市品质。把贺兰山岩画、韩美林艺术画等艺术元素融入城镇建设中,建设具有独特的贺兰山岩画艺术的标志性建筑,从小处发现艺术之美,从大处彰显艺术之魂,使镇北堡一石一木充满艺术气息,为文化艺术产业发展培育良好的环境。

二是大力发展艺术产业,培育新业态。制定艺术产业发展规划,以打造贺兰石的雕刻艺术基地、贺兰砚生产基地、贺兰山博物馆、岩画艺术写生、文学创作、绘画展览、摄影拍摄基地等,吸引文化艺术名家和人才、游客,汇聚在镇北堡镇进行创作和艺术品生产、展览及销售,补全文化艺术产业链,培育新业态。

三是以文化艺术活动提升知名度。以贺兰石的雕刻艺术基地、贺兰砚生产基地、博物馆、文学艺术创作、摄影拍摄基地为依托,定期开展文化沙龙、岩画写生月、贺兰山写生节与艺术品和文物展览等大型活动,提升镇北堡镇文化艺术国内国际知名度,打造国内独具特色、具有巨大影响力的艺术小镇。

4. 加强东西协作,擦亮华西村品牌

镇北堡镇因华西村而来,因华西村而兴存发展。要以全国东西部扶贫协作工作会议为契机,加强与江苏华西村协作,开启"两个华西"建设新征程。

一是学习华西村精神,谱写华丽篇章。镇北堡镇村民秉承华西村"改革开放要有方向,解放思想要有思想""既要富口袋,又要富脑袋"等理念,解放思想,大力发展文化旅游、酿酒葡萄种植加工、有机枸杞种植加工、贩运劳务等产业,农民围绕特色产业脱贫致富。进一步加强村庄规划,完善基础设施建设,解决私搭乱建、任意开采、城乡环卫、垃圾清运、污水处理等问题,实现亮化、净化、绿化、美化工程,建设美丽乡村。

二是深化合作,搭建发展平台。加大与江苏华西村在产业发展、有效投资、创新发展上深度合作,加强干部交流、学习培训,学习先进经验,引进华西实力雄厚、科技研发强的大公司,对接镇北堡文化旅游、健康养生、运动休闲、葡萄酒和有机枸杞等产业,参与到镇北堡镇建设中来,夯实发展基础。

三是引进金融产业,打造宁夏金融重镇。顺应江苏华西村金融业"走出去"的发展趋势,成功引进华西金融产业,成立金融担保、抵押公司、银行等机构,逐步带动镇北堡向金融产业发展,打造宁夏金融重镇。

5. 以产业创新融合发展为引领,打造新业态产业聚集区

镇北堡镇的腾飞离不开各级政府的政策支持,离不开产业创新融合发展的支撑,离不开自

力更生、艰苦创业的拼搏。

一是把握战略机遇。镇北堡紧紧把握"一带一路"倡议机遇,紧跟宁夏开放步伐,以得天独厚的优势抢抓中阿博览会、内陆开放的示范区和综合保税区等战略机遇,打造"一带一路"经济带上的耀眼明珠——镇北堡北方第一镇。

二是产业创新融合发展。加大旅游产业、葡萄酒产业、影视文化产业、艺术产业四大产业创新融合发展,以旅游产业主导发展、以葡萄酒产业助推发展、以影视文化产业支撑发展、以艺术产业提升发展,加强科技创新,深入开展国际合作,引企引智,扩大有效投资,完善基础设施建设,厚植文化艺术,全力打造宁夏新兴产业创新融合发展聚集区。

三要惜地如金,高起点、大手笔规划建设。在规划建设中一定要"惜地如金",注重土地集约利用、存量资源盘活等,在产业定位上不能"大而全",力求"特而强";功能规划上不能"散而弱",力求"聚而合";建设形态上不能"大而广",力求"精而美";制度供给上不能"老而僵",力求"活而新",找准产业定位,科学进行规划,挖掘产业特色,人文底蕴和生态禀赋,形成"产、城、人、文"四位一体有机结合的重要功能平台。

2017年,镇北堡镇完成社会固定资产投资16亿元,同比增长6.7%;实现地区生产总值13.07亿元,同比增长9.7%,旅游产业直接带动经济收入3.7亿元,农村居民人均可支配收入达到107300元,同比增长8.3%。镇北堡镇先后荣获"全国首批127个特色小镇""2016年最受中国报业关注的十大古镇"、全国运动休闲特色小镇,镇北堡镇昊苑村被评为"全国美丽乡村示范村""全国生态文化村",团结村被评为"首批全国农村幸福社区建设示范单位"等多项国家级荣誉。

资源用起来,产业兴起来,乡村美起来,农民富起来。镇北堡镇正以前所未有的力度,打造全域旅游示范区,让昔日寸草不生的盐碱地"生金长银"。如今,镇北堡镇在农业产业布局上已进行了长远规划,通过全域旅游产业的引领,对这里的每一寸土地进行"精雕细琢",赋予它文化内涵和生态价值,使其成为农民增收致富的产业链条。

案例启示

古北水镇、照金红色旅游小镇和镇北堡镇给我国特色小镇开发另辟了一条可借鉴的崭新路径。古镇旅游从传统的原地修缮到拓展扩建再到异地复制,从原来单纯的观光游览到多元化体验再到逐渐融入生活,给游客带来了越来越多的历史文化内涵和现代生活体验。通过对以上案例的分析,得到的主要启示有以下几点。

1. 产业定位,突出"特而强",力求"聚而合"

特色小镇规划建设,首先要进行产业定位。实现"一镇一业","特"就是主攻当地特色产业,而不是其他;"强"主要表现为围绕特色产业,加大投入,将特色产业培育成行业中的"单打冠军"。其次要将特色小镇功能集成"紧贴产业";"聚"就是特色小镇一定要有产业、文化、旅游和社区四大功能的聚集;"合"就是四大功能都紧贴产业定位融合发展,而不是简单相加,生搬硬拼。特色小镇的文化和旅游功能要从当地特色产业中挖掘出来。特色小镇形态打造要"突出精致",展现"小而美"。"小"就是规划面积一般控制在3平方公里左右,建设面积一般控制在1平方公里左右。"美"就是要建成3A级以上景区。

2. 功能定位,适应大休闲时代的发展趋势

统筹思维,系统规划特色小镇的建设。特色小镇建设耗时、耗力、耗钱,其建设的成败直接影响小镇的发展步伐和群众的生活状态,其关系重大,必须着眼城镇化、一体化要求,统筹思维,系统设计和规划。如小镇的功能定位、分布、产业发展方向到具体的数量、规模,从特色小镇建筑风格、功能设计、配套设施和文化挖掘等。国内外许多成功经验告诉我们,特色小镇的打造,必须结合产业规划统筹考虑,这样才能有望保持小镇持久的繁荣。目前,许多小镇功能的衰退,便是一个反面例证。

特色小镇的功能定位,限制了不少产业的发展空间。正因为如此,选择和培育一个适合小镇自身发展的产业显得更加重要。一个有活力的产业,能凝聚人气,吸引人流、物流、资金流,同时能促进就业、繁荣市场。特色小镇的打造,必须把农业、渔业、林业、商贸业,以及饮食等各类服务业的发展结合起来全面规划,选择适合小镇发展方向的产业做强做大,逐步发育成为小镇发展的有力支撑。

按照提升资源品质和旅游品牌、培育战略性支柱产业的内在要求,建设综合性、多功能、多业态的小型旅游区和生态养生居住区。重点发挥"三大功能",即生态养生居住功能,旅游、度假功能,产业培育功能。

与传统小镇相比,特色小镇的一个显著特点,在于它不是简单地作为一种聚居形式和生活模式而存在,同时还是一种宝贵的文化旅游资源和贸易、休闲、度假的场所。因此,从道路、交通、环境、建筑风貌,到功能布局、各类设施,从休闲、娱乐到餐饮、商贸,在充分满足居民物质和精神生活需求外,一切要从打造生态旅游小镇的思路出发,精心打造,突显"特色",使生态旅游业、现代服务业,成为小镇赖以发展的产业之一,为小镇发展提供源源不断的经济收入。

3.规划设计,保持"特色小镇"的鲜明性和乡土文化的鲜活性

特色小镇的特质在于"特色",其魅力也在于"特色",其生命力同样在于"特色"。因此,保持小镇"特色"的鲜明性,是打造特色小镇的首要原则。

一要保持鲜明的地域特色。有的地方山水资源丰富,特色小镇的打造应体现"山谷"或"水乡"的地域特色。

二要保持鲜明的产业特色。乡土地肥沃,农、林、渔资源丰富,在特色小镇的打造过程中要把所在地的产业优势糅合进去,着力培育支柱产业,或农或林或渔,形成自身的特色产业。

三要保持鲜明的生态特色。茂密的生态林、发达的生态农业基地、绿色产业体系、生态型现代化城市交通体系、低碳的生活方式,决定了特色小镇的打造。如在环境设计、建筑设计、资源的利用和保护、循环经济等都要注入生态理念,符合现代化生态庄园的建设目标。

四要保持风格的独特性。不同区位、不同模式、不同功能的小镇,无论是硬件设施还是软件建设,都需与其产业特色相匹配,一镇一风格,不重复、不趋同,确保特色的唯一性。

五要保持乡土文化的原生性、鲜活性。乡土文化是特色小镇文化的内核,也是小镇最有魅力的元素之一。只有外壳,而无鲜活乡土文化内涵的特色小镇是难有生命力的。所谓"原生性"和"鲜活性",是指用独特的自然风貌、生活习俗和人的生产劳动等社会性生态元素,诠释特色小镇文化传统。可供挖掘的乡土文化十分丰富,如纺线、织布、蒸糕、做圆子等生活文化,土布服饰展示、传统婚庆仪式等民俗文化,推铁环、踩高跷等游戏文化等,只要善于开发、善于利用,就一定能够让特色小镇散发诱人芳香。

视角八

文化主题公园建设

拓展与更新

视角八 文化主题公园建设

主题公园是根据某个特定的主题,采用现代科学技术和多层次活动设置方式,集娱乐活动、休闲要素和服务接待设施于一体的现代旅游目的地。1955年,华特迪士尼在美国加利福尼亚州兴建了世界上第一个现代意义上的大型主题公园——洛杉矶迪士尼乐园,标志着主题公园时代的来临。在经过20世纪50年代末期至60年中期的起步阶段之后,美国主题公园行业于20世纪60年代末进入了高速增长阶段。目前北美拥有全球主题公园最大的市场,拥有迪士尼、六旗(Six Flags)、环球影城(Universal Studios)、派拉蒙(Paramount)等行业领先企业。

从20世纪80年代开始,中国主题公园就从"锦绣中华""中华民俗园"土生土长的模样逐渐演进为规模化、国家化的形象。随着中国经济的崛起和城市化的不断加快,作为新型的旅游休闲产品,主题公园逐渐成为人们休闲娱乐的主要消费对象。

近年来GDP的持续增长为文化旅游产业的发展提供了良好的条件,得益于消费升级和国家政策的引导,特别是"十三五"规划纲要提出"文化产业成为国民经济支柱性产业"的目标,将旅游业发展专项规划首次上升到国家规划的高度,体现了党中央、国务院对旅游业的高度重视。

主题公园行业主要受旅游业相关行业政策的直接影响。同时,由于旅游元素和文化元素往往存在天然的联系,主题公园行业也同时受到文化产业相关政策的影响。2009年,国务院颁发的《关于加快旅游业发展的意见》(国发〔2009〕41号)指出,"规范发展高尔夫球场、大型主题公园等",鼓励国内企业发展主题公园。"十三五"规划纲要提出"公共文化服务体系基本建成,文化产业成为国民经济支柱性产业"的发展目标。在此背景下,各地相继推出促进文化产业发展的政策。作为文化产业重要组成部分的主题公园建设也迅速走向繁荣。

从历史角度来看,主题公园在大环境中经历过20世纪90年代初期全国普遍泛滥发展期和2009年以后两三年长江三角洲、珠江三角洲区域泛滥发展期之后,一线城市基本饱和。从经营发展来看,存在不少地产公司名义上发展文化娱乐事业,实质是变相圈地的现象。因此在2011年8月,国家发展改革委员会下发《关于暂停新开工建设主题公园项目的通知》,要求自2011年8月5日起至国家规范发展主题公园的具体措施出台前,各地一律不得批准建设新的主题公园项目;同时要求已经办理审批手续但尚未动工建设的项目,也不得开工建设。

2013年3月,国务院11个部门联合印发《关于规范主题公园发展的若干意见》,规定主题公园项目新建、扩建应严格履行相应核准程序,并加强主题公园行业监督,明确界定主题公园范围及类型,严禁借投资主题公园名义开发商业房地产。此举意在规范主题公园市场,同时对于主题公园项目也有所放宽。

2014年,中国再一次出现了主题公园投资热潮。2014年9月,著名主题乐园品牌"环球影城"落户北京通州,这是继香港和上海迪士尼乐园之后,落户中国的第三个特大型主题乐园,该主题乐园预计2021年开业。2014年11月,落户安吉的中国首座Hello Kitty主题乐园正式完工,并在2015年元旦开业。2016年6月16日上海迪士尼乐园火爆开业。

此外,国内经营主题公园的企业也不断增多,除了已有的华侨城、海昌控股、宋城演艺、长隆集团、华强方特外,中国航空工业集团公司也宣布将正式启动大型综合航空主题乐园项目"航空大世界",此标志全球第一个以航空为特色的大型综合航空主题乐园将拉开建设序幕。万达集团也开始在主题公园市场发力,目前有西双版纳、哈尔滨、青岛、南昌、合肥、桂林等地项目已全部建成。

2018年4月国家发改委等五部门联合出台《关于规范主题公园建设发展的指导意见》,该文件指出,要科学规划,合理布局,因地制宜,打造精品,传承中华文化,讲好中国故事,发展类型多样、特色鲜明、内涵丰富、游客欢迎的主题公园项目,促进我国主题公园行业健康有序发展,满足人民群众的文化旅游需求。《关于规范主题公园建设发展的指导意见》提出"坚持市场主导、坚持因地制宜、坚持聚焦主业、坚持创新发展"等四项原则,并从科学规划、严格规范、提升质量等三个方面提出12条具体政策措施。在提升质量方面,要深入挖掘中华优秀传统文化内涵,鼓励将中国元素融入主题公园游乐项目中,积极弘扬社会主义核心价值观,讲好中国故事,鼓励文化创意;要提高科技含量,支持主题公园企业促进技术创新、业态创新、内容创新、模式创新和管理创新;要壮大市场主体,加强自主创新,注重品牌建设,培育品牌企业。

 广东长隆集团以世界眼光谋求长远发展

广东长隆集团创立于1989年,集主题公园、豪华酒店、商务会展、高档餐饮、娱乐休闲等营运于一体,是中国旅游行业的龙头集团企业。长隆集团坚持"高举高打,以世界眼光谋求企业自身发展"的经营战略,创造了很多行业奇迹。

长隆集团虽未在各大媒体上宣传自身的成功模式,但世界主题乐园界早已关注到"长隆奇迹"。2014年11月,珠海长隆海洋王国获得全球主题娱乐协会2014年度唯一的"主题公园杰出成就奖",广州长隆旅游度假区作为亚洲唯一代表入围"全球最佳主题乐园"三甲。究竟是什么因素成就了长隆今日的兴隆景象?

1. 战略:丰富的产业链

长隆的成功,是产业链的成功,也是规模经济和范围经济效应的体现。自1989年至今,长隆产业链一路延伸,不断发展壮大。1989年长隆集团创办了第一家企业——香江酒家后,三星级香江大酒店、生态酒店长隆酒店等相继开业。酒店餐饮业稳步发展之时,长隆集团把目标转向了旅游行业。香江野生动物世界、长隆夜间动物世界先后开业,并成为广州的标志性旅游项目。近年,长隆集团又把投资伸入到游乐领域,精心打造长隆欢乐世界和长隆水上乐园。加之长隆高尔夫练习中心、广州鳄鱼公园、长隆国际大马戏的成功运营,长隆集团已形成集旅游景点、酒店餐饮、娱乐休闲于一体的欢乐体验大联合的旅游王国。

丰富的产业链,让长隆集团的"雪球"越滚越大,有助于规模经济效益的实现,形成整体板块的"洼地效应"。原有的产业和产品,对新产品的人群聚集和口碑传播产生了根本性的影响。同时,新项目的崛起又丰富完善了板块内的产业链,从而使得长隆旅游度假区的竞争优势得到进一步的增加。

2. 产品:要做就做到世界领先,要做就做到极致

在长隆集团一位负责人看来,主题乐园一定要有世界领先的产品,"做什么项目,我们都看准全球最顶尖的技术,不是一流和领先的项目,绝不会引进。同时虚心向别人学习,并且站在游客的角度思考问题,以游客的身份去体验,了解游客的需求。"

为了保持"一流"和"领先",长隆集团不断对产品进行升级改造。长隆酒店2001年开业,2009年投入巨资对其进行升级,使其成为当时华南最大的生态酒店;长隆欢乐世界于2006年4月开业,10多年内已进行了多次升级改造;长隆水上乐园于2007年5月开业,次年就进行了一次升级,扩大营业面积、引进众多新设施,现已跻身全球顶尖水上乐园行列;长隆国际大马戏

团自创立以来更是历经了五代升级。

纵观长隆集团的发展,"超越自我"的精神贯穿始终。如今,长隆集团旗下各大主题乐园开创了多个全国乃至"世界第一"。广州长隆度假区入列全国首批"国家5A级景区";长隆野生动物世界是国内动物种类最多、种群最大的野生动物主题公园,诞生了全球唯一存活的熊猫三胞胎和全球唯一考拉双胞胎;长隆欢乐世界是集全球顶尖游乐设施和大型演艺于一体的新一代游乐园,创造了八项亚洲及世界之最;长隆国际大马戏是20多个国家马戏精英和众多动物明星联袂打造的全球最大的马戏表演;长隆水上乐园荣获"全球必去水上乐园"大奖,旗下广州鳄鱼公园是全球最大的鳄鱼主题公园;长隆酒店首次引入"生物岛",与白虎共进晚餐成为可能。

2014年3月29日,珠海长隆海洋王国正式开业并一举拿下了当时的五项吉尼斯世界纪录:最大的水族馆——总容量为4875万升;最大的水族箱——单个水池容量为2270万升;最大的亚克力板——单块亚克力板尺寸为39.6 m×8.3 m;最大的水族馆展示窗,单个展示窗尺寸为39.6 m×8.3 m;最大的水底观景穹顶——直径为12m。最近,全球最大的5D影院又落户珠海长隆。2016年全球唯一大熊猫三胞胎动漫乐园和亚洲原创空中720°观赏野生动物缆车项目在广州长隆野生动物世界正式启动。

可以看出,长隆集团几乎每推出一个新项目,都是在某一领域无法被超越的,可谓"超越自我"的精神始终贯穿长隆集团的整个发展。这种追求极致的产品精神,让长隆集团的每一个产品都无法复制,不仅使长隆集团拥有了其他竞争对手无法与之抗衡的核心竞争力,也让长隆集团每开业一个新项目就马上人气爆满,始终保持着居高不下的游客增长率。

3. 服务:针对性强且贴心

为了最大限度地让游客把所有时间都交给长隆集团,长隆集团在旅游产品的布局、演出的安排上花尽了心思,应接不暇地填满游客的全部行程。例如海洋王国中,固定演出就有花车巡游、水上极限表演以及烟花表演,每个海洋动物主题区域也都错时安排了精彩纷呈的动物表演达数十场。出了景区、度假区还有马戏表演能牢牢把游客锁在区域内,住宿成了必需品。最后,进入酒店还能看到丰富的卡卡大家族互动表演,在企鹅餐厅用早餐的时候还有互动演出可以观看。想要品尝当地美食,有一整条美食街可供选择,如要购物,也有现成的微型商业综合体。总之,长隆集团在每个环节都精心设计了极具吸引力的观感项目,牢牢拴住了游客的心,让游客欲罢不能。

此外,在广州和珠海两个长隆度假区内不仅拥有短驳车还有短驳的船只,各个主题公园产品间的交通班次密集,让游客可以很方便地在各个主题公园产品中穿梭。不仅如此,长隆两个度假区内的景区与酒店也都互相贯通,例如企鹅酒店有直通海洋王国的便捷通道,入住游客可两天内无限次往返,儿童需要午睡或者有其他不适都可以得到较好的缓解,硬件上给予了人性化服务的支持,长隆酒店也有直通马戏场馆的天桥,十分便利。据介绍,暑期旺季的时候,长隆集团不仅会提高酒店的单价,更在在线旅游平台(OTA)上下架单园产品,只卖"景区+酒店"产品,把人留在了度假区后,门票、住宿、餐饮等收益都会上涨,而即便如此,长隆庞大的酒店体量仍在暑假高峰经常出现一房难求的现象。

可见,长隆度假区包括主题酒店、餐饮、剧院等在内的多元化产品和直通速达的双度假区,不仅满足游客在吃、住、行、游、购、娱上的所有需求,还让游客一家三口可以一周不出长隆,玩遍旗下所有产品。这一业态布局策略的成功,让长隆度假区被誉为"中国最受欢迎的一站式旅游度假胜地",成为国内亲子市场一站式旅游度假目的地的首选。如今很多有孩子的家庭都会把"带孩子去长隆"列入全家的旅行计划。

4. 推广：旅游业与娱乐业的融合典范

长隆集团能够拥有如此巨大的品牌效应,除了专注于旅游项目的运营,还与其独特的营销手法密切相关。

近年来,长隆集团在产品开发上实行的"高举高打"战略进一步延续到营销策略上,永远选择"第一"和"最好",与顶级媒体和顶级电视节目强强联手,极大地提升了长隆集团在主流媒体上的影响力,其"娱乐营销"战略已经成为业内实用的市场推广参考。

长隆度假区的电视广告连续多年登陆中央电视台和凤凰卫视。2012 年,长隆集团与浙江卫视《中国好声音》栏目合作,在长隆欢乐世界推出 11 场巡演,这是名噪一时的《中国好声音》学员在内地的第一次公演,在娱乐界引起强烈反响;2013 年,《爸爸去哪儿》电影在长隆野生动物世界和长隆国际大马戏全程取景拍摄,长隆的品牌效应借由电影大银幕精彩绽放;2013 年 3 月 10 日,京广高铁"长隆号品牌专列"开通仪式在广州南站出发站台举行,这是京广高铁首列旅游专列,也是首列由民营旅游企业冠名的高铁专列;2014 年底,长隆野生动物世界与湖南卫视合作拍摄了中国第一档原创动物环保真人秀《奇妙的朋友》,收视率高居同时段第一,长隆度假区作为该节目全程拍摄地,其品牌影响力进一步凸显;2015 年,全国最火的综艺王牌节目,浙江卫视推出的《奔跑吧,兄弟》同样来到了长隆,再一次将长隆品牌打造成了全国旅游行业的焦点。

值得一提的是,2013 年底,由国家文化部、广东省人民政府主办,长隆集团和珠海市人民政府承办的第一届中国国际马戏节在珠海长隆成功举办,这是一项国家级的大型文化赛事,旨在打造全球顶尖的马戏文化盛宴。可以说,长隆具有前瞻性的娱乐营销将长隆品牌成功地推到了国人的面前。

一系列成功营销的背后,是长隆集团专业的市场推广团队。他们以娱乐营销为主导,通过广告推广、新闻宣传、事件策划等整合传播方式,与深受年轻人喜爱的节目结合,全面紧贴目标市场,大力推广"亲子游"理念,为长隆打造"世界级民族旅游品牌"奠定了坚实基础。例如,2014 年 7 月 29 日凌晨,长隆野生动物世界的大熊猫妈妈"菊笑"诞下大熊猫幼仔三胞胎,这是全球目前唯一存活的大熊猫三胞胎。利用这一事件,长隆连续策划大熊猫三胞胎满月、开眼、百日、见证"首次一母带三仔"、周岁等新闻发布会,让大熊猫三胞胎成为"明星",占据了各大媒体的头条,抢足曝光率。

长隆集团在主题节庆活动的营销上也是下足了功夫。从 2013 年底开始在长隆举办的中国国际马戏节如今已成为长隆的一个招牌主题活动。长隆的中国国际马戏节,除了顶级的场地效果,更重要的是充分融入了中国元素与马戏创意,2016 年 11 月,世界马戏联合会把世界马戏日主题活动首次放在中国,并选择在珠海长隆度假区启动,也进一步奠定了长隆马戏在世界上的重要地位。

业内人士认为,除交通、市场、经济等外部因素,积极主动且科学的营销举措,对于长隆品牌地位的树立起到至关重要的作用。这一系列营销动作已经探索出一条旅游业与娱乐业的融合模式,是国内主题公园娱乐营销和跨界营销的标杆。而凭借着贴合市场的营销手法,长隆度假区已稳步迈入了世界主题游乐界的第一梯队。

视角八 文化主题公园建设

案例二 华强方特乐园运营模式大起底[①]

年游客量近4000万全球第五,它是怎么做到的?2018年,市值达到150亿的新三板"独角兽"华强方特文化科技集团有限公司(以下简称华强方特)二度启动IPO。这家以"文化+科技"为核心的旅游龙头企业最新的数据公布:公司实现收入38.63亿元,同比增长14.97%,其中主题公园收入28.54亿元;实现净利润7.48亿元,同比增长5.27%。这些年来,华强方特是怎么做的,下面将详细解读,华强方特的商业模式、研发与创新。

1. 华强方特的商业模式及产业链布局

华强方特是一家什么公司?一句话概括:华强方特是一家科技加持的文化公司。公司有着明确的企业战略愿景规划,即实施文化与科技融合的战略,形成了以创意设计为龙头,以文化科技主题公园、主题演艺、特种电影、动漫产品、影视出品、文化衍生品为主要内容和支撑的全产业链体系。它的核心竞争力体现在拥有持续的创意设计能力、大量自有知识产权以及比较完整的项目开发和技术转化能力。

在中国市场上看了大量的文旅型的公司,特别是一些房地产转型的文旅公司。从营收规模上看,华强方特虽然不是最强的,但从产业链布局和自主研发水平来看,华强方特的确遥遥领先,甚至可以说是首屈一指。

(1)"文化+科技"的产业格局。

华强方特是技术出身的公司,早在《熊出没》之前,就已经掌握了特种电影的技术,每年都按照国外客户的需求,定制特种电影和4D电影销售国外。但这些电影由于不具有主导性,渐渐在国际上缺乏竞争力。华强方特意识到拥有自主知识产权品牌的重要性,于是决定坚持走原创路线,打造中国品牌。将非物质文化遗产、本土文化、传统文化等包装成具有中国特色的产品打开国际市场。

因为是科技公司的基因,华强方特这些年来坚持高科技技术的研发投入,主要用于创意设计、数字动漫、文化衍生品及特种电影等,实现了大批自动控制、系统集成、智能机器人、VR/AR等领域核心技术的储备。

其中最值得一提的是集这些装置于一体的特种电影的技术研发。从其网站上展示的科技内容来看,这类特种电影技术就包括了超大银幕、全景式AR环境剧院、大型悬挂式球幕飞行影院、360度环幕立体电影、室内升降式穹顶影片和抓举式动感轨道车等六类不同项目。

我们来看其中三种类型项目的展开形式。

不同于迪士尼对流行文化科技运用,华强方特的科技运用更多植根于中国本土的文化。在此更值得一提的是,华强方特组织多达200人的数字技术团队,开始研发打造国内首个中国画球幕影院游乐项目《飞越千里江山》。整个团队通过对《飞越千里江山》的材质、质感、山型、人物、草木、鸟鹤等一系列元素进行了精密的测试,采取边测试边制作,分批调整的形式,提出了一整套技术解决方案,通过数字技术再现了宋代千古名画《千里江山图》的神韵。

在这样的科技创新的背后,是怎样的研发团队的支撑呢?众所周知迪士尼核心技术团队

[①] 邹毅,戴小西.华强方特乐园运营模式大起底!年游客量近4千万全球第五,它是怎么做到的?[EB/OL].(2018-06-21)[2019-10-11].http://mp.weixin.qq.com/s/lyYGD9BGuiK4wC08HeCPxxw.

有8000个梦想工程师,用于将迪士尼电影里的场景在主题公园内进行实现。那么华强方特在这方面如何呢?对于企业管理来说,战略需要组织架构的保证。研究华强方特的组织结构即可发现,华强方特既有创意策划、文化艺术创作和生产机构,又有负责技术开发的文化科技研究院、工程设计院等技术研发机构。2017年公司研发人员共有1103人,占员工总量9.73%。2017年申请各项专利、商标及著作权等自有知识产权334项,新获得知识产权228余项,公司已拥有超过1000项自有知识产权。

(2)打造"方特产品和技术生态圈"。

华强方特是如何打造自己的产业链生态圈的呢?具体来说,华强方特做了如下布局:

第一,在深圳总部建立创意设计中心,解决产品创意设计问题。

第二,在深圳建立文化科技研究院和工程设计院,针对创意设计的需求给予高科技技术支持。

第三,在其他城市建立了文化科技生产基地,解决文化产业的规模化生产问题。

第四,这些城市的文化科技主题公园群好比是华强方特搭建的销售展示平台,主题公园除了大型的基础设施和硬件设备之外,还需要大量的文化产品与之配套来完善主题公园的内容。

这样,华强方特的创意文化产品包括动漫、电影、衍生品等恰好可以通过主题公园这样一个平台来进行品牌传播和销售。

公司因此成了国内独有的"创、研、产、销"一体化的全产业链文化闭环企业。这条产业链上,动漫、特种电影、主题演艺、衍生品、文化科技主题公园等,多个原本相互独立的元素整合在一起,形成优势互补的整体。

简言之,华强方特将自己打造主题公园的核心技术和科技设备等关键要素,单独形成业务组团,形成对外自营的局面。

2. 华强方特的科技文化主题公园业务

华强方特是中国主题公园产业的龙头企业。据2017年财报显示,2017年文化科技主题公园收入28.54亿元,收入占比为73.9%。

(1)从"自主投资"向"授权投资"转型。

其实总体来看,方特主题公园的模式与迪士尼如出一辙。目前,该主题公园分为三种投资建设方式。

①自主投资。2012年以前,华强方特基本以重资产的模式在做主题公园。在主题公园所在地设立项目公司,负责主题公园的投资、建设和运营。公司享有主题公园的全部运营收益。沈阳、青岛、厦门、株洲、郑州等地主题公园都是这个模式。

②合作投资。2012年以后,公司战略调整,逐步向轻资产模式转型,开始通过合作投资方式拓展业务。华强方特与合作方签订合作协议,成立由合作方控股的项目公司。项目公司负责当地主题公园土地、建筑物等的投资和建设,华强方特在项目公司中持少数股权,在主题公园建设过程中,华强方特视需要追加投入部分游乐设备等资产。在主题公园研发建设阶段,华强方特主要向项目公司出售部分特种游乐项目设备、提供工程管理服务等获取收益。主题公园建成后,华强方特和项目公司(或合作方)在当地成立运营公司,负责当地主题公园全部资产的运营管理。华强方特一般为运营公司控股方。在主题公园运营阶段,华强方特主要通过运营公司利润分红等方式获取收益。嘉峪关、济南、宁波、南宁、长沙、安阳、邯郸、洛阳等地主题公园均为合作投资方式。

③授权投资。这种模式下,华强方特通常不是主题公园投资方,它提供与主题公园建设、运营有关的全产业链服务并收取相关费用。在主题公园建设阶段,华强方特通过为主题公园投资方提供特种设备销售和安装、承接部分主题项目建设工程或提供项目管理服务取得收入。在主题公园运营阶段,华强方特通过授权使用公司知识产权、提供运营管理服务等方式获取收入。华强方特在伊朗的项目就是这种授权投资方式。

主题公园的运作一向以重资产模式为主,华强方特向轻资产方向转变,侧面反映华强方特对自己强大项目生产能力的信心,因为授权方式尽管投资小、收益高、经营风险小,但它的背后却是大量知识产权并持续成功创意新项目的高要求,且轻资产模式也能够帮助华强方特在全国快速铺开业务。这也正是华强方特成熟运营经验和品牌效应变现。同时,2015、2016、2017 年度品牌受让方为华强方特分别贡献了 11.71 亿元、12.68 亿元、6.9 亿元创意设计收入。

(2)主攻二、三线城市客源。

华强方特目前已开园或正在筹备的文化科技主题公园分布在厦门、青岛、郑州、天津、宁波、太原、长沙、南宁、株洲、芜湖、沈阳、泰安等 20 余座大中城市。避开北上广深一线城市,在二、三线城市布局,一定程度上避开了与上海迪士尼、北京环球影城等强势品牌的直接竞争。

而华强方特选择的城市,经济发展水平都不低,具备各自的区位优势,有些城市是交通枢纽,有些则是人口密集的大城市,有些是历史文化名城,有些则是旅游目的地城市。仔细看,这些选址分布在华北、华中、长三角等区域,且大多地处沿海。虽不在一线城市,但对一线城市形成包围之势,处于一线城市辐射带之内,构成区域联动。这些优势都能够为华强方特文化科技主题公园运营提供大量的潜在游客人群。

(3)海外布局。

华强方特针对国际市场早有布局。第一个成功案例是在伊朗第二大城市伊斯法罕建设主题公园"方特欢乐世界"。之后,完成了乌克兰主题公园的全部设计、与南非签订主题公园整体输出协议,开始将方特品牌从设计到制造,从硬件到软件,从管理到运营整体对外输出,使我国成为继美国之后第二个大型文化主题公园出口国,开创了中国文化科技主题公园对外输出的先河。

3. 华强方特的文化内容产品及服务业务

2017 年,华强方特在文化科技主题公园和文化内容产品及服务两大主营业务上的收入,相比上一年同期有了较大的变动。2016 年,华强方特在文化科技主题公园和文化内容产品及服务上的收入分别占营收的比例为 91.03% 和 8.78%;2017 年该数据分别为 73.88% 和 25.99%。

上述数字的变化恰好说明,华强方特正在加强其在特种电影的销售和数字动漫 IP 战略的打造。

(1)特种电影。

特种电影目前是华强方特的核心产业,2017 年度公司营业收入较上一年增长的主要原因是新增公园项目投入运营及特种电影设备销售收入增加所致。

公司拥有数码电影专业研制机构,以中国文化为主线自主研发,将多元化特种电影形式和中国古典文化相结合,成功研制十多类以 VR 为表现形式的特种电影形式、百余个引人入胜的特种电影项目,已全部应用到方特品牌全系列主题乐园中。

同时,特种电影的定制业务以及特种电影成套设备的销售也表现不俗。自主研发的特种电影系统输出美国、加拿大、意大利等 40 多个国家和地区,每年配套出口 20 余部影片。

(2)领先的 IP 制造和运营能力。

《熊出没》是华强方特重点打造的原创数字动漫,也是华强方特内部自主研发的最大的品牌。《熊熊乐园》《探险日记》等动画片 2017 年在央视少儿频道首播,以 4.75% 的收视率刷新少儿频道开播以来的收视新高;2018 年《熊出没·变形记》大电影累计票房达 6 亿,进一步突破新高。

之前国产动漫《喜羊羊与灰太郎》兴盛了 10 年,慢慢走向衰败,这对"熊出没"是一个警示:持续走低龄儿童,高产量的出产最终会导致低质量,到最后创意枯竭,品牌价值被消耗殆尽。

华强方特不断挖掘《熊出没》的品牌潜力,不断衍生出许多新的角色。从最近的几部大电影,也可以看出《熊出没》已经开始向好莱坞动画电影模式靠近,已经没有绝对反派,内容正在不断向全龄化发展。

接下来以芜湖方特主题公园群为案例,具体分析华强方特是如何进行产品迭代更新的。

4. 从单一乐园到欢乐城市——芜湖方特主题公园群

芜湖方特是华强方特布局最早的主题公园,也是集四条产品线为一体的主题公园集群,芜湖方特的四条产品线分批开业,也是见证了华强方特内部产品迭代更新。其中二、三期产品直接对标迪士尼世界最大乐园——奥兰多迪士尼。

(1)选址的逻辑。

首先。来看一下华强方特选择芜湖的原因,除了芜湖政府的政策扶植外,还有如下几点优势:

①芜湖是安徽 GDP 排行第二的城市,经济实力较强。

②芜湖从地理位置来看,属于长江大三角区,自然环境优美,交通便利。

③芜湖从区位上看,更靠近马鞍山和南京,从方特乐园的具体客源组成来看,也的确是这两市市民构成主要客群,而马鞍山是安徽 GDP 排行第三的城市,南京是江苏省省会,经济实力不言而喻。

(2)四大产品线概况。

2007 年 10 月开业的芜湖欢乐世界,其主要客群针对 18~38 岁的成年人,占地 125 万平方米,斥资约 20 亿,是一个室内室外结合的综合性主题乐园,以科技手段实现科幻探险场景为最大特色。

2010 年 10 月开业的芜湖梦幻王国,其占地 40 万平,包括 30 万平的动漫基地和 10 万平的配套设施,总投入 8 亿左右。这一期的方特乐园以室内乐园为主,《熊出没》品牌的引入,吸引了许多家庭客群。

2014 年 5 月开业的芜湖水上乐园,其占地 10 万平方米,总投资 5.5 亿元,是华强方特打造的第一个水上乐园。

2015 年 8 月开业的方特东方神画,其占地约 50 万平方米,是华强方特将东方传统文化通过科技手段打造的游乐及大型演艺集一体的乐园。

从乐园的建造位置来看,除了一期坐落于城北之外,二、三、四期都集中在城东,这就形成了一个产业集群。集群的形成,可以有效减少主题公园内部建设和运营管理的成本,便于主题公园利用资金进行创新研发,提高自身竞争力。同时,这里也形成了芜湖方特系列主题公园,有利于建立整体品牌集群。一个主题公园的生命周期相对较短,但主题公园集群能够使品牌持久发展,吸引力持久。

从产品迭代过程来看,华强方特从二期产品开始把原创动漫品牌《熊出没》加入主题乐园,如果说欢乐世界是针对成人的乐园,那么梦幻王国则是孩子们的天堂。三期做水乐园,并且是华东地区面积最大的水乐园,补足了产品内容的广度。四期产品东方神话可以说是结合了前三期产品经验后的提升,在品牌的打造上出神入化,主攻中国传统文化故事,有内容有场景,让游客沉浸其中。

总结来看,华强方特主题公园的发展方向从游客群年龄单一化向全龄化发展;主题内容从大而全向精品、有特色发展;游乐项目从刺激惊险向既有惊险又有精神的平衡性方向逐步过渡。

(3)芜湖东方神画解读。

四期产品东方神画是华强方特的最新产品系列,把"文化+科技"运用到登峰造极。在园区平面设置上独具特色,入口处打造"非遗小镇"。这个设计是模仿了江南水乡风格建筑打造的市井街巷,融汇了小吃、传统手工艺商品和民间技艺表演。这种设置呼应了东方神画中国古代文化的主题,也犹如文章开篇的引子,使游客快速进入角色,沉浸于之后的游乐体验。

整个项目游览区可以分为外圈和内圈,但不论是内圈还是外圈,游乐项目都是以惊险刺激项目和高科技剧场节目相结合。这种模式的设置,有效平衡了刺激感和文化性,让游客不至于觉得内容单一且易有疲惫感。

整个园区的动线规划巧妙,主要项目分布在主动线周围,引领园区内人流走向。

水系也是主题公园里不可或缺的要素。两块较大水域,辅以几块小水域,是东方神画造景的重要题材。

在内容的设置上,老少皆宜,有《熊出没》品牌动漫剧场,有成年人喜欢的大型惊险刺激项目和4D环幕剧场,也有老年人喜闻乐见的戏剧节目,可谓年龄段全覆盖。着力选取老百姓喜闻乐见的传统爱情故事、富有强烈戏剧冲突的桥段来作为剧场的内容,同时通过4D、全息等高科技手段,呈现给观众集声、光、色、内容为一体的大型表演。

①超大型银幕立体电影系统。巨幕电影《九州神韵》,使用数字高清晰度立体实拍与三维结合方式制作。以华夏五千年历史为创作背景,带领游客走进华夏数千年风云变迁的历史长卷,感受华夏民族的兴衰变迁,把波澜壮阔、辉煌灿烂的华夏历史用震撼的方式呈现在观众面前。

②全景式AR环境影院。全景式AR环境影片《梁祝》,打破传统歌舞剧场的表演形式,把真人表演与幻影成像相结合,实现了四面墙在通透的舞台上凭空出现,藤蔓在墙上生长,以及墙面碎裂、崩塌甚至消失等神奇效果。

③360°环幕立体电影。《魅力戏曲》是以让观众乘坐无轨游览车为主要形式,并把影视内容与实景相结合组成的一个室内项目,项目主体分为三大部分,即排队预演区、戏曲之城区和国粹京剧区,主要由360°立体环幕、机器人表演、环境特效装饰和相关的影视构成,精选中国各地经典非遗戏曲曲艺节目,带领游客领略中华戏曲的独特魅力。

④室内升降式穹顶影片。《牛郎织女》项目作为室内升降式穹顶影片的代表,使用真人实拍结合三维的形式,重新演绎经典爱情神话传说"七夕鹊桥恋"。

应该说,"工业化生产、大规模复制、集成化系统采购、全方位娱乐营销、打造专属IP、轻资产输出"是华强方特这些年秉承的一种战略模式。这种商业模式具有广泛的借鉴意义,可以像迪士尼一样全球通行。不同于重资产投入开发,本质上看,打造文旅产业,内容创新是根本。没有好的内容根基和旅游展现形式,就不会有引爆性的项目出现。在这一方面,华强方特的战略思路无疑是正确的。

案例三　大唐芙蓉园主打盛唐文化主题[①]

西安大唐芙蓉园是西北地区最大的文化主题公园,是中国第一个全方位展示盛唐风貌的大型皇家园林式文化主题公园。2005年4月11日正式对外营业的大唐芙蓉园在竞争异常激烈的旅游市场中脱颖而出,迅速打响品牌知名度,得到了众多龙头旅行社的大力支持和线路推荐,更成为陕西省委、省政府接待重要外宾的主要场所。2011年1月17日被国家旅游局评为国家AAAAA级旅游景区。2018中国西北旅游营销大会暨旅游装备展上,入围"神奇西北100景"榜单。

众所周知,我国的主题公园的经营现状是70%经营惨淡,只有10%赢利。大唐芙蓉园的成功,让我们不禁要问,为什么在市场普遍不好的环境下,占地面积近1000亩,投资13亿元的大唐芙蓉园却能够打破主题公园的怪圈,"卓尔不群"地活着呢?

1. 园区建设立足文化底蕴

文化是旅游之基,旅游之魂,没有文化的旅游产品是无源之水,是没有生命力的。作为一个以展现中国唐文化为主题的人造园林,大唐芙蓉园在旅游规划建设上始终立足于大唐文化,以体现大唐盛世的灿烂文明为宗旨,既注重唐文化的展示性,又注重唐文化的参与性。

(1)产品建设做足大唐文化。

旅游产品是旅游景区一切经营活动的主体,是旅游景区开始其经营活动的出发点。我们知道,唐朝是我国历史上经济繁荣昌盛、观念创新、思想开放包容的封建王朝。国家强大、社会安定、思想开放的唐朝在长达289年的历史中创造了璀璨夺目的文化。豪迈奔放而不失悲叹、华丽而不失内蕴的唐诗;豪迈有力、自由奔放、奇姿异态、变化无穷的大唐歌舞;富丽堂皇、至尊华贵的大唐服饰;笔法潇洒飘逸、端严遒劲的书法;还有雄浑的建筑、精致的雕刻、美轮美奂的制陶等。千百年来这些意气昂扬、雄浑开放的大唐文化始终令中华儿女和全球华人引以为傲。至今,遍布世界的华人被称为"唐人",华人聚集的地方被称为"唐人街"。

为了让游客能"走进大唐历史,感受大唐人文,体验大唐生活",实现可观赏、可感受、可学习、可消费、可体验的旅游经历。大唐芙蓉园划分为十二个功能区,分别演绎了十二个大唐文化主题,具体包括:

①帝王文化。这一文化主题以紫云楼为主要展示场所,这里不仅展示唐太宗的文韬武略、武则天的女皇风采、唐玄宗的风流多艺,而且通过唐代宫廷文化的展示,让游客切身感受盛唐的博大开放与辉煌灿烂。

②诗歌文化。唐诗是中华文化的璀璨明珠,大唐芙蓉园不仅在建筑设计、园林意境中表现唐诗文化,在楹联、题额、碑刻上也表现了唐诗底蕴,而且塑造了"诗魂"和"诗峡"以及"丽人行"三组艺术群雕,通过栩栩如生的艺术形象,使游客可以领略到唐诗的文化历史渊源和丰富内涵。

③科举文化。这一文化主题以杏园为载体,通过雁塔题名、杏园关宴、进士探花等历史典故和大量文献、实物及雕塑、壁画,展示唐代科举制度的兴盛和影响。

[①] 海森文旅科技集团. 主题公园的奇迹:大唐芙蓉园[EB/OL]. (2016-10-13)[2019-10-11]. http://www.haisan.cn/archives/view-586-1.html.

④女性文化。这一文化主题以仕女馆和望春阁为主要展示场所,在这里唐代女性崇尚自由、开放时尚、追求爱情的真实风貌得以展现。

⑤宗教文化。这一文化主题通过地雕、艺术造型、实物和故事演绎等,展示儒、佛、道在唐代的发展融合,反映宗教文化对中华文化的影响。

⑥饮食文化。这一文化主题以御宴宫、芳林苑为载体,展示唐代丰富多彩的饮食习俗与文化。

⑦茶文化。这一文化主题以"陆羽茶社"为载体,用茶道、茶艺表演来生动地展示中华茶文化的历史渊源和丰富内涵,从而使游客了解唐人的生活情趣,参禅茶道,怡悦性情。

⑧智乐文化。这一文化主题通过妙趣横生、寓教于乐的设施和工艺,展示唐代科技文化。

⑨外交文化。这一文化主题主要是通过一些展品展示唐朝与波斯、印度、罗马空前的文化交流,日韩遣唐使的友好往来,以及大唐和南海诸国的通商贸易,展示唐朝海纳百川、兼容并蓄的开放气象。

⑩民间文化。这一文化主题主要是通过一些展品真实演绎唐长安的市井生活、民间习俗,宛如唐代世俗文化的"清明上河图"。

⑪歌舞文化。这一文化主题展示唐代歌舞气象雄浑、大气昂扬的灿烂景象。

⑫大门特色文化主题。东、南、西、北四个大门,一门一主题,一门一特色,一门一景观,充分显现大唐盛景,并通过节日庆典和巡游活动等,将隐性的文化素材整合起来,将十二个文化主题区串联起来,使游客身临其境,徜徉在中华民族的精神故乡。

除此之外,大唐芙蓉园众多的艺术场馆、公共空间也展现着陕西地方文化和民间艺术。在这里,闻名中外的安塞腰鼓、陕北剪纸、户县农民画得到了原汁原味地展示,游客可以在具有悠久历史的长安古乐、秦腔戏、眉户戏、信天游中共娱共乐。

(2)建筑风格承袭大唐风韵。

建筑是人类文化和思想的纪念碑,也是表现一个王朝文化的一种形式。唐朝的建筑是以规模宏大、气魄雄浑、严整而开朗为风格特点,其主要表现在拥有有力的斗拱和巨大的屋檐飞翼,让整个建筑物更开放且具有供给更多人使用的特质,比如众人皆知的大明宫。建筑色调简洁明快,屋顶舒展平远,门窗朴实无华,给人庄重、大方的感觉。另外,唐朝的建筑把雕刻装饰做了更深一步的融入,创造出了统一和谐的风格。建筑学中把唐式建筑作为东方文化美学的标志,是中国建筑史上不可逾越的顶峰。

大唐芙蓉园在建筑方面秉承以建筑彰显大唐文化,以大唐文化支撑建筑的指导思想,聘请中国工程院院士、素有唐风建筑大师的张锦秋院士承担建筑设计。设计大师按照大唐芙蓉园十二个功能区的需求,布设了15个重要建筑,围合成主从有序、灿若星河的建筑体系。

芙蓉园的标志性建筑紫云楼,以盛唐时曲江紫云楼为蓝本,飞扬的云阙,飞渡的云梯,高大宏伟的楼体,金碧辉煌的壁画浮雕,显现出傲视古今的历史风骨与大气磅礴的大唐精神,给人强烈的艺术震撼力。与紫云楼隔水相望的望春阁,是一座体态轻盈的六角形楼阁,在湖水倒映中,亭亭玉立,显现出秀丽挺拔的大唐神韵,是全园的又一个标志性建筑。这样,以300亩芙蓉池水面为中心,紫云楼、望春阁与遥相呼应的唐代大雁塔呈"三足鼎立"之势,楼影、阁影、塔影倒映水中,构成了一幅完美的"历史对话",古与今在一池碧水中交融辉映,盛唐风貌完美再现。其他重要建筑如园中亭台楼阁、雕梁画栋,包括仕女馆、御宴宫、芳林苑、凤鸣九天剧院、杏园、陆羽茶社、唐市都是国内外公认的唐风建筑精品。

唐风建筑的宏大格局,园林景观的交相辉映,奠定了大唐芙蓉园的高雅格调。如何赋予它以文化之魂、动感之美、精神之义、体验之旅,如何创造大唐芙蓉园不可复制的文化DNA,赋予园区永久的竞争力和生命力,这就需要以市场为导向,去整合文化、艺术、科技和旅游资源,策划设计一些经典文化节目。

(3)文化节目彰显唐风汉韵。

现代游客对景区产品的消费是一个追求快乐和愉悦,并且充满主观体验色彩的动态过程。为了能让游客和景区产生互动,增加游客在大唐芙蓉园的游玩时间,提高游客满意度,大唐芙蓉园各景点每天都上演各种精彩表演节目,每逢节假日还有各种应景主题活动。

与国内有的景区、主题公园演绎一些粗制滥造、哗众取宠的庸俗节目相比,大唐芙蓉园的演出节目既包含经典的盛唐文化,又包含浓郁的陕派特色,每个节目都彰显着大唐芙蓉园的品牌内涵,体现着中华文化的博大与精深。其中,大型主题歌舞剧《梦回大唐》成为大唐芙蓉园的重大卖点和文化娱乐的"金字招牌"。

《梦回大唐》是国内一流艺术家联袂精心打造的由"梦幻霓裳""梦邀秦王""梦浴华清""梦萦西域""梦游曲江""梦回大唐"六幕组成的大型史诗性歌舞剧。《梦回大唐》的主要场景是在宫廷,在第一幕和第二幕中有展现宫女舞艺的霓裳羽衣舞,有唐明皇击鼓检阅军队的大唐军威,也呈现出了大唐宫殿的金碧辉煌。第三幕"梦浴华清"是表现流传千古的唐明皇与杨贵妃的爱情故事;第四幕"梦萦西域"则呈现大漠西域的异族风情,有幽默风趣的羌笛,粗犷奔放的胡腾双刀舞,甚至有性感的印度蛇舞;第五幕"梦游曲江",展现民间风俗技艺,如街头武术、大头娃娃舞和踏青等。

2006年2月《梦回大唐》应邀赴新加坡演出,受到了新加坡政要的亲切接见和大力称赞。新加坡联合早报、海峡时报和当地电视连篇播报并热评。新加坡戏曲学院院长、世界舞蹈联盟(新加坡分会主席)蔡曙鹏在《联合早报》发文评价说,"看《梦回大唐》是认识当代中国舞坛潮流的好机会"。原定3天3场的演出,应观众的要求不得不加演至4天5场。

每晚7点,波光粼粼的芙蓉湖上,一道120 m长、不断变幻画面和色彩的水幕从湖面垂直升起,绚烂的焰火照亮了天空,水幕上水流的质感映出了8位"胡人"牵着8匹来自嘉峪关的骆驼,驮载着"宫廷侍女"组成的庞大的马队。这就是以音乐、喷泉、激光、火焰、水雷、水雾科技手段表现盛唐"各国商人""西域美女""大唐武士""兵马俑""武则天""唐代侍女"等经典盛唐文化的水幕电影——《大唐追梦》。在《大唐追梦》播放期间还设置了大量互动环节,让观众能够身临其境,进入一个神秘刺激的魔幻世界,仿佛穿越时空隧道。

除大型主题歌舞剧《梦回大唐》、水幕电影《大唐追梦》这两个经典演出节目外,大唐芙蓉园还策划了一个又一个精品主题文化活动,如成立了东仓鼓乐社,传承西安鼓乐;如2005年7月举办"大唐芙蓉园流行音乐节";如2006年8月15日起,至2006年11月10日期间举办"全唐诗"——中央电视台大型文化交流活动"玄奘之路"重点支线活动。

大唐芙蓉园以文化为载体,将古与今、山与水、光与影、艺术与科技、浪漫与传奇交融变幻,全景式、多角度展示盛唐文化的内涵与底蕴,演绎出了大唐盛世与当今盛世交融的史诗画卷。

2. 借助影视,整合传播

一部优秀的影视剧不仅能对景区进行传播推广,而且还能利用观众对明星的崇拜心理,对旅游者进行潜移默化的影响,以促进其销售。譬如,一部《大红灯笼高高挂》复苏了沉睡百年的乔家大院;一部《刘三姐》不仅演绎了来之不易的爱情故事,更演绎出绝妙无比的桂林山水和民俗风情；这就是影视的力量。

(1)同名电视剧，促销大唐芙蓉园。

2007年8月18日由西部电影集团公司和西安大唐芙蓉园影视文化传播有限公司承制和发行的三十集电视剧《大唐芙蓉园》在央视电视剧频道开播。这部新版唐玄宗与杨贵妃的爱情传奇大戏，把大唐芙蓉园的宣传促销带进了一个新征程。

(2)植入式广告。

作为景区的大唐芙蓉园除借助于电视剧《大唐芙蓉园》的同名传播外，还巧妙地在电视剧里安排了植入式广告。电视剧《大唐芙蓉园》里豪华宫殿、精致的回廊、后花园这些外景都是在大唐芙蓉园景区里拍的，另外每一集结束后的鸣谢单位都会出现"西安大唐芙蓉园"字幕。

(3)整合营销传播。

正所谓，打铁需趁热。趁电视剧《大唐芙蓉园》在CCTV-8热播期间，作为景区的大唐芙蓉园已经对景区实施了整合营销策略，分别在央视国际频道、主要客源地城市的户外媒体上投放广告，推出了年票、学生年票等新的促销政策。

2007年9月25日对全球的华人来说是一个思乡、思亲和团圆的日子，因这一天是中秋佳节。而自2004年以来一年一度的央视中秋晚会更成为全世界华人共同祝福、欢乐团圆的大舞台。2007年9月25日20:00"山庄月·中华情2007中秋双语晚会"通过中央电视台1套、4套和9套同步直播，与全球华人观众见面，晚会全长2个小时。西安大唐芙蓉园恰恰是这台中秋晚会的分会场。"秋晚"中大唐芙蓉园的明媚夜色中，浪漫的月亮之路、水景舞台，雍容华贵的紫云楼通过电视画面的直播让全世界的华人们领略了雍容的大唐盛世景象和大唐芙蓉园里精美的亭台楼阁。

从营销的角度来说，借助央视2007年中秋晚会，大唐芙蓉园的知名度不但再一次提升到前所未有的高度，而且还产生了强大的促销力量。这可以从"秋晚"的品牌价值、2007年中秋晚会的造势、直播等主要环节上看出来。首先，央视中秋晚会经过多年的成长，其品牌价值实现了巨大飞跃，不仅收视率高居前列，更是接连荣获国际性大奖，已成为继春晚之后，国内第二大影响力晚会。譬如，2005年央视中秋晚会荣获"第39届美国休斯敦国际影视节"电视文艺类最高奖——白金大奖；2006年"海峡月中华情"中秋晚会荣获"第40届美国休斯敦国际影视节"评审团最佳导演奖。其次，在晚会的前期造势中关于场地选择、演员阵容、舞美创意等相关新闻在各大主流报纸、网络媒体频繁出现。其中单单与西安大唐芙园相关的中秋晚会新闻就达到7270条。除此之外，大唐芙蓉园的董事长刘兵还和"秋晚"总导演郭霁红在CCTV网上一起和网友们聊天，畅谈中秋晚会和大唐芙蓉园分会场的相关情况。晚会直播中播放的大唐芙蓉园全景镜头、主要景点的特写镜头共达30分钟；"西安大唐芙蓉园分会场"字样在晚会直播中持续出现有20分钟。承德主会场主持人鲁健、季小军、李capture和大唐芙蓉园分会场主持人梦桐对于大唐芙蓉园声情并茂的描述更是让电视观众产生一种向往的冲动。无论是主持人对大唐芙蓉园的口播描述，还是直播长达30分钟景区画面、持续播放约20分钟的"西安大唐芙蓉园分会场"字样，其产生的广告价值和促销力量都是无法用准确数据表达的。因为这可是一台面向全世界，除直播外，还将重播9次的双语晚会。

当然，西安大唐芙蓉园的成功远远不止这些因素，但以文化为根，并围绕文化策划、建设产品既能迅速炒作景区，又能产生销售力的营销管理之思路，给一片惨淡的中国主题公园发展指出了一个方向。

案例启示

主题公园是根据特定的主题创意,主要以文化复制、文化移植、文化陈列以及高新技术等手段、以虚拟环境塑造与园林环境为载体来迎合消费者的好奇心、以主题情节贯穿整个游乐项目的休闲娱乐活动空间。随着经济社会的快速发展,不断增长的旅游需求为主题公园的发展营造了市场环境。大众旅游时代,休闲度假已成为第一大出游动机,而科技与文化创意的有机结合,营造多样娱乐休闲场景,使得主题公园成为颇受中国游客青睐的休闲选择之一。通过对以上三个案例的分析,主题公园的发展可以从以下几方面入手来提升可持续发展能力。

1. 提高科技含量,加大品牌开发

引进高新科技支撑的现代游乐设施,提升休闲娱乐功能层面,强化游乐活动与游客之间的互动关系,增强游乐活动的参与性,满足游客不断增长、不断变化的旅游需求,提高游客重游率。

主体公园做得好,品牌起到不可忽视的作用。以迪士尼为例,从1986年与中央电视台合作播放《米老鼠与唐老鸭》算起,到2016年上海迪士尼开园,30年积累起几代受众才建起主题公园,有专家分析,本土化品牌的植入,被视作上海迪士尼成绩喜人的主要原因。无独有偶,华强方特主题公园运营的成功也离不开品牌的打造。华强方特集团高级副总裁、《熊出没》总导演丁亮曾公开表示,近年来华强方特积极将《熊出没》品牌元素植入到方特系列主题乐园中,还原"熊出没"生活场景的"熊出没"山谷,实现了优质品牌与主题公园的共赢发展。

主题公园的品牌要就地取材,必须接地气。广东长隆集团在这方面的做法值得借鉴。广东长隆集团利用岭南独特的气候优势,在自然、生态等领域深挖,无论是番禺的野生动物园、珠海的海洋王国,还是清远的森林主题乐园,皆凭借广东自身的优势将其打造成生态王国。而长隆大马戏品牌的形成,也是经过从全球优选表演节目进行重新编排,用十几年时间打造而成,继而才有能力承办中国国际马戏节。

2. 多产业联动发展,提高综合收益

主题公园巨大的带动作用,可令其周边的房地产升值,主题公园的经营者应该涉足房地产、餐饮、零售等行业,在其周边建设酒店、房地产和娱乐中心,构建融旅游、娱乐、商业、居住于一体的综合性休闲度假中心。实行多产业联动,多产业开发,这样才能提高综合收益,实现企业利益最大化。

3. 进行品牌化营销

只有建立、树立产品的品牌,了解游客需求和偏好,才能大大扩展主题公园的时空范围,增强主题公园的市场竞争力和生存能力,从而大幅度地提高游客满意度、重游率,并增加主题公园的经济效益,才能在激烈的市场竞争中立于不败之地。

4. 进行科学管理,人文营销

我国有些主题公园从硬件上来看是非常先进、超前的,但是其经营理念差,而多以行业规范中的标准化和规范化服务为主,缺少人文营销,无法满足多层次游客对主题公园服务日益提升的心理需求,这对主题公园的品位和服务质量的提升都是一个挑战。因此加强科学化的服务管理,做好人文营销使软件和硬件并驾齐驱才能实现我国主题公园的大发展。

视角九

文创产业发展

拓展与更新

文化创意产业被认为是 21 世纪全球最有前途的产业之一,有着巨大的经济效益和社会效益,各国政府都对这一产业的发展给予了特别关注和高度重视。联合国贸易和发展会议将创意产业定义为:以知识和智力资本为主要投入的产品和服务的创造、生产和商业的总和。他们认为,创意产业不再局限于传统文化产业,而是适应新的产业形态而出现的创新概念。它通过"越界"促成不同行业、不同领域的重组与合作,通过创意化、高端化、增值服务化,以推动文化发展与经济发展并且通过在全社会推动创造性发展来促进社会机制的改革创新。

文化创意产业作为现代服务业的重要组成部分,其快速发展对于促进城市产业结构升级、完善城市各种服务功能、增加就业都具有非常重要的作用。当前全球的文化创意产业规模正在快速增长,文化创意产业已成为发达国家引领国家产业结构调整和创新发展的一支重要力量。

文化创意产业占国民经济的比重,能反映出一个国家或地区文化创意产业的发展状况。十八大报告提出,要把文化创意产业发展成为国民经济的支柱性产业,此后中国文化创意产业发展一路高歌猛进。中国是世界制造业大国,传统行业资源消耗大、污染严重且产能过剩,迫切需要经济转型、结构调整。文化创意产业因科技含量高、资源消耗低以及环境污染少,具备典型的低能耗、高附加值、绿色环保等特征,为国民经济的转型升级与提质增效提供有力支撑,为推动国民经济保持中高速增长发挥着越来越重要的作用。

中国文化体制改革始终围绕文化事业领域不断进行社会化、市场化和产业化尝试和努力,中国文化创意产业发展随着文化体制改革走向成熟;文化经济政策始终围绕如何处理好政府和市场之间关系而不断进行调整,中国文化创意产业随着文化经济政策调整而逐步迈向优化。1988年文化部、国家工商行政管理局联合发布的《关于加强文化市场管理工作的通知》正式提出"文化市场"概念,1991 年文化部《关于文化事业若干经济政策意见的报告》正式提出"文化经济"概念,1992 年十四大报告明确提出要完善文化经济政策。2000 年 10 月十五届五中全会第一次提出"文化产业"概念;2002 年十六大报告提出"积极发展文化事业和文化产业",2007 年十七大报告提出"文化大发展大繁荣""文化生产力"和"文化软实力";2012 年十八大报告正式确定"文化强国"的发展战略目标;2013 年 11 月中共十八届三中全会提出要发挥市场在资源配置中的决定性作用,建立多层次文化产品和要素市场,鼓励金融资本、社会资本和文化资源相结合。加快文化创意产业发展已然成为重要的国家战略,相关的文化创意产业政策也日臻完善。

巨大的市场需求是文化创意产业繁荣与兴盛的基础。国内需求潜力巨大,将为经济较快增长提供强劲动力,城乡居民消费需求变化的主导趋势,是继续从温饱型向小康型过渡,结构层次提升。从国际经验看,人均 GDP 超过 3000 美元,社会将进入休闲娱乐消费时代且呈现快速增长趋势;当人均 GDP 临近或超过 5000 美元时,文化消费则会进入"井喷时代"。2020 年 2 月国家统计局发布数据显示,2019 年中国国内生产总值(GDP)990865 亿元,人均 GDP 为 10276 美元,中国首次突破 1 万美元大关。不难看出,满足 14 亿城乡居民的文化消费需求,文化创意产业发展成为我国国民经济的支柱型产业指日可待。城乡居民文化消费结构升级,全民族整体文化素质水平提升,企业创新创意速度加快,必将促使文化创意消费市场形成,并使市场空间得到拓展、市场体系不断健全、管理机制不断完善。

文创产业作为具有自主知识产权的内容产业,为产品或服务提供了使用价值的同时,还具有文化价值,最终放大了产品或服务的市场价值。文创产品用文化底蕴、互动性、情感体验来吸引消费者,用对"生活美学"的传达来实现它的价值。

案例一　曲江创客大街：新业态，新地标[①]

曲江创客大街又名 UP WAY，意思是"给攀登者向上的力量"，是精神和物质的双重鼓励。街区位于曲江核心区翠华南路南段，全长 1.5 公里，面积 12 万平方米，以打造"大气、洋气、现代、亮丽"的时尚街区、音乐街区和创意街区为宗旨。首批入驻街区的重点企业包括连连看集团应用商店总部、西安量子城、西安北大科技园二期、清华启迪之星（西安）、美霖影视产业园、西安增强现实与虚拟现实产业联盟、方糖小镇、创业邦、长风科技、环球车享、浙江文创、ZOO 咖啡等 20 个重点项目、企业。

1. 体验与创业相结合的独特创业模式

曲江创客大街的落成带来一种新的模式——让创业者在与消费者相联系的条件下体验商业街区、众创空间、孵化器、公共服务等，营造真实的市场环境，以此激发创业者的原创精神和创意转换。这也是创客大街最大的优势。创客生态街是一条创业、消费、体验、生活协调融合的创业大街、生活大街和消费体验大街，作为体验与创业结合的定制模式（前店后办公）创业体验业态吸引了很多对创业有无限激情的年轻人，成为无数心怀梦想的创业者的圣地。

曲江星空企服在线上搭建了企业公共服务平台（网站＋微信服务号），可实现对相关业务的在线选择、在线预订、在线服务。曲江创客大街在细节上点缀了不少具有现代感并且便民的装置，如自然气息浓厚的树木秋千，供创业者和市民聊天休息的创意咖啡座椅，贴心的景区导览图以及私密的小型篮球场等。

2. 创新管理运营模式

曲江创客大街坚持"政府＋市场"双驱动的运营模式，引入第三方合作，为项目运营投资 1 亿元。西安文化科技创业城与第三方合作，共同组建创新发展基金，专门用于文化创投、科技创新、军民融合、配套服务等领域。创客大街从一开始就一次性搭建起包含产业规划、孵化环境、投资系统、品牌宣传、产品营销、平台建设等的创业舞台，随着创业孵化运营管理机制运转的成熟，在互联网时代将构建起"文化＋互联网＋无限可能"的产业发展新形态，曲江也将成为西部发展文化科技融合产业集群的核心载体。

3. 商业、产业、孵化和"互联网＋"四大生态圈融合

创客大街在每一个项目中实现商业、产业、孵化和"互联网＋"四大生态圈的天然勾连和贯通。商业生态圈完成创客大街平台化搭建，使产业生态圈可落位并吸引潜力企业，确保孵化成功率；产业生态圈则为商业和孵化生态圈提供内容；孵化生态圈提供的资源反哺产业生态圈，弥补创客大街收入渠道过于狭窄的缺陷；"互联网＋"生态圈是资源与信息的整合者，帮助其他三个生态圈更好地运作。

4. 打造完整产业链的产业集群

曲江创客大街坐拥音乐、文创、设计三大产业集群，已成为曲江新区开展"创业西安"行动计划的重要载体。街区核心产业业态包括文创产业集群、音乐产业集群、设计产业集群、产业联盟、创投服务机构。

[①] 安美宣. 曲江创客大街：新业态，新地标[J] 创业邦，2017(07)：52-53.

为打造集文创产品开发、制作、展示、销售于一体的产业集群,创客大街吸引了长风动漫科技、美霖影视产业园等龙头企业入驻。作为西北地区最大的数字媒体制作及软件开发企业,长风动漫科技整合国内外数字媒体及软件游戏开发资源,培养本土原创队伍,构建起了包括数字媒体制作、软件和游戏开发、数字技术制作平台搭建、校企联合培养、人才实训等在内的集产学研为一体的产业链,曾推出《秦亲宝贝》《陕西快书》等知名动漫作品。美霖资本旗下全资子公司美霖影视金融科技产业园于2017年7月10日前携16家涉及电影制作、电影发行及票房结算、电视剧(纪录片)、特种电影投资等领域的公司一同入驻。美霖资本是中国西部首支影视专业基金。2015年美霖资本领投中国第一家电影票房结算公司环球联影,正式开启影视企业孵化进程。

曲江创客大街还打造了全球首个集装箱式音乐创客街区,着重开展室外音乐、品牌音乐主题活动,将当下国际流行元素和极简工业风相融合,包含音乐制作体验、音乐直播教育(线上+线下)、音乐互动体验区等娱乐配套设施,同时引进国内外有趣的文创活动、设计活动,在更加广泛的层面让人们更有参与感。

另外,曲江创客大街还成立了西安增强现实与虚拟现实产业技术创新战略联盟。该联盟由西安地区从事虚拟现实技术、增强现实技术、相关内容创作、软件开发、行业研究的企事业单位和团体自愿组成,成立初期有注册成员42家,包括西安交通大学、西北大学、西北工业大学、西安建筑科技大学等多所高校,以及北大科技园、Realmax集团、可视可觉、追梦客、ARinChina、热玩游戏等行业知名企业和创业团队,涵盖了增强现实与虚拟现实产业技术研发、相关内容创作、跨行业应用、外设研发、游戏与影视等领域。文化创意产业将在这条大街上腾飞,影视、音乐、文学、动漫、游戏、网络文学和现实与虚拟技术等一系列产业将形成集群。

案例二 张江文化创意产业园的升级之路

张江文化创意产业园坐落于上海市张江高科技园,上海市张江高科技园区成立于1992年7月,是国家级高新技术园区,规划面积25平方公里。2004年12月,园区完成开发面积17平方公里,吸引投资额108亿美元,注册企业达3168家,固定资产投资446亿元人民币,形成了生物医药和信息技术两大高科技主导产业。2004年,随着"上海市文化科技创意产业基地"和国家文化部(现文化和旅游部)"文化产业示范基地"的先后挂牌,张江高科技园区开始打造中国文化产业的新高地。

1. 张江文化产业园区的快速发展历程

张江文化产业园区自从建立以来,先后被当时的国家文化部(现文化和旅游部)、国家新闻出版总署(现国家新闻出版署)、科技部、上海市委宣传部、上海市经委和上海市科委等授予一系列重要的荣誉称号,获得诸多奖励和扶持。

2008年7月,由国家新闻出版总署(现国家新闻出版署)授予"张江国家级数字出版基地"。

2011年8月,国家新闻出版总署(现国家新闻出版署)授予上海张江高科技园区为"全国版权示范园区(基地)"。

2011年初,由文化部(现文化和旅游部)授予张江文化创意产业园区国家文化产业示范园区,是当时6家国家级文化产业示范园区中唯一的科技型文化产业示范园区。张江文化创意产业园区的经验对全国推动文化科技创新,建设文化产业园区提供了重要的示范意义。

2004年8月,由上海市委宣传部授予张江文化创意产业园区"上海张江文化创意科技创意产业基地";2005年4月,由上海市经济委员会授予"上海市创意产业集聚区-上海张江文化科技创意产业基地";2006年9月,由上海市科学技术委员会授予"上海张江文化科技创意产业基地";2008年6月,由上海市委宣传部、上海市文化广播影视管理局等联合授予"上海张江动漫谷";2010年4月,由上海市经济与信息化委员会授予"上海张江文化产业园区";2009年3月,由上海市委宣传部、上海市经济与信息化委员会、上海市文化广播影视管理局等联合授予"上海张江动漫谷文化创意产业基地"和"上海张江国家数字出版基地";2015年,张江文化创意产业园区成为国务院发展研究中心评选的文化园区100强之首,2016年获上海市文化企业十强。

张江文化创意产业园区多年来秉承"协力众创、共筑生态"的理念,在创新发展的道路上稳步前进。张江文化创意产业园区文创产业集聚、企业汇集,汇集了阅文集团、哔哩哔哩、盛大游戏、Wi-Fi万能钥匙、喜马拉雅FM、沪江网校等一批独角兽企业。经过数年的奋斗和努力,张江文化创意产业园区已经逐步成为全国知名度和集约程度最高的文化创意产业园区之一。2018年张江园区文化产业总营收达1800亿元,同比增长18%,园区产值连续五年增长率保持在两位数以上。在园区企业不断增加的同时,区内产值过亿元企业也节节攀升,2017年达到了40家。领军企业层出不穷,园区已由最初的文化创意产业"试验田",逐步成为全国知名度和集约度最高的文化创意产业示范园区之一。

2. 张江文化创意产业园区的提升经验

张江文化创意产业园区把握文化创意产业发展趋势,聚焦文化创意产业物理空间创新和产业功能提升。

(1)转型为一体化服务供应商。

2012年,伴随上海张江(集团)有限公司政企分开,剥离政府性功能,上海张江文化控股有限公司(简称张江文控)面临盈利空间被压缩、冗员、主营不突出等问题。为改善经营管理,张江文控果断转型,从"文化产业园区运营管理机构"调整为"文化产业园区一体化服务供应商"。这一转型给张江文控带来了诸多阵痛。一方面,转变服务作风"由朝南坐变成朝北坐",与园区企业变成伙伴关系;另一方面,转变经营作风"由官变成商",通过服务增值创造自身效益,且不再接受和申请任何政府性扶持补贴项目——"自断后路"。张江文控致力于形成"做功能、做产业、做投资"三大业务构架,逐步实现从文化创意产业园区运营机构向文化创意产业园区一体化服务供应商的转型。近年来,张江文控投资50亿元,做空间载体的新建和改造,与此同时,在空间积累的过程中,张江文控在企业和企业之间、企业和政府之间、企业和国际国内市场之间搭建桥梁,促进园区文化创意产业要素、资源集聚。

(2)明确"数字化"与"文化科技融合"两大特色。

张江文化创意产业园区依托"数字化"与"文化科技融合"两大特色,集中了数字出版、网络游戏、影视动漫、网络视听、互联网教育、新媒体、文化装备等最能触及时代脉搏的产业,在这里集群发展、融合共生。做精、做专自身所在细分领域的文创企业云集张江,也带来了打破圈子、打通资源、跨界合作的浪潮。园区的"元老级"企业河马文化已开始投入VR内容创作,与亮风台、小派科技等专攻技术设备的企业形成了合作"联盟"。类似领域间的融合、重构、创新每天都在上演,并带来了产品与服务的升级——网络直播平台搭载云服务平台,优化着海量内容的呈现;AR、VR企业与游戏动漫公司合作,刷新着产品的视觉体验;以网络文学巨头旗下的优质文学资源为起点,影视公司、游戏公司、声音平台一同构建形成了链接文学、出版、影视、动漫、游戏、衍生品于一体的新兴产业经济模式。

(3) 提供智慧化、全发展生态链服务。

张江文化控股有限公司于 2015 年推出"创 e 空间"这一服务品牌，形成了完整的"创新苗圃→孵化器→加速器→产业集群"发展生态链。初创型的文化企业对于物理空间有相应的服务需求，张江文控方面根据企业发展阶段的不同需求，打造了不同的空间。"创 e 空间"就是针对早期阶段，在企业有一定初步的发展后，可以选择相应的孵化器，然后是选择加速器，以及大的总部园区。特别是"创 e 空间"的管理引入了智慧化的服务理念，入驻企业只需登录"创 e 空间"的微信公众号，就能方便快捷地进行访客预订、会议空间预订、停车费用支付、办公空间预订及周边文化设施预订等服务。此外，包括项目路演申请、投资人沙龙申请等创业服务也可通过线上轻松解决。创业者从手机端就能完成轻租赁的概念，项目的申报、入孵的申请，所有的功能都是集成在一个页面上。"创 e 空间"还推出了包括先行先试政策、各类资源集成、平台要素的集聚、创业导师及投融资团队等服务举措。

(4) 探索"孵化＋投资"的新模式。

由于文化产业估值较难，国有资金投资文化创业产业面临体制机制的障碍。国有资金需要退出直接投资，创业生态必须要用风投机制来进行。通过基金等方式撬动市场化投资，形成风险共担机制，并由专业的基金团队选择投资项目，由过去的财政项目补贴变成风险投资。目前张江文控已参与成立 3 只基金和 1 家担保公司。2009 年张江文控与金文投资、SMG 共同参与投资了东方汇金文化产业股权投资基金，这是国内第一个文化产业基金；2012 年作为有限合伙人参与投资华人文化产业投资基金，该基金过去投资了东方梦工厂、中国好声音、百视通等，该基金的规模为 10 亿元左右。第二只基金是张江文控于 2012 年作为有限合伙人参与的海通文化产业股权投资基金，管理团队由海通证券投资团队担任，具备良好的投资和退出渠道。该基金规模 20 多亿元，张江文控出资 5000 万元，自 2012 年开始投资，目前已逐渐进入回收的退出期。第三只基金是 2016 年张江文控与湖南卫视芒果 TV 等投资机构，联合成立的总额为 5 亿元的骅伟股权投资基金，该基金规模初定为 5 亿元，瞄准"文化＋科技"领域种子期、初创期项目。在充分吸收借鉴前面基金的经验和教训的基础上，张江文控确定了以下几大投资原则。首先，国有资金不控股。据悉，两家有限合伙人合计占股比 40%，而剩余 60% 资金完全由市场化募集资金组成；普通合伙人管理团队由专业投资团队组成，团队募集的资金必须为非国有资金。其次，改善投决会机制。张江文控和湖南卫视要求必须进入投决会席位。张江文控一方面，培养自身的投资人才；另一方面，将发现的优质项目推荐给投决会，最终的项目投资由管理团队决定。由此，张江文控形成了"文控系基金"，覆盖创业企业的全生命周期，并实现滚动投资目标，以"创 e 空间"品牌为载体打造系统的创业服务体系，再通过参与基金的方式分享企业成长带来的收益。

案例三　杭州动漫游戏产业发展的做法和启示

浙江杭州动漫游戏产业，已基本形成了一条动漫研发、创意和制作、产品加工、商业运营和衍生产品开发的上中下游产业链，开始步入产业化、集约化、规模化发展之路。杭州市动漫游戏产业发展持续上升。据统计，杭州市现有动漫游戏相关企业 270 余家，其中动画企业 49 家，漫画企业 30 家，游戏企业 137 家，相关企业 50 余家，从业人员 1.24 万人，同时形成了 1 家主板上市企业，1 家创业板上市企业和 10 余家新三板挂牌企业的产业集群。2019 年动漫游戏产业营收实现产值198.2亿元,上缴利税5.8亿元。杭州的做法对于各地发展文化产业具有一定的借鉴意义。

1. 政策规划强力引导

为打造"动漫之都",促进高新技术产业与现代文化产业发展,提升城市综合竞争实力,杭州市政府早在2005年就编制了《杭州市动漫游戏产业发展规划(2006—2010)》,2005年第一届动漫节成功举办后,杭州市政府出台了《关于鼓励和扶持动漫游戏产业发展的若干意见》,对动漫企业的各项补助奖励作出明文规定。比如规定"凡在本市申报、国家广电总局批准的原创动画片、经评审的优秀作品,在地方级以上电视台播出的每分钟奖励企业500元;在中央台播出的每分钟奖励企业1000元;在境外主流媒体播出的每分钟奖励企业1500元。"2007年、2010年和2014年,杭州市政府又接连在扶持政策上作了细化和补充,保证了对杭州动漫企业持续不断的政策支持。从2010年起,杭州市政府每年安排7000万元专项资金,用于补助动漫游戏企业。2017年,杭州市又推出了《关于推进杭州市动漫游戏产业做优做强的实施意见》(简称"动漫新版18条")和《持续推动杭州"动漫之都"建设行动计划(2018—2020年)》,从政策和规划等宏观层面引导产业发展;同时,配合杭州打造"电竞之都"战略,着手撰写《杭州电竞产业发展报告》,以摸清电竞产业发展状态,为下一阶段推进电竞产业发展打好基础。一系列动漫扶持政策,为杭州市动漫产业发展创造了良好条件。

(1)编制发展规划,明确发展方向和重点。

为打造"动漫之都",促进高新技术产业与现代文化产业发展,提升城市综合竞争实力,杭州市政府在2005年编制了《杭州市动漫游戏产业发展规划(2006—2010)》,确立用5年左右的时间初步培育和完善动漫游戏产业链,并以杭州高新开发区动画产业园和杭州数字娱乐产业园等基地为核心形成产业聚集,从而带动杭州市动漫游戏产业以及相应消费市场的快速发展。

在杭州市动漫产业发展规划的基础上,杭州市高新区为加快国家动画产业基地的快速发展,先后组织了中国美术学院、浙江大学和浙江省经济规划研究院等方面的专家、学者编制了《杭州国家动画产业基地发展规划》,提出了三年打基础、筑雏形,六年上水平、争优势。按照"政府推动、企业主体、市场运作、分步实施"的原则,把动画制作、数字影视、动漫游戏衍生产品等产业作为重点发展领域,逐步把动画产业基地建设成为杭州"动漫之都"的产业核心区和示范区,国内一流的集创作、研发、生产、孵化、培训、交易、运营为一体的综合性数字娱乐带动区,全国动画产业的核心基地和动画企业集团总部集聚地之一,国内动画游戏产业内容制作加工输出中心之一。

(2)制定三级联动政策,引导产业健康发展。

杭州市已形成了省、市、区三级联动的政策扶持体系。2004年12月,杭州市高新区出台了《杭州市高新区关于鼓励和扶持动画产业发展的若干意见(试行)》。该意见共10条,主要是对动画产业的领域范围、入驻基地的企业条件、扶持政策、奖励办法等做了明确规定。2005年5月,浙江省广电局下发了《浙江省动画创作生产奖励扶持办法(试行)》,该办法重点鼓励动画原创与品牌化建设,并明确从2005年开始设立浙江省动画创作专项资金,扶持、奖励优秀动画创作与生产。2005年10月,杭州市政府发布了《关于鼓励和扶持动漫游戏产业发展的若干意见(试行)》,该意见从资金、税收、工商、土地以及人才引进等五个方面提出促进动漫游戏产业发展支持政策。2006年,杭州市委、市政府两次表彰动漫企业,奖励金额达到1516万元。杭州市的一些城区积极组建机构,负责动漫游戏产业基地建设和产业发展。比如杭州市高新区为推动动漫、游戏两大新兴产业发展,专门成立了"国家动画产业基地建设领导小组",负责基地建设和产业发展;同时高新区还邀请国内外知名专家、学者组织"国家动画产业基地专家咨询委员会",充分利用"外脑",进行科学规划和决策;高新区管委会、政府还专门抽调宣传文化和产业发展等相关部门人员设立了"动画产业基地办公室",具体负责基地建设、招商引资和管理协调等日常性工作。

(3) 搭建服务平台,为产业发展提供充足动力。

为加快杭州市动漫产业的发展以及扶持中小企业的发展,杭州市政府以三大基地为基础,着力搭建五个平台,即研发平台、产业支撑平台、投融资服务平台、人才培养平台和后勤服务平台。其中,研发平台主要是利用国家动画教学研究基地——中国美术学院以及其他高校的学者、专家优势资源,进行产业开发、产品设计、技术服务等;产业支撑平台主要是与动漫游戏制作相关的3D等应用软件开发以及动漫游戏增值服务平台;投融资服务平台主要是针对动漫制作融资难的实际,通过中小企业贷款担保公司,加大担保支持力度,积极与国内民营资本、海外银行和风险投资机构沟通,协调企业的投融资事宜;人才培养平台主要是鼓励和支持中国美术学院、浙江大学等10余所高校在基地建立技术研发、人才培训和教学实践基地,为企业发展提供人才支撑和技术服务。

(4) 推出动漫新政和行动计划,引导产业持续走在前列。

2005年,杭州率先在全国范围内推出了城市动漫产业政策,接下来的几轮修订完善,杭州都一直保持着全国动漫游戏产业政策的领先水平。时隔三年,杭州再次推出了动漫游戏产业新政。2017年,杭州推出了《关于推进杭州市动漫游戏产业做优做强的实施意见》和《持续推动杭州"动漫之都"建设行动计划(2018—2020年)》,从政策和规划等宏观层面引领产业发展。"动漫新政18条"主要涉及鼓励精品力作、鼓励开拓海外市场、鼓励开展资本运作、鼓励做强公共服务四大板块。新政自发布以来,受到了企业、院校、机构的多方肯定。

2. 平台建设日益丰富

2017年,杭州成功举办了第十三届中国国际动漫节、MIP China 杭州·国际影视内容高峰论坛、杭州电竞峰会等一系列专业节展和商务对接活动,即将投入试运营的中国首个动漫主题博物馆——中国动漫博物馆也在全速推进。围绕动漫产业发展,杭州以国内领先、国际一流为标准,不断打造节展、商务、电竞等平台。其中,第十三届中国国际动漫节设立了1个主会场和16个分会场,围绕会展、论坛、商务、赛事、活动五大板块组织实施了59项活动,共吸引了82个国家和地区参与,2587家中外企业机构、5600多名客商展商和专业人士参展参会;实际成交及达成签约交易、意向合作项目986项,涉及金额130.12亿元,共有139.45万人次参加了动漫节各项活动。影视内容高峰论坛是戛纳电视节首次在中国举办的专场活动,活动由一对一业务洽谈和专业会议两大板块组成。一对一业务洽谈为来自美国、英国、法国、西班牙、德国、俄罗斯、加拿大、日本、印度、新加坡等18个国家和地区的80家中外影视企业定制了400场预约洽谈;专业会议吸引了艾美奖、金球奖获奖制片人等20位国际内容制作产业领军人物,进行了20场演讲,共有133家影视制作机构的251位中外代表慕名聆听;电竞峰会则将电竞与娱乐、餐饮、购物、影视等泛娱乐产业结合,把粉丝群体从线上带到线下固定的场所,打造全新生活方式。

3. 动漫深入日常生活

为进一步展示杭城动漫特色文化魅力,体现城市动漫文化氛围,倡导生活动漫化,工作动漫化,打造永不落幕的动漫节,2017年杭州市文创办(市节展办)推出了国际漫画展巡展、动漫小唱将、西湖明信片大赛、动漫萌宝秀、动漫毅行、COSPLAY文化节等一连串活动,打造了动漫地铁、乌龙院动漫主题肯德基餐厅等一系列"动漫＋"概念。国际漫画巡展带着500余幅国内外经典漫画深入富阳、桐庐等5个县(市、区),将动漫节的浓厚氛围延伸至县市;动漫小唱将活动吸引了来自法国、土耳其等国的小朋友积极参与,总投票数突破100万人次,总浏览量近1000万人次;动漫萌宝秀连续多年举办,已经形成品牌效应,带动了杭城各大媒体、企业纷纷效仿;西湖明信片大赛吸引了杭州市206所中小学校及培训机构参加,创造了参赛学校和人数新高。与此同时,杭州城区"电竞小镇"为城市的动漫游戏氛围营造又添上了浓厚的笔墨。

4. 组织动漫会展,提升国际国内影响力

2017年,杭州举办了丰富多彩的动漫活动,满足各年龄阶段动漫爱好者的需求。2017国际(杭州)动漫毅行大会吸引了1.5万人参与,动漫人偶、动漫Coser、动漫爱好者组成的表演队伍成为全场焦点,六个巨型卡通气球装点气氛,动漫合影墙、动漫加油牌成为市民互动留影的场所。

2017年4月26日,第十三届中国国际动漫节在杭州滨江白马湖动漫广场举办。该动漫节以"国际动漫,拥抱世界"为主题,为期6天的展会,吸引了来自美国、英国、加拿大、法国、意大利等82个国家和地区的企业机构参展参会参赛,Google、Facebook、迪士尼和梦工厂、BBC少儿频道等国外知名企业亮相动漫节,139.45万人次参与动漫节的各项活动,项目金额和现场销售额超过153.28亿元,各项指标再创历史新高。

5. 推动杭州动漫"走出去",积极开拓国际新市场

杭州动漫"走出去"和"请进来"的道路越来越宽广。2017年,全球最大影视内容交易品牌——法国戛纳电视节(MIP)牵手杭州,举办首届"MIP China 杭州·国际影视内容高峰论坛",杭州以动漫为载体继续讲好"中国故事",并将这些好故事带到了更远的地方。2017年,由中国国际动漫节节展办公室牵头组织或资助扶持杭州动漫游戏企业参展、参会、参赛遍布了全球11个国家和地区,征程25万公里,洽谈意向合作和签约金额超过1亿美元。博采传媒的动画电影《昆塔2:反转星球》在美国主流影院上映,同时进军意大利、哈萨克斯坦、中东等海外市场;翻翻动漫的漫画作品《拾又之国》登陆日本销量领先的《少年Jump》漫画杂志,动画项目由日本最大的漫画出版集团集英社参与联合制作,并邀请了《火影忍者》系列导演伊达勇登亲自执导;杭州漫奇妙动漫公司创作的动画片《洛宝贝》邀请了英国威尔士最大的动漫制作公司布猫动画专家参与制作,并与加拿大知名的"九故事"传媒集团签约,该公司负责《洛宝贝》的海外发行。通过"动漫万里行"的品牌活动进一步讲好"中国故事",传播杭州文化,提升城市影响,努力成为杭州建设独特韵味、别样精彩世界名城的新亮点。

6. 强强联手举办电竞峰会,积极打造"电竞之都"

2017年,杭州与互联网巨头——腾讯强强联手,首次举办了业界高水平的杭州电竞峰会,行业主管部门、学界专家、战队负责人齐聚杭州,为电竞产业未来发展出谋划策。2017年,国内首家专业电竞俱乐部线下主场馆——LGD电竞影视文化中心在杭州电竞小镇开业,它将电竞与娱乐、餐饮、购物、影视等泛娱乐产业结合,把粉丝群体从线上带到线下固定的场所,打造了一种全新的生活方式。余杭区正联手顺网科技,着手建造全国首个网游小镇。同时,杭州将围绕产业布局和产业链上下游出台相关配套政策,积极打造"电竞之都"。

7. 打造动漫教室文化礼堂，动漫文化城乡共享

2017年，以"国际动漫·美丽乡村"为主题的中国国际漫画展带着500余幅国内外经典漫画巡展富阳、桐庐等5个区、县(市)，将动漫节的浓厚氛围延伸至区、县(市)。2017年，市节展办携手杭州阿优文化公司，为淳安县汾口镇唯一一所建在村里的龙山小学修建了窗明几净、充满卡通形象、动漫书籍林立的动漫教室；帮助射墩村文化礼堂因地制宜开设了一片供孩子们观看动画片、阅读卡通书、嬉戏玩耍的动漫角，并捐赠近千册图书及音像制品，让动漫走进乡村，丰富留守儿童的文化生活，满足村民需求，实现城乡文化共享。

案例启示

从曲江创客大街、张江文化创意产业园、杭州市动漫产业发展的案例可以看出，政府在职能定位、市场搞活、人才开发方面作出了有益的尝试。

1. 政府应如何作为？

文化创意产业的发展需要政府的培育与政策的导向，这已经成为世界各国文化产业发展的共识，毫无疑问，各地文创产业的快速发展离不开政府引导和积极推动的作用。

政府是为文创产业发展保驾护航的，在这里，政府不必面面俱到、事无巨细的全面管理，而是要重点作好顶层设计、制度安排，为文化创意产业的发展创造良好氛围与发展空间，引导文化创意产业在市场的大浪淘沙中形成适合自身特点的运行模式，找到明确的发展方向，通过政府力量撬动社会力量参与文创，为文创发展搭建完善的市场体系，才是政府在文化创意产业发展中应当实现的最佳效果。

2. 市场如何全方位盘活？

第一，需要充分释放企业的活力，为企业发展提供支持，创造企业的成长空间。在文化创意产业发展过程中，要给予文创企业充分发展的动力与空间。第二，要通过对园区、集聚区、功能区的有效规划为文化创意产业发展助力。集聚发展是文创产业发展的重要特点，集聚的力量对于市场的盘活作用不可小觑。在未来，文化产业园区、集聚区的发展更要找准定位、丰富内涵、完善服务，形成自身的核心竞争力，实现自身的转型升级，进而全面盘活市场资源，推动文创产业质变的实现。第三，要健全投融资支持体系。文化创意产业是资本密集型产业，资金是企业的根本血脉，而文化投融资体系则更是文化市场的重要组成部分。投融资体系的建立健全需要大胆创新，需要整合撬动各方力量，而这一过程离不开政府、社会资本、金融机构的协同创新。

3. 人才如何为我所用？

想象力、创造力和知识积淀是创意产业存在的先决条件与发展基础，而满足这一条件的主体就是人，文化创意产业的高速发展离不开人才的驱动，更离不开政府制定的人才政策。文创的发展要立足长远，对文创人才的引进也不能急功近利，人才不是工具，他们需要生活，需要安全感，需要得到宽容和尊重，更需要得到自身价值发挥的空间与氛围。因此，人才的为我所用，需要以人为本，长远谋划，战略部署人才策略，解决好人才关怀的最后一公里，这样才能够真正将文化创意产业的人才资源盘活，为我所用，真正发挥出人才，尤其是领军人才的"场效应"。

视角十

骨干文化企业培育

拓展与更新

骨干文化企业是一个国家和地区文化产业综合实力和竞争力的集中体现。骨干文化企业的发展程度是衡量国家文化产业发展水平的进度表,拥有一批主业突出、核心竞争力强、市场占有率高的大型文化企业集团,是文化产业发展实力和水平的标识。大力培育骨干文化企业有利于满足公共文化的需求,有利于把握文化产业发展重大战略机遇、加速实现文化与科技深度融合,更有利于应对日益激烈的国际文化竞争、推动中华文化走出去。

国有文化产业作为社会主义文化建设的主力军,近年来进入快速发展的新时期,《国有文化企业改革发展报告(2019)》显示,国有文化企业资产和经营规模不断扩大,截至2018年底,全国国有文化企业共计1.7万户,从业人员142.4万人;资产总额5.3万元,所有者权益2.5万亿元,分别同比增长15.4%和11.7%;全年实现营业总收入1.5万亿元,利润总额149.1亿元,分别同比增长0.1%和0.7%。

2009年7月22日,我国第一部文化产业专项规划——《文化产业振兴规划》由国务院常务会议审议通过,该规划指出"着力培育一批有实力、有竞争力的骨干文化企业,增强我国文化产业的整体实力和国际竞争力。坚持政府引导、市场运作,科学规划、合理布局,在重点文化产业中选择一批成长性好、竞争力强的文化企业或企业集团,加大政策扶持力度,推动跨地区、跨行业联合或重组,尽快壮大企业规模,提高集约化经营水平,促进文化领域资源整合和结构调整。鼓励和引导有条件的文化企业面向资本市场融资,培育一批文化领域战略投资者,实现低成本扩张,进一步做大做强。"

十七届六中全会通过了《中共中央关于深化文化体制改革推动社会主义文化大发展大繁荣若干重大问题的决定》,并提出在"十二五"期间要让文化产业成为国民经济的支柱性产业。党的十八届五中全会通过的《中共中央关于制定国民经济和社会发展第十三个五年规划的建议》提出,推动文化产业结构优化升级,发展骨干文化企业和创意文化产业,培育新型文化业态,扩大和引导文化消费。

2015年9月,中共中央办公厅、国务院办公厅印发《关于推动国有文化企业把社会效益放在首位、实现社会效益和经济效益相统一的指导意见》,该意见强调,文化企业提供精神产品,传播思想信息,担负文化传承使命,必须始终坚持把社会效益放在首位、实现社会效益和经济效益相统一。推动企业做强做优做大,着力提高规模化集约化专业化水平,推动国有文化企业加快公司制股份制改造,转变发展方式,强化导向管理,全面提质增效,打造一批核心竞争力强的国有或国有控股骨干文化企业,使之成为文化市场的主导力量和文化产业的战略投资者。

文化部(现文化和旅游部)2017年全国文化产业工作会议暨全国文化产业工作培训班在江苏省苏州市召开,会议正式发布了《文化部"十三五"时期文化产业发展规划》,在市场主体建设方面,一方面要培育骨干文化企业,发挥骨干文化企业的引领和示范作用,打造文化产业"航母";另一方面要大力支持中小微文化企业,增添文化市场活力,同时推进文化产业园区建设。

培育一批骨干文化企业,推动文化产业规模实力迅速壮大、质量效益显著提升,要让文化企业特别是国有文化企业及时认清形势,跳出过去依赖政策的传统企业发展思维,充分把握当前产业发展所面临的内外部机遇和挑战,解放思想,大胆创新,引导文化企业加强内容创意、科技创新,深化品牌建设,建立体现自身独特优势、可持续的经营模式,提升核心竞争力。

案例一　中南传媒究竟做了什么，竟然上了《焦点访谈》？[①]

中南出版传媒集团股份有限公司（以下简称中南传媒）作为位居国内出版第一方阵的强势出版传媒集团，目前主管主办和运营有2报3网17刊。集团加速传统媒体与新媒体融合步伐，"红网时刻"新闻客户端用户已达1300万，《快乐老人报》两大微信公众号——"新老人"和"国医大师健康"，粉丝均超过100万。不断创新媒体业态，延伸产业链条。针对中老年人，中南传媒创办了《快乐老人报》，发行量突破200万份，力求打造中国第一老年传媒集群；针对青少年，创办了《十几岁》杂志，致力打造青少年全媒体教育资源聚合平台，目前拥有《十几岁》杂志、网站、微信、App以及潇湘小记者俱乐部等主打产品。2017年《焦点访谈》对中南传媒坚守主业、注重社会效益的发展思路和实践进行了专题报道，引起了业界的普遍关注。

1. 编有价值的书

"走向世界丛书"是中南传媒近年来出品的众多"大书"之一，由著名出版家、文学史家、岳麓书社原总编辑钟叔河先生任主编，历经37年编辑，收书65种，多达1400多万字，展现了早期中国人走向世界、认识世界、记录世界、接纳世界的艰难历程。20世纪80年代，这套书先后出版了35种共10册，轰动一时，还得到了钱钟书先生生平唯一一次主动作序。该书原本计划再编辑出版65种，但因为种种原因，并没有能够面世。直到2013年，事隔30年后，岳麓书社开启了续编计划。这并不是一套大众畅销书，所需编辑时间较长，可以预见其市场效益并不会太好，然而，岳麓书社依然决定不计成本地将其出版。

30余年之后，在主编钟叔河已80多岁高龄，当时编辑团队大多都已退休之际，这部书的编辑出版重任落到了岳麓书社鄢蕾和其他年轻编辑的身上，巧合的是，鄢蕾的父亲鄢琨正是当年参与那10册初编版的编辑之一。批注、校对、索引、译名翻译，工作琐碎，但鄢蕾同其父亲一样，潜心钻研古文，从接手续编到最终出版，整整四年时光。对于一名图书编辑来说，书出版出来才是价值的体现，才能够获得经济效益，但像"走向世界丛书"这样的大部头书，如何才能让编辑踏踏实实全身心投入？依靠的正是岳麓书社以及所属中南传媒内部根深蒂固的"编有价值的书，把社会效益放在首位"的理念。

中南传媒运用多种方式鼓励出版社编精品，一方面，在集团层面设立重大出版工程专项资金，对重点项目给予资金配套，两次运用上市超募资金给出版社资金补充，支持出版社做强做精图书。另一方面，在社会效益优先的前提下，中南传媒建立了差异化考核体系，突出社会效益考核，对出版社利润年增长率考核目标降到了2%左右，一些出版社甚至可以零利润增长。中南传媒董事长龚曙光说："作为一个出版人，社会效益必然要摆在首位。因为书是给人读的，是会影响人向善或者是向恶，尊重科学或者是向往迷信的。所以，这是作为一个内容提供商最基本的、最应该坚守的，我觉得这应该是一种自律。"

正因为这样，中南传媒才能够打造"湖湘文库""延安文艺大系""历代辞赋总汇""走向世界

[①] 商务君. 中南传媒究竟做了什么，竟然上了《焦点访谈》？[EB/OL]. (2017-07-24)[2019-10-12]. http://www.cptoday.cn/news/detail/3787.

丛书"等一批有集成意义的重点文化工程图书,获得的各种出版奖项数量位居全国前列。

2. 原创是核心竞争力

2017年1月,中南传媒旗下湖南文艺出版社(简称"湖南文艺社")出版了大型报告文学——《袁隆平的世界》,书中全面、深刻展现了著名杂交水稻科学家袁隆平的人生世界、科学世界、精神世界。当时,市场上同时期已经有二十多本关于袁隆平的书,湖南文艺社为什么要在这样的时候出这样一本书?最直接的原因就是四个字——"坚持原创"。

湖南文艺社对市面上与袁隆平有关的每一本书都进行了精心研读,发现还没有一个全面报道袁隆平的作品。《袁隆平的世界》并非编辑整理而成,而是一本原创报告文学。从立项到约稿,中间不断沟通,作家实地采访,反复核实考证,长达四年多的原创过程并不容易,和编辑现有版本相比,市场风险也大很多,但是,湖南文艺社依然选择了做原创。该书中,有袁隆平青年时代刻骨铭心的初恋,有团队探索的艰辛和喜悦,有杂交水稻科学探索历程的第一次公开,有转基因疑云的辨析与厘清。而最后的市场反应也表明,这样一部包含着心血的原创报告文学,广受读者欢迎,首次印刷的34000册销售一空,后加印6000册,并得到了文学界、科学界的一致高度评价。

文学,是湖南文艺社的立社之本;原创,是其核心竞争力。坚持原创文学,培育原创作家,是湖南文艺社的重要发展战略,该社也被称为"南中国原创文学基地",从这个基地中,孵化出了大量畅销书,销售额以年均28%的速率递增。"原创之春"是由湖南文艺社打造的原创品牌,出版了上百部原创精品,成功发布和推介过《青瓷》《红袖》《大清相国》《机器》《命运》《活着之上》等一批畅销和获奖图书,聚拢了众多一线名家,已成为全国出版界和阅读界的风向标,这些原创精品虽题材不同,形式不同,但都关乎人民和时代。

3. 以教育信息化服务全球

无论是出好书,还是推原创,当下出版业面临的一个巨大挑战就是来自互联网数字化的冲击。纸质书的读者在慢慢减少,数字化浅阅读行为在增多,如何把读者留住,是摆在出版机构面前的一大难题。中南传媒旗下的出版社纷纷在数字化方面进行了探索。在四大名著的每一个章节旁印上二维码,读者只需扫一扫就可以听到来自国内名家的精彩演绎;而在教辅书上,每一题后的二维码都对应了生动的解题方法。

中南传媒旗下湖南教育出版社(简称"湖南教育社"),近年来一直致力于真正实现"因材施教",达到让教育更轻松、学习更高效的目标。湖南教育社拥有30多年教育出版底蕴及全国市场3000万教材教辅用户,如何将这样庞大的用户基础,转化为数字资源的用户主体?贝壳网的尝试给出了答案。通过贝壳网的平台,湖南教育社已将一些重点图书品种进行了数字化内容转化,以二维码为入口,用精准优质的数字资源支撑并丰富原有教材教辅,实现传统出版物的富媒体升级。贝壳网作为该社旗下的数字出版融合平台,可以通过在线测评系统,将学生按照系统成绩分成不同层次,同时为每个层次生成相对应的个性化教案,从而提供更快速、高效的课后辅导与教学解决方案;还能提供与教材精准配套的备课资源,由专业学科编辑按课标要求筛选,"一课一网"的资源封装形式全流程覆盖课前备课、课中教学和课后拓展所有相关教学资源,极大减轻了教师的备课负担。通过书网融合,中南传媒提高了传统纸质出版物的附加值,市场也更加稳固了,学生对产品的美誉度也提高了。

除了传统的版权贸易,中南传媒还开创了一种对外传播的新模式。中南传媒为南苏丹印制课本,而印制课本只是中南传媒对南苏丹综合性教育援外项目中最基本的一项内容,而正在筹划中的,还有组织全国最好的教师团队为南苏丹的小学英语、数学和科学三个科目量身打造成体系的教材。整个的教材体系的建设,包括整个教材的编写,是完全按照南苏丹指定的教育部的专家和他们人员的要求来编写的。这样使得中华文化的输出产生持久的力量,甚至会影响一代又一代的学生和教师,这样就可能形成中华文化在这样一个国家长久生根发芽的可能性。

4. 编辑好书,传承文明

对于一个上百亿规模的大型企业来说,是选择专业发展还是多元发展,是世界上所有大企业的难题,究竟要不要把鸡蛋放在一个篮子里?这也是众多出版机构,特别是大型出版集团发展过程中都会面临的问题。中南传媒经过反复论证,依然决定选择以出版为核心,严格控制在文化传媒产业领域的发展战略,坚守出版主业,无论是资金,还是投资项目都向出版主业倾斜,而在内部管理上,不论是鼓励潜心编巨著,还是激励原创,或者是融合发展,都以编辑好书为导向。这样的坚守主业,带来的是中南传媒利润年均增长近20%,市值居出版上市公司首位。中南传媒连续九年入选全国文化企业30强,源于其始终把社会效益放在首位,始终坚守出版主业。坚守出版主业,需要保持战略定力,深耕文化传媒产业;需要推进资源聚焦,把资金和项目向主业集中;需要强化统筹引导,对导向管理、内部资源进行整体安排。这样来看,做好主业并不容易,需要耐心、恒心和信心。但只有把主业做好,才能出更多的精品力作,才能更好地传承文明、传播科学、传输正能量,实现社会效益和经济效益的双赢。

案例二 陕西旅游集团大踏步迈上丝绸之路新航程[①]

陕西旅游集团有限公司(简称陕旅集团)作为陕西省发展旅游业的龙头企业,连续五年来经营收入和利润分别以30%和60%的增加速度高速攀升。在国家确立"一带一路"发展战略之际,陕旅集团提出向丝绸之路旅游文化产业的新航程大踏步进军的战略思路,积极探索与丝路沿线省份、国家的合作共赢方式。这是一家老国企从亏到盈的智慧反转,也是对新形势老优势研判后的坚定转型;这是一家旅游企业对文化的执着坚守,也是面向"一带一路"新航程的自信与豪迈。

陕旅集团成立于1998年,是一家处于完全竞争领域的老国企,历史包袱重,2011年前连续三年亏损。自2011年以来,集团班子调整思路,勇于担当、锐意创新、敢为人先,五年里集团逐步整体扭亏为盈并持续盈利,资产规模增长近5倍,突破100亿,拥有2家挂牌上市公司,重大项目推进有力,管理改革突出重点,企业影响力持续提升,迈上了发展新台阶。2017年4月28日,在陕西省庆祝"五一"国际劳动节暨表彰省劳动模范大会上,陕旅集团被省委、省政府授予"陕西省先进集体"荣誉称号。

1. 创新思路,大格局实现企业再转型

作为成立二十多年的传统旅游企业,酒店、餐饮、旅行社等老版块旅游服务企业和人员众

---

① 柴巍.陕旅集团大踏步迈上丝绸之路新航程:陕西旅游集团有限公司荣获"陕西省先进集体"侧记[N].陕西日报,2017-05-03(08).

多,西安宾馆、唐城宾馆、东方大酒店、汽车公司等下属企业曾长期亏损,这些沉重的历史包袱在很长一段时间里严重阻碍着陕旅集团的发展。2008—2010年三年集团整体连续亏损,日常账面资金最低时只有4万元。

面对这样的困难局面,集团领导班子唯一要做的是,先奋力把业务做上去,走出险境,然后再图发展。说起来容易做起来难,这不仅需要智慧和创见,更需要情怀和胆略。2012年初对市场和经济走势研判后,陕旅集团提出了"传统旅游与新兴业态并重,两条腿走路"的创新发展思路,成立重大项目领导小组并由时任总经理任组长、纪委书记任副组长,不要集团一分钱,也不带走任何资产,着手发展陕旅地产新版块。项目组提议设立并带领集团下属西安公司开始了金旅城-四海唐人街项目的开发建设,以职工"安心工程"住房为途径实现"自救"。

2012年9月,在银行不愿贷款、政府短期不可能增加资本金的情况下,陕旅集团成功募集的启动资金6.9亿不仅解决了职工住房问题,而且从此缓解了企业现金流紧张的局面,促进了集团的转型发展。

2. 锐意改革,释放机制与人才发展新活力

从2013年开始,集团公司牵头强力推进体制改革创新,经过两年多的改制重组、业务整合,目前7大产业集团、47家三级企业齐头并进,"三级架构、两级管理"管控模式落到实处。在资源整合、项目合作方面,陕旅集团目前已逐渐探索出"资本＋资源＋全产业链整合重组",以"一业兴"促"百业旺"的"大陕旅"模式。同时在几家三级企业引入员工持股平台和优质战略合作伙伴,形成了轻重分离的混合所有制改革模式。

按照提质增效和追赶超越要求,陕旅集团五年来实现系统内盈利企业从6家增加到16家,亏损企业从10家减少到4家,特别是原有的西安宾馆、唐城宾馆,在亏损运营了30多年后,从2014年陆续实现首次盈利,并稳定持续发展。五年来集团总资产增长5.8倍,净资产增长5.4倍,利润增长近13.7倍,每年都超额完成省国资委下达的目标任务。

与此同时,在中共陕西省委组织部和省国资委的全程指导与积极参与下,陕旅集团敢为人先,为了集团转型发展引入高素质人才、建立专业化管理团队,在省国资系统首批公开市场化选聘职业经理人,为全省国有企业人事制度改革起到积极的示范效应。集团公司中层干部层面建立了以内部竞聘为主、外部招聘为辅的选拔和管理机制;集团公司员工市场化、年轻化、高学历化的人才战略全面推进。

3. 项目带动,构建全域旅游产业发展格局

为贯彻落实陕西省政府《关于实施项目带动战略促进文化产业发展的意见》战略部署,从2013年下半年开始,逐渐走出低谷、昂扬向上的陕旅集团,现已形成了涵盖"陕北红色旅游＋关中黄土文化＋陕南绿色生态"的全省"王"字形大项目建设带动格局,从而拉开了集团旅游全产业链发展的骨架。

截至2017年底,陕旅集团积极承担了全省30个省级重大文化项目中7个项目的规划建设工作,总投资约248.5亿元。其中的文安驿、诸葛古镇、白鹿原、圣地河谷金延安项目已相继建成开放运营。同时,自身谋划项目多点开花。仅2016年,就有三个项目顺利完成:金旅城-四海唐人街2017年4月实现交房,少华山潜龙寺二期5月建成开放,航天城豪布斯卡总部大楼年底顺利封顶。

在发展新兴产业和填补短板方面,集团下属骏途旅游网三年来年均翻三倍、已挂牌新三板;陕西旅游产业基金设立不到三年管理规模已超220亿;骏景索道业务拓展至4省区;延安通航公司组建并成功首飞。这些新老项目建设的融合推进,有力地推动了全省文化旅游产业的布局平衡、结构调整和跨越式发展。

4. 敢于超越,助推企业核心竞争力走出去

近年来,陕旅集团依托自身核心优势,着力加大以下三个方面的走出去步伐。一是依托太华索道技术优势,加大以骏景索道为代表的技术走出去。二是依托互联网技术和资本优势,积极拓展产业投资和智慧旅游,加大以骏途网、中金旅公司为代表的资本走出去。三是积极响应国家"一带一路"倡议部署,深入贯彻陕西省政府工作报告中提出的"推广长恨歌模式"任务,在先后打造《出师表》《延安记忆》《12·12》《法门往事》等演艺集群新项目的同时,积极筹划推出广西《烟雨桂林》、三亚《红色娘子军》等新实景演出,加大以集团子品牌朗德演艺为代表的旅游文化输出。尤为值得一提的是,陕旅集团还打破了制约中国演艺产品在海外推广的瓶颈,将实景演艺带出国门、挺进"丝路"。目前,威尼斯《马可波罗》项目已完成选址立项,已进入收购商务谈判阶段,美国夏威夷和加拿大尼亚加拉项目也进行了市场调研。

5. 勇于担当,品牌和社会影响力大幅提高

"山里孩子看古都"大型爱心公益活动、"微公益新空气一起行"为主题的华清宫骊山大学生登山环保公益活动、"温暖2015"汽车后备厢公益义卖活动、"纪念抗战胜利70周年暨西安事变特展"、"文明旅游,我们在行动"等各项公益活动的尽数落地是陕旅集团在确立"文化、欢乐、慈善"发展理念后践行国企社会责任的一次次生动写照。

2015年,陕旅集团又积极落实中央和陕西省相关扶贫会议精神,启动"山花工程"乡村旅游扶贫大型公益活动。目前,"山花工程"首批受益的延安市延川县文安驿古镇、汉中市勉县诸葛古镇、西安市蓝田县白鹿原影视城、商洛市丹凤县棣花古镇等六个村镇已经分别和陕旅集团相关项目公司签约,近3000农户1万余村民将逐步接受旅游专业学校的培训;咸阳市旬邑县西头村旅游扶贫发展项目实质性落地;后续批次的乡镇扶贫工作也正在紧锣密鼓地前期调研中。

功夫不负有心人。正是这些旅游帮扶和公益善举的不断践行,让陕旅集团的行业影响力和社会美誉度不断提升。集团公司获得"2015年度中国百强旅游投资企业"称号,"陕旅"汉字商标被成功认定为中国驰名商标;圣地河谷等六个项目入选全国旅游优选项目;《长恨歌》国家标准获批,并被评为国家"驰名商标";太华索道公司荣获中国索道协会颁发的"安全生产标准化一级企业客运索道";延安公司荣获"全国旅游系统先进集体",《延安保育院》获评第十一届中国艺术节优秀展演剧目;陕西中国旅行社2015、2016两年蝉联全国百强旅行社,并成为全国旅行社协会副会长单位。

6. 不忘初心,牢抓党的建设工作保证发展

在不断发展和壮大旅游全产业链的过程中,作为省属大型国企的陕旅集团始终不忘牢抓党建工作,认真落实党建主体责任,把加强党的领导和完善公司治理统一起来,推进集团党委及系统内企业党委和总支;扎实推进党的群众路线教育实践活动、"三严三实"专题教育、"两学一做"学习教育,以实际行动贯彻落实习近平总书记系列重要讲话精神、对陕西提出的"追赶超越"定位和"五个扎实"重要要求。

站在新的历史起点上,陕旅集团应肩负起做优、做强、做大陕西文化旅游产业的重任,"跳出城墙思维",以站在秦岭之巅的姿态,冲向全国优秀旅游集团第一方阵,从而早日实现"总收入过百亿、力争进入全国旅游行业前20强"的阶段性目标。

案例启示

培育骨干文化创意企业,推动骨干文化创意企业发展壮大需要从以下几个方面入手。

1. 做好文化产业的顶层设计,着力深化改革与制度建设

我国文化产业发展正在进入实质性拐点和一个新的发展周期,即从"政策红利期"走向深化改革的"制度红利期"。骨干文化企业必须尽快跳出政策依赖、资本导向和传统企业发展思维,充分把握当前产业发展所面临的内外部机遇和挑战,从建立健全现代企业制度和法人治理结构入手,进一步推进改革、改组、改造和加强管理,并在追求企业整体价值最大化的前提下,以获取和提升企业内在优势为重点,有效整合外部优势,推动企业发展战略从追求产品和业务数量的增加向品牌塑造和效益提升转型,从单纯产业链上下游整合向更高层次的平台化发展转型,从文化内容资源开发向跨界融合创新转型,真正做到向改革要红利、从市场找动力、由品牌出效益,成为导向正确、机制灵活、主业突出、实力雄厚、管理规范、运行高效、竞争力强的骨干文化企业。

2. 推动文化创意企业建立有文化特色的现代企业制度

文化创意企业必须把以文化人、以文育人摆在突出位置,避免在市场大潮中迷失方向,被市场牵着鼻子走。从企业内部讲,文化创意企业要把社会效益要求体现在企业宗旨中,内化为企业精神和发展理念,成为员工的自觉追求和行为准则,并体现在制度设置、贯穿到生产经营管理各环节和全过程。从外部环境讲,国家要在政策上兜底,确保文化创意企业有合理经济效益、职工有合理经济利益,在此前提下努力追求社会效益最大化。

3. 以"文化+"理念推动文化、科技、旅游等融合发展

随着我国新型工业化、信息化、城镇化进程的加快,"融合"被认为是文化产业发展方式转变的重要手段,将成为"新常态"形势下的重要发展态势。随着产业发展的相互融合和渗透,文化企业必将实现经营业态的多元化。在互联网的大背景下,骨干文化创意企业要跳出文化产业本身,通过文化产业与科技、金融、旅游等融合发展,创新文化业态,助推产业转型升级,建立全产业链的大文化产业发展格局。文化创意企业要不断创新商业模式,促进产品与文化的深度融合,积极推动文创产业融入人们的工作和生活,提升文化产业发展的质量和水平。"文化+"催生了文化产业新业态,凸显了文化产业发展的最新亮点和特色。文创企业要以文化为基因,以创意为翅膀,实现从传统的单一文化产品到多元、现代的文化创意产业转型升级,这样既可以拓宽文化产业的覆盖面与内涵深度,又可以增加产业附加值与竞争力。

4. 提高骨干文化企业的竞争力

提高骨干文化企业的竞争力需要以全球视野谋划和推动创新,通过各种合纵连横的方式

加快企业内部和外部的协同发展。一方面以骨干文化企业为引领,通过收购、兼并、合并、合资、战略结盟等方式和入主控股、托管、信托、租赁、发行可转换债券等产权融资方式,不断优化企业的产业结构和产能结构,逐步实现以市场要素资源配置为出发点,资本跨地域流动、资源跨区域共享的合作机制,实现跨地区、跨行业、跨所有制的兼并重组,成为市场活力大、产业链完善、辐射带动强的骨干文化企业。另一方面,在国内、国际两方面协助地方企业加大外部市场开拓力度,进一步延伸文化价值链,优化资本、产权、信息、人才、技术等要素资源的配置,成为掌握关键技术、拥有自主品牌、具备开展高层次分工合作能力的骨干文化企业。

5. 优化文化产业的发展环境与生态

文化企业快速发展,很大程度上得益于出台了一系列行之有效的扶持配套政策。要进一步加强措施保障,为文化企业做大做强、文化产业快速发展提供有力的政策支持。要努力营造有利于文化企业发展的良好政策环境,提高政策引导和扶持的针对性、实用性和可行性,在财政、税收、金融、用地等方面研究出台更加优惠的政策措施。要进一步完善市场准入政策,在确保国家文化安全的前提下,逐步降低资本准入门槛,充分调动社会资本发展文化产业的积极性,构建一个健康、有序、互动的产业生态系统,形成公有制为主体、多种所有制共同发展的文化产业新格局。要减少对文化企业经营活动的行政干预,形成宽松的发展环境,使文化企业尽快形成核心竞争力,实现可持续发展。

视角十一

文化扶贫

拓展与更新

文化扶贫旨在从文化和精神层面给予贫困地区以扶持,以提高人们的思想文化素质和科学技术水平,转变他们消极落后的传统文化观念,从而培养并提升他们发展经济的基础能力。传统的扶贫主要是从经济物质上进行辅助,而贫困地区要改变贫穷落后的面貌,既要从经济上加强扶持,更需要加强智力开发。扶贫不仅要扶物质,也要扶精神、扶智力、扶文化。

"十三五"是我国社会主义建设实现全面小康的关键阶段,全面小康的底线就是要"让每一户脱离贫困""一个都不能少"。随着以习总书记为核心的党中央提出"精准扶贫"的指导思想,我国扶贫方式由粗放型救济式扶贫向精准型综合式扶贫转变。精准扶贫旨在解决"长期以来,我国的扶贫开发存在着贫困人口底数不清、情况不明,针对性不强,扶贫资金和项目指向不准等问题"。精准扶贫是一项综合性工程,包括经济、文化、教育、卫生等全方位的扶助提升。在文化领域,文化部(现文化和旅游部)对"文化扶贫"作出了全盘部署,2015年12月联合七部委印发《"十三五"时期贫困地区公共文化服务体系建设规划纲要》,提出以均等化、标准化推进基本公共文化服务体系建设,重在"补短板、兜底线、建机制、畅渠道、促发展"。文化精准扶贫是对前期基层公共文化服务体系建设的进一步推动,可在"广覆盖、保基本"的基础上完善现代公共文化服务体系的内涵。

但我国文化扶贫工作相当艰巨,涉及"22个省级行政区、167个地级行政区、839个县级行政区、14.2万个行政村、3.26亿人口,占国土面积49.9%"。在文化扶贫工作的具体实施过程中,面临着诸多困境,如何破解文化扶贫过程中的深层次问题,积极推进文化扶贫工作,让人民群众真正享受到改革开放的文化果实,这值得深入思考和研究。

新时代我国扶贫工作对于文化精准扶贫提出了新的要求和挑战。一是如何形成文化扶贫与经济扶贫、科技扶贫、教育扶贫等工程的合力与协同发展,实现贫困地区的全面脱贫;二是文化扶贫如何做到精准识别、精准帮扶和精准管理,实现贫困居民的真实脱贫;三是文化扶贫如何发挥"他组织"与"自组织"的力量,形成"自上而下"与"自下而上"的联动机制,实现贫困地区的有效脱贫。实践表明,我国文化精准扶贫重在改善地区文化生态:在宏观层面整合教育、文化、科技等相关资源,在微观领域优化服务内容、提升服务能力,推动供需之间的有效对接,建立文化扶贫的长效机制。

在扶贫主体方面,坚持政府统筹、多方力量共同参与。文化精准扶贫是一项重大综合工程,需要坚持政府主导的原则,把政府权威与市场交换的功能优势有机结合在一起,大力引进社会资本,优化公共文化服务微观主体,建立多管齐下、广泛参与的长效工作机制,加快形成政府主导、社会力量广泛参与的多方联动共同推动文化精准扶贫建设的格局。积极鼓励和大力引导社会资金、民间资金进入农村文化市场的建设,不断拓宽农村文化建设筹资渠道。

在"互联网+"时代,"文化+"也成为一种时代趋势,单靠一种方式无法完全实现文化脱贫。因此,要建立"大文化"的理念,强调文化与当地经济、社会发展相融合。加强各级文化部门对贫困地区文化精准扶贫的统一领导和协调,明确中央、省、市、县各个层级的职责分工,中央和省重在顶层设计、统筹规划,出台切实可行的保障政策,包括法律法规的建立和完善、财政资金的支持和补贴;市和县重在落实力行,根据具体情况精准解决。

文化扶贫是一项系统工程,需要因地制宜,扶人扶志,提振精神;保障贫困地区人们文化权益,丰富群众精神文化生活;发展与文化相关的新产业、新业态;扶贫扶智,提高贫困地区干部群众文化素质。当前文化与经济深度融合,与文化相关的新产业、新业态为农业增效、农民增收、农村繁荣发展,注入前所未有的新动能,文化扶贫能够助力农村供给侧结构性改革。

案例一 各具特色的文艺扶贫案例

1. 广西昭平县茶海艺术季文艺扶贫项目

以昭平县南山茶海国家4A级旅游景区和故乡茶博园国家3A级旅游景区为依托,打造昭平县茶海艺术季文艺扶贫项目,发展集康体运动、休闲养生、茶文化体验、观光摄影为一体的综合性旅游度假区,全力打造茶旅一体化示范点。

(1)打造昭平茶海艺术采风节。每年春夏两季,以南山茶海和故乡茶博园为基地,邀请文学、摄影、书法、美术、音乐、舞蹈等艺术家到昭平开展"深入生活,扎根人民"系列采风创作活动。通过文艺家采风活动,深入茶企业、茶园、茶农家调研、体验生活,挖掘昭平生态文化、茶文化和民俗文化资源,积累丰富的素材,创作系列茶文化文艺精品。

(2)打造茶海艺术秀。每年秋冬季两季分别在南山茶海和故乡茶博园举办采风成果展,举办文学、摄影、书法、美术作品展,举办模特旗袍秀、文艺演出、茶艺大赛等,为茶园增添艺术气息,提升文化品牌,促进文化产业与旅游产业相融合,助力发展文化旅游。

(3)创建茶海艺术休闲园。整合扶贫、农业、旅游、茶企业等项目资金,在南山茶海和故乡茶博园开设采茶体验区、炒茶体验区、品茗区、自动化茶叶生产线观赏区、艺术茶坊等。建设茶亭、茶文化墙、茶石刻等,丰富茶海景区的吃、喝、游、乐、玩、住项目,带旺旅游业发展。

2. 广西田东县"芒乡红城田东行"文艺扶贫项目

田东县有着丰富的自然资源和文化资源,具有独特的政治、历史优势——右江工农民主政府旧址是全国爱国主义教育示范基地,是国家确立的红色旅游精品线路之一。田东县是中国优质芒果生产基地,是第12届世界芒果大会举办地。截至目前,田东县已经成功举办十几届芒果文化节(文化活动月)。

通过中国文联文艺志愿服务中心牵线搭桥,邀请全国资深摄影师、知名作家和书画家,于2017年5月至8月深入田东采风,走"芒乡红城"旅游路线,沿着邓小平的足迹,参观二牙红军码头,考察中国芒果交易市场、田东县林逢镇那王芒果示范基地、棋盘滩休闲农业和乡村旅游景点,并参加"2017百色·田东芒果文化活动月"系列活动。开展系列采风创作活动,可以让艺术家们领略田东迷人的亚热带风光和丰富的物产资源,感受芒乡红城田东的经济社会建设取得的巨大成就,激发创作灵感,对田东县文化旅游进行深入宣传推介。

3. 内蒙古固阳县秦长城文化旅游节文艺扶贫项目

固阳县紧邻内蒙古自治区经济发展最快的"呼、包、鄂"金三角发展区,为固阳县提供了一个400多万文化旅游消费群体的客源市场。加之固阳历史上曾是中原农耕民族和北方游牧民族之间进行交流的自然通道,又因"走西口"使晋、陕、蒙、冀文化交融成独特的大后山民俗文化,这都成为此处旅游业最大的亮点。

秦长城文化旅游节文艺扶贫项目建设分为文化产业、旅游节庆和文艺活动三大类。

(1)文化产业项目。一是由政府、企业投资10亿元建设梅岭山通用机场、梅岭花海航空接待基地和万胜壕农业特色小镇,打造多元化农业旅游项目。二是由包头市优纳文化旅游发展有限公司在2017年建设10座旅游驿站的基础上,创新旅游驿站运营模式,形成景观相连、功能互补的旅游精品线路。三是由固阳县文广局和包头市优纳文化旅游发展有限公司牵头推进以秦长城景区建设为龙头的景区景观建设,建成在"呼、包、鄂"地区有重要影响力的旅游景点集群。

(2)旅游文化节庆项目。整合各方资源,开展冰雪旅游节、春坤山大型祭敖包祈福法会,以及马鞍山金秋白桦节、年猪节等一系列文化活动,按照时令,让活动贯穿全年。

(3)文艺活动项目。打造秦长城文化旅游节品牌;创办秦长城文化论坛;举办秦长城摄影大赛、摄影展,创建秦长城影视基地;创作固阳代表性影视文艺作品。

4. 重庆黔江区"乡土中国·清新黔江"影像文艺扶贫项目

重庆市黔江区是长江三峡和张家界黄金旅游线的重要节点,有着"神秘芭拉胡,魅力阿蓬江"之美誉。这里,气候凉爽,生态怡人,植被葱郁,森林覆盖率已达56%,被赞誉为"天然氧吧"。

(1)"乡土中国·清新黔江"摄影扶贫项目。黔江区委、区政府高度重视摄影和电影对旅游宣传的重要作用,把影像作为重要的旅游营销手段:一是举办"乡土中国·清新黔江"全国摄影展;二是编辑出版《乡土中国·清新黔江》主题图书;三是举办"乡土中国·清新黔江"摄影讲习所暨百人聚焦活动;四是主题摄影研讨会,2018年10月在黔江区首展,12月在重庆其他区巡展期间举办研讨会;五是争取中国摄影家协会支持,把黔江区打造成"中国摄影创作基地""中国摄影家协会文艺扶贫基地";六是在黔江区拍摄微电影,宣传黔江旅游。

(2)"乡土中国·清新黔江"电影扶贫项目。一是申报"少数民族电影节""少数民族电影奖",并固定在黔江举办节庆活动;二是在黔江区拍摄《小马哥》《十三寨》等电影、电视剧;三是打造微电影、视频、图片制作基地,为自媒体、游客提供创作平台宣传黔江区。

5. 山西繁峙县砂河佛教音乐艺术小镇建设文艺扶贫项目

唐朝以前,五台山寺院的半数以上在繁峙县境内,当时繁峙县的佛教音乐很流行。繁峙县保存了一部分青庙音乐曲牌并经常在民间演奏。1997年7月,由李宏如先生在繁峙石佛寺举办五台山佛乐班,对五台山佛乐进行了抢救性保护。

以佛乐为主,糅合西洋乐、朗诵、歌舞等多种表现形式,依托五台山,把繁峙县砂河镇打造成"台山看寺庙,砂河听佛乐"的五台山旅游文化副中心。建设音乐厅、五台山佛乐特色学校、五台山佛乐演艺中心,推出五台山佛乐专著、寺观壁画展览、佛乐音乐会等。其中,2016年繁峙县人民政府出台相关文件,委托繁峙县综合职业学校招收佛乐班,并把该项目的所有投资列入县财政预算。2017年9月,又邀请4名中国文联文艺志愿者到该校进行文艺支教服务。目前该校已开设佛教音乐班,培养佛乐演艺人才。

6. 宁夏彭阳县"中国黄土魂影像地(彭阳)"文艺扶贫项目

彭阳县,隶属于宁夏回族自治区固原市,地处黄土高原西端,地貌丰富多彩,集森林山地、河谷平川、沟壑峡谷、黄土台塬、梁峁丘陵于一体,堪称黄土高原地貌"博物馆"。彭阳县历史悠远,文化蕴藉,已发现的旧石器遗址2处、新石器遗址达72处。战国秦长城、"丝绸之路"茹河古道,盘亘境内,史称"关中门户",无量山石窟是宁夏唯一有确切纪年的石窟。红军长征翻越六盘山过境歼敌,毛泽东夜宿小岔沟,生平第一次住进了黄土窑洞,写下了壮怀之作《清平乐·六盘山》。

彭阳县自1983年重置县制以来,广大干部群众改山治水、植树造林,历经30多年的艰苦创业,植树造林百万亩,修造梯田百万亩,用铁锹锄头把彭阳大地镌刻成风景怡人的"大花园、大果园",梯田、林带、库坝交相辉映。

彭阳县将每年4月12日确立为"中国黄土魂影像艺术节",开展摄影采风、摄影展览、摄影评奖、摄影论坛、摄影交易、摄影讲堂等主题活动。

7. 重庆城口县大巴山"山神祈福文化"文艺扶贫项目

城口县处于大巴山腹地,位于长江上游,是重庆东北乃至中国西南重要的生态屏障和水源涵养地,有"中国生态气候明珠县"之称。大巴山纵横绵延千里,滋养了万千百姓。百姓靠山而居,世代繁衍,逐渐产生出对大巴山、对自然山水的无限尊崇、热爱、敬畏。这种独特的尊崇、热爱、敬畏衍生成为今天当地文化的重要内涵,就是大巴山"山神祈福文化"。

"山神祈福文化"是对城口民间"搭红"现象进行初步调查后给予的命名。"搭红"是大巴山地区一种较为独特的民间信仰现象,以大巴山腹心地城口为盛。大大小小的"搭红"点在城口县内广泛分布。据初步调查,城口县25个乡镇共有"搭红"点155处。"搭红"点多位于地势险峻之处,有的"红绸"延绵上千米,成为城口一道独特的自然风景。"搭红"还配有简要的仪式,有去灾、保平安、去病、求财等多种人文心理需求。

在对"山神祈福文化"深入挖掘的基础上,把"山神祈福文化"融入城口县正在建设的以生态为主的两个5A级景区、3个4A级景区和一大批3A级景区,融入大巴山森林人家集群片区,实现文化和旅游深度融合。

8. 安徽太和县"千人计划"艺术培训文艺扶贫项目

1995年太和县取得文化部颁发的"中国书画艺术之乡"、2010年获得"中国民间文化艺术之乡"、2013年被中华诗词学会命名为"中国诗词之乡",文艺人才资源丰厚。皖北最大的书画古玩市场——太和华源书画古玩城和太和县书画艺术馆组织的书画交流、书画艺术品销售已成规模。

立足打造"诗画太和"品牌,积极探索新形势下培训优秀诗、书、画、剪纸、刺绣、陶艺等民间艺术以及传统文化传承发展的新途径、新方法,有力地促进太和县优秀传统文化的创造性转化和创新性发展,推动各门类艺术发展,全面实施诗、书、画、剪纸、刺绣、陶艺等艺术人才培养"千人计划"。该计划从2018年起,现已培养了一批书法、绘画、诗词、剪纸、刺绣、陶艺等方面的领军人才、领航人才、领队人才,为推动全县文化事业全面发展提供了人才支持。建立"千人计划"人才信息库。对遴选产生的诗、书、画、剪纸、刺绣等各级各类艺术人才,分门别类建立信息台账,形成人才信息库。设立艺术培养基金,政府每年将投入一百万元的专项资金,用于支持"千人计划"人才队伍的培养与发展。开展培训活动,对"千人计划"内的各类人才,开展不同层次的学习培训、论坛讲座、经验交流、作品推广等活动,适时邀请各类艺术家进行授课。

9. 湖北罗田县《大别山放歌》文艺扶贫项目

大型原生态民俗歌舞《大别山放歌》，以鄂东特色民俗歌舞为主体，是一部集罗田文艺精华、专业与业余演员共舞、城乡群众雅俗共赏的综艺项目，由罗田县委宣传部牵头组织，县文化局、县文联负责统筹，县剧团具体创作演出；自2009年首场演出以来，已先后演出了300多场次。2014年罗田民歌被列入湖北省省级非物质文化遗产名录，这对推动罗田县旅游文化事业发展，对外宣传推介罗田，提升罗田美誉度和影响力具有重要作用。"文艺扶贫奔小康"志愿服务行动启动后，县委宣传部、县文联、县文化局结合新形势、新要求，对《大别山放歌》进行了重装改版，由原来的大型舞台表演版改编为景区演出版和乡村演出版。景区版面向游客，侧重展示罗田的自然风光、特产名吃、传统文化等旅游资源，力争留住游客。2017年，罗田县剧团在天堂寨、薄刀峰、三里畈丰泰温泉等景区演出近100场。乡村版侧重于"送文化、种文化"，由专业院团和专业人员提供创作和节目辅导、辅助设备设施，吸纳农民剧团和村级文艺宣传队节目，带动群众参与，满足人民群众精神文化需求。

10. 陇南市武都区《橄榄树》影视剧创作文艺扶贫项目

《橄榄树》影视剧创作，以油橄榄产业在武都区的传奇发展作为背景，弘扬周恩来总理、中国林科院徐伟英专家等党和国家领导人及专家心系人民的高尚品质，歌颂为油橄榄产业发展而几十年如一日艰苦奋斗的创业者，反映十一届三中全会以来的改革开放和当前精准扶贫农村发生的巨大变化，宣传推介陇南市武都区丰富多彩的历史文化和独具特色的旅游业，由此带动了贫困县经济社会的大力发展。

通过影视剧的拍摄播映，一是扩大了"陇上江南"武都区的知名度，带动了当地旅游业发展，同时带动当地经济发展，为贫穷落后山区脱贫致富奔小康发挥了推动作用；二是为当地独特的油橄榄、花椒、中药材等产业起到了大力的宣传推介作用，推动了当地特色产业长足发展；三是促进了当地文学艺术事业的繁荣发展。

案例二　陕西省文化部门开展文化精准扶贫

精准扶贫、文化给力、扶志扶智，陕西各地区、各文化单位把深入一线、扎根百姓生活当成帮扶一村一地脱贫的有效手段，立足实际想办法，挖掘文化资源，激发摘掉"穷帽子"、实现长足发展的内生动力。

1. 文化建设助力脱贫惠民

为助力打赢脱贫攻坚战，陕西省将文化建设与脱贫攻坚紧密结合，坚持整体规划、优化资源、突出特色，加快改善贫困地区文化基础设施建设，确保广大群众享受文化建设的福祉。

陕西省文化和旅游厅不断加大扶持力度，着力打造精准扶贫项目，为全省78%的行政村配备了基础文化设施，为全省贫困县的剧团、图书馆、文化馆配备了流动舞台车、图书车；积极扶持贫困地区的非物质文化遗产保护工作，依托传统手工技艺，推动非遗项目产业化发展，为当地经济发展、农民增收提供动力。依托绥德县田庄镇贺家庄村独特的自然地貌、民居风景、传统民俗文化，建设了集文化艺术创作、文化人才培训、文化产业示范、民俗文化体验等功能于一体的陕北文化艺术创作基地，推动当地文化旅游产业发展。

围绕看电视、听广播、读书看报、看电影等群众基本文化需求,陕西省广播电视局在秦巴山、吕梁山、六盘山等扶贫重点片区大力推进出版广电公共文化惠民工程,让贫困地区农户接入广播电视"户户通",全省直播卫星在线用户累计达 550 万户,完成全省 72 个发射台地面数字电视发射系统的联调和开播,完成农村电影放映 25.9 万场次,在贫困片区基本建成应急广播网,投入 2295.4 万元对贫困山区的农家书屋进行了图书补充和更新。

陕西省文物局以文物资源为基础、以精准扶贫为切入点,通过改善贫困地区文物资源保存环境和交通条件,发掘文物资源展示潜力,与美丽乡村建设、乡村旅游相结合,使文物成为群众脱贫致富的宝贵资源。多次组织召开座谈会,安排实施贫困地区文物、传统村落和历史文化遗址的保护及开发利用项目。确定汉阴县凤堰古梯田移民生态博物馆、宜君旱作梯田农业生态博物馆为陕西文物扶贫示范项目,通过文物扶贫带动贫困地区的区域旅游经济快速发展。

陕西历史博物馆发挥自身优势,在做好市县文物保护和修复工作的同时,将一些流动博物馆搬进村庄,让文物背后的故事走入乡村学生和村民们的心田。讲解员一边讲述一边与学生们进行互动,让许多大山里的孩子享受了丰富的文化大餐。志愿者团队还把拓片制作的工艺搬到村庄现场,教授孩子们拓制瓦当等拓片,使孩子们大开眼界。文艺演出队通过开展各种文化活动,为群众带去更多正能量。

2. 文艺巡演助力脱贫攻坚

脱贫攻坚路上,文化的扶志作用不可小视。文化既可以起到提振"精气神"、凝聚力量的作用,又可以成为转变思路的突破口、脱贫致富的助推器。在陕西全省助力脱贫攻坚文艺巡演中,广大文艺工作者把流动舞台车开到基层、开到乡村,把舞台搭在基层群众身边、搭在脱贫攻坚一线,宣传扶贫政策,讴歌勤劳创业、致富脱贫的故事,让群众在家门口就能看到喜闻乐见的文艺节目,帮助基层干部群众树立脱贫致富的信心,扶起群众自主脱贫的志气。

2017 年 6 月底,陕西省文化厅在渭南市白水县尧禾镇启动陕西省助力脱贫攻坚文艺巡演活动。文艺工作者组成助力脱贫攻坚文艺演出小分队,在一个多月里驾驶流动舞台车,携带一批"脱贫攻坚、扶贫扶志"主题优秀文艺作品,奔赴全省 56 个贫困县(区)的镇村进行百场巡演。陕西省文化厅党组书记表示,全省各级文化部门要组织好本级文艺院团开展助力脱贫攻坚文艺演出,把舞台搭在基层群众身边、脱贫攻坚一线,宣传扶贫政策,为全面打赢脱贫攻坚战提供精神文化支撑,为贫困地区与全省人民同步实现小康汇聚文化力量。

3. 文化扶贫更应重视脱贫"造血"能力

文化扶贫要做到精准有效,其落脚点就是大力完善文化基础设施建设,补足基础设施短板,增强文化供给能力,推动文化建设快速发展,依托文化项目实现脱贫目标。陕西省文化和旅游厅在榆林市绥德县开展扶贫工作以来,突出文化行业特色和帮扶重点,先后帮建了文化广场,组织民间剪纸艺人培训,举办文化惠民演出,依托龙头企业推广特色养殖等,均取得了一定成效。通过深挖绥德历史文化旅游资源特色,帮扶贺家庄村建设成为陕北文化艺术创作基地,以项目扶持的方式培育贺家庄村及沿线(沟道)文化旅游产业,激发贫困群众内生动力,增强"造血"功能,助推精准脱贫。按照共建、共管、共享原则,由陕西省文化和旅游厅、绥德县政府共同出资建设,用于省内外艺术院校学生、文艺团体创作人员和文化工作者创作写生、培训等。运营收入将以股份的形式分配给贫困户和村民,引导和帮助其改善相关配套设施,参与旅游餐饮服务行业技能培训,自主创办农家乐、家庭旅馆、民俗体验园等文化旅游配套产业,推动村镇第三产业发展。

4. 持续帮扶夯实根基

"基地就是你们的家,你们要常回家看看呀。"草坝村村主任所说的基地,是2017年5月23日在该村揭牌的陕西演艺集团艺术家体验基地。陕西演艺集团在洋县纸坊街道草坝村设立"深入生活艺术家扎根基地",设立了陕西省京剧院招生工作点,方便当地有条件、爱文艺的孩子学习知识、掌握技能。持续5年对口帮扶,陕西演艺集团的艺术家、演员见证了草坝从有名的贫困村到汉中旅游精品示范村的蜕变。多年来,艺术家扎根于此,践行自身的文化责任和担当,创作出了一批为人民抒写、为人民抒情、为人民抒怀的好作品。陕西演艺集团持续帮扶草坝村文化设施建设,为草坝村文化大舞台建设送来演出大幕、LED灯等设施设备。5年来,在各级政府及陕西演艺集团的大力帮扶下,草坝村原先的200多户贫困户几乎已全部脱贫,仅一户因盖房问题还未解决。陕西演艺集团总经理表示,集团将发挥行业优势,继续与草坝村开展文化合作,助力当地旅游与瓜果产业发展。他要求驻村干部带着感情下乡、放下身段多接地气,精准摸清各户致贫情况、每日撰写工作日志,及时与集团沟通汇报,提出有亮点的帮扶方案。

5. 大力发掘文化"富矿"

俗话说,靠山吃山,靠水吃水。一些贫困地区通过重新评估自身资源禀赋,发现并发掘非物质文化遗产、历史遗存、民俗文化资源,将开拓文化资源与脱贫致富紧密结合,实现了文化传承和经济发展的双赢。汉中洋县纸坊街道办文同村原名孤魂庙村,北宋著名诗人、画家文同任古洋州知州时曾居住于此,他种竹、育竹、观竹、画竹,留下诗词80余首,成语"胸有成竹"就出于此地。为更好地推动村子的整体发展、扩大知名度,村民们将村名更改为文同村,不但听起来有文化内涵,而且方便书写。

渭南合阳县历史文化资源独特、底蕴厚重,是中国民间文化艺术之乡、《诗经》发源地、中国爱情诗之源。目前,合阳县已经形成了涵盖旅游文化产品开发经营、手工刺绣、面花制作、纸塑窗花制作、书画经营、电影放映、艺术工艺品开发等10多个领域的文化旅游产业体系,文化产业经营主体多达200余家,从事文化旅游产业的工作者有1800余人。

南郑区位于陕西汉中盆地西南部,是一个千年古县。为了让当地丰富的非遗资源转化为实实在在的脱贫手段,该县将"政府资金奖励、传承人带徒传艺、生产性集中培训"等非遗传承工作与精准扶贫紧密结合,探索出一条既造福百姓,又使非遗文化活态传承的新路子。通过鼓励村干部或生产经营能人以专业合作社的形式,建成藤编、棕编等五大生产性传习基地,将手工艺项目转化为乡村特色产业,助力百姓脱贫致富,也使古老手艺焕发青春。

与此同时,藏羌彝文化产业走廊建设加快推进、羌文化和陕北文化生态保护实验区建设、陕西省文化培训学院的成立,以及陕北文化艺术创作基地的奠基等都助力了陕西贫困地区文化产业的发展,形成了文化资源撬动当地经济社会发展的良好局面。

案例启示

在文化扶贫的工作进展中,要强调因地制宜、因需而设的需求导向,要考虑不同地区、不同民族、不同村户、不同性别、不同代际的文化需求,针对不同贫困地区文化发展面临的不同问题采取不同的针对措施。文化帮扶措施不能一刀切,不能只简化为"送文化下乡"的方式。一刀切的文化扶贫只会导致投入效益不对等的局面,投入产生不了效能,群众真正需要的依旧空缺,结果造成资源的严重闲置和浪费,同样也应该认识到以下几方面问题。

1. 充分认识到"扶贫先扶智,治贫先治愚"

文化扶贫旨在从文化和精神层面给予贫困地区以扶持,以提高人们的思想文化素质和科学技术水平,转变他们消极落后的传统文化观念,从而培养并提升他们发展经济的基础能力。文化扶贫同物质扶贫可以相互补充,相辅相成,并为物质扶贫提供条件。文化扶贫是改造贫困文化、遏制返贫现象、阻止贫困代际传递、提高自身素质、增强自我发展能力的关键和根本,对贫困地区打赢脱贫攻坚战具有重大意义,其战略地位亦越来越得到全社会的共识。

2. 聚焦当地特色,创新实施文化项目

立足特色文产资源制定规划,主要解决好合理布局、突出特色、差异发展的问题;精心进行专业指导,对各地文化特色资源进行梳理并谋划项目,解决项目顶层设计问题。发展特色文化产业,首先要在文化层面下功夫,在文化资源中提炼核心竞争力和特色,做好文化与市场需求的对接,然后才是产业要素的聚集,不能本末倒置或只见产业忽略文化。此外,要通过资金扶持引导市场主体实施项目,打造一批特色品牌。无论资源梳理、项目策划,还是项目具体实施,都要把握以下四点:一是要符合文化规律,体现文化资源的亮点,注意避免或片面强调原汁原味,缺乏提炼创新,不顾需求,或片面强调改造实用,随意编造,迎合低俗。二是要符合市场规律,当前重点是结合旅游市场强劲上扬的实际,针对团队旅游和散客旅游两种市场的特点不断推出适销对路的产品和服务,进行精准营销尤其是互联网营销。三是要避免不做市场调研和评估盲目上项目。四是要引导组织贫困户参与扶贫全过程,在增加收入时提升文化自信,从深层次上实现物质和精神脱贫。

3. 统筹发挥好政府与市场、农户之间的作用

在文化产业方面扶贫方面,政府要结合贫困地区文化资源实际,制定实施科学合理的产业政策,引导市场主体实施项目;政府要着眼推动市场主体和贫困户的合作,通过法律程序达成三方合作,使责任主体、市场主体和扶贫主体捆绑在一起,保障农户按订单提供货品或服务并获得利益保障;政府要帮助市场主体落实税费优惠政策,并有针对性地组织农民进行技能和服务培训;政府要整顿规范文化旅游市场,打击假冒伪劣和保护知识产权。

视角十二

乡村振兴与文化产业

拓展与更新

千百年来农耕文化积淀形成的生产方式、生活习俗、民族风情和传统节庆构成了乡村独有的文化特性。毫无疑问,乡村蕴藏着最为完整、真实、原始的资源要素,但同时也存在着资源禀赋与文化产业发展极不匹配的问题。2017年12月28日至29日,中央农村工作会议在北京召开。会议首次提出走中国特色社会主义乡村振兴道路,清晰划定了乡村振兴战略的时间表和路线图。

从党的十九大报告提出"实施乡村振兴战略",到2018年中央经济工作"八项"重点工作,再到2019年6月的《国务院关于促进乡村产业振兴的指导意见》,彰显了乡村振兴战略在新时代"三农"工作中的统领作用。十九大报告指出,实施乡村振兴战略,要按照产业兴旺、生态宜居、乡风文明、治理有效、生活富裕的总要求,建立健全城乡融合发展体制机制和政策体系,加快推进农业农村现代化。

自2003年以来,连续17年的中央一号文件都聚焦于农业、农村、农民问题,十七大和十八大也分别提出了城乡统筹和城乡一体化的发展思路,对推动农村发展、增加农民收入起到了重要的作用。但要真正使乡村富起来,仅靠国家政策的扶持是远远不够的,乡村要实现自身造血,才能可持续发展。

当前,我国文化产业正在稳步发展为国民经济的支柱性产业,随着产业力量和影响力的进一步提升,不论是从产业规模还是创新能力的角度,现在的文化产业都可以在实施乡村振兴战略的过程中"添砖加瓦"。无论是"推动优秀农耕文化遗产合理适度利用",还是"支持农村地区优秀戏曲曲艺、少数民族文化、民间文化等传承发展""培育挖掘乡土文化本土人才,开展文化结对帮扶,引导社会各界人士投身乡村文化建设"和"活跃繁荣农村文化市场,丰富农村文化业态,加强农村文化市场监管",对有一定实力的文化企业或关注文化领域的投资者而言,都是可以发现机会、一展身手的广阔天地。

近年来,不论是在特色小镇建设还是在PPP项目中,文旅项目都占据了很大比例,而这些文旅项目中与乡村建设有关的又占了不小比重。这从一个侧面说明了乡村振兴不仅需要文化企业和文化项目,实际上文化企业和文化项目也已经开始主动拓展乡村这个新市场空间。

同时,如何加强文化产业在实施乡村振兴战略中的作用还需要进一步拓展思路。比如,在进行农村公共文化建设的过程中,除了必要的财政资金投入保障外,是否也可以考虑采用招投标的形式引入有实力的文化企业和社会资本,通过严格考核和监管的方式提高资金使用效率;另一方面,在大数据、人工智能、区块链、5G等技术不断成熟并日益成为未来发展方向的大背景下,文化产业助力乡村振兴也要充分利用后发优势,从较高的起点规划,在乡村文化建设中应用这些新技术。当然,这就更需要文化企业,特别是有实力的文化企业的主动作为。

总的来说,各种形态、各种样式、各种档次、各种风格的乡村旅游已然成为促进乡村发展、实现乡村复兴的一种重要方式。结合实际情况,加快发展转型,开发文化资源转换模式,做大做强地方文化产业。依托优势资源,根据资源特点,发展丰富多彩的文化产品,实现产业化传播与生产,文化建设必须以本土资源为出发点,在继承的基础上创新发展。当前文化产业发展面临新机遇,乡村振兴发展离不开文化的支撑。要做到深度挖掘旅游文化资源,需要实现"三个转变":一是由数量型向质量型的转变,为旅游商品赋予一定的文化特质,从低端小商品转变为文化符号;二是由表面展示向深度挖掘的转变,掌握好展示技巧,深度挖掘,讲好文化故事,加深游客旅游记忆;三是由要素流出向要素流入的转变,加快推动城镇基础设施向农村延伸,将要素重新注入乡村,做好乡村旅游,吸引要素向乡村回流。

案例一　浙江安吉县递铺街道鲁家村的蜕变[①]

在浙江数以万计的村庄中,安吉县递铺街道鲁家村的发展,是可以用"日新月异"来形容的。眼下,白墙黑瓦的大型游客集散中心已经建成,大大小小的数十个国家级田园综合体项目陆续动工;载着游客的小火车,呼啸着穿行在18个各具特色的家庭农场间,沿途可见翠绿的竹林、流淌的清溪、盛放的玫瑰,以及民宿、露天影院、房车基地等各类休闲旅游设施。

可就在几年前,这里还只是浙北地区的一个平凡村庄:山不够高,树不够茂;没有悠久历史,也没有名人故居,村民以务农和外出打工为生。

再看如今的鲁家村,却已成功实现了发展的"三级跳":2011年成功创建美丽乡村精品村,2013年起发展家庭农场,18家农场将整个村庄串联成一个大景区,2017年7月被纳入国家首批15个田园综合体项目之一,村集体资产从2011年的负债上百万元增长至如今的1.2亿元,村民人均年收入从2011年的1.9万多元增长至2016年的3.3万元。

山水还是那片山水,村民也是从前那些村民,巨变因何而来?那么鲁家村又是如何突破并创新的呢?

1. 充分挖掘村庄现有可利用的资源

(1)盘活沉睡的土地资源。鲁家村有一块1000平方米建设用地,他们在这块地上建了20间三层村民联建商住两用楼,通过出售出租获得300多万元。用这笔钱在村里办公场所的原址上建了一幢新楼,除了三层作为村委办公用房外,一层、二层大部分用于店面出租,获得一笔不菲的租金收入。拍卖闲置多年的村小学用地获得186万元。村集体流转土地获得了60万元。类似的村里其他宅基地、集体建设用地、闲置土地、山林等资源,通过土地流转,将土地资源变资本,吸引更多外来的企业工商资金进入乡村。截至2017年底,鲁家村已引入外来工商资本近20亿。

(2)整合美丽乡村建设补助金和各项涉农项目资金。安吉县乡两级政府对创建精品村合格的村庄,每位村民补助1700元,全村2100人,共计补助357万元;整合交通、水利、环保等农村项目建设资金三四百万元。

(3)用活村里的人才资源。村委聘请20位外出经商的村民作为鲁家村美丽乡村创建的顾问,并获得捐款300万元。

2. 顶层设计从村庄策划规划上突破

如何让"美丽乡村"转化为"美丽经济"呢?需要用活村内的旧屋、河道、果林、菜园等"素材",而不是城市化的照搬照抄。要按照村庄原有的脉络进行梳理,策划新产业,引进新思想,让更多年轻人回到村庄,将规划与运营有机结合,让美丽乡村产生美丽经济。要创新产业规划设计,打造合理的乡村空间格局、产业结构、生产方式和生活方式,促进乡村人与自然和谐共生,让更多人爱上乡村。美丽乡村,规划先行。早在2013年鲁家村就启动了发展蓝图的设计,18家农场的雏形已经跃然纸上。为建设美丽乡村,发展家庭农场,鲁家村不惜出资300万元,

---

[①] 蒋琪,张歌.浙江安吉县递铺街道鲁家村:一个贫困山村的美丽蜕变[EB/OL].(2017-04-06)[2019-10-12].http://www.sohu.com/a/132257432_114731.

聘请高端专业团队,按照4A级景区标准对全村进行规划设计。先期设置的18个家庭农场,则根据区域功能划分,量身定制各自的面积、风格、位置、功能等。其中包括一个核心农场,位于中心村,其余17家农场错落有致分布在四周。18家农场分别以野山茶、特种野山羊、蔬菜果园、绿化苗木、药材等产业为主,没有一家重复,这是鲁家村家庭农场的特色。此外还设计了一条4.5公里的环村观光线,将分散的农场串点成线,使之成为一个整体。

3. **从产业融合创新上突破**

美丽乡村的建设发展离不开产业的支撑。正巧2013年中央一号文件提出"家庭农场"的概念,于是鲁家村提出了打造家庭农场聚集区的理念,在全村范围内建设了18家差异化的农场。同时着重关注一、二、三产融合发展,与浙江省农科院合作打造属于鲁家村自己的农业高新产业园区。发展创意农业提升土地的附加值,把田园变乐园,村庄变旅游景区,大幅提高土地的收益。利用创意让生产劳动更具乐趣、让加工生产更具体验性,以此来提升产品价值。开发伴手礼等土特产品,扩大当地知名度,形成收益的互补。

4. **生态圈的打造和多方共赢的合作机制创新**

生态圈的打造和多方共赢的合作机制发挥了关键作用。鲁家村注重生态圈的建设,18家农场不是孤立的存在,在它的周围分布着村民自主经营的农家乐、民宿、农副产品,为农场提供配套服务。此外,村里还统一修建了游客服务中心、风情街、10公里绿道和4.5公里村庄铁轨等设施,为游客出行提供方便和多样化的选择。在营销推广层面,村里成立了旅游公司进行统一宣传;在人才培养层面,成立了乡土职业培训公司。这些条件为入驻的企业和创业者提供了有力的保障。鲁家村采取类众筹的方式,借助社会化的力量,突破了资金、人才的瓶颈,实现了资源、资产、资金的聚合,建立了一套完整的利益分配机制,使得村集体、旅游公司、家庭农场主和村民都能从中获得相应的收益,调动了各方的积极性。鲁家村建立了合作分红机制,由村集体、旅游公司、家庭农场主按照约定比例进行利益分配,村民再从村集体中享受分红。

5. **探索建立"公司+村+家庭农场"模式**

为不断发展壮大集体经济,增加农民收入,鲁家村探索建立了"公司+村+家庭农场"的发展机制,村统筹土地资源招引农场主入驻,公司投资公共设施负责具体运营,农场主自主建设不得偏离总体规划要求。鲁家村的家庭农场集群是对休闲农业和乡村旅游在模式上的一次大胆创新,特别对于大型农业园区或村集体主导下的休闲农业和乡村旅游的发展,具有重要的借鉴意义。

鲁家村采用"公司+村+家庭农场"的组织运营模式,与安吉县浙北灵峰旅游有限公司共同投资成立安吉乡土农业发展有限公司、安吉浙北灵峰旅游有限公司鲁家分公司,前者负责串联游客接待场所、交通系统、风情街、18个家庭农场等主要场所,后者利用多年经验和客源做好营销宣传。后来又成立了安吉乡土职业技能培训有限公司,为鲁家村村民、村干部、创业者、就业者提供乡村旅游方面的培训。三家公司均由鲁家村集体占股49%,旅游公司占股51%。在农场的投资运营层面,鲁家村引入外部资本对农场进行项目投资和运营管理。目前已有10多亿的工商资本投资这些家庭农场。

6. **股份合作有保障"农民"变"股民"**

美丽乡村建设的核心是农民致富。农民收入怎么增加?这是鲁家村面临的又一问题。

鲁家村三家公司注册资本共计4600万元,村里将上级部门项目投资3000万元和美丽乡村建设补助资金1100万元全部转化为资本,并且从银行贷款1500万元,用这些钱撬动了几十亿元的社会资本。通过市场化运作,鲁家村集体经济发展走上了快速发展轨道。

除了分红这种潜在的收入,鲁家村村民增收渠道也拓宽了。首先,土地租金成为鲁家村村民收入来源之一。农户把土地流转给家庭农场,平均每户每年土地租金约为8000元,而且租金每年随着国家稻谷收购价格同比上浮。其次,村民工资性收入增加了。鲁家村项目建设完成并运营后预计将直接产生超过300个工作岗位,间接产生的岗位超过1000个,每年为当地村民增加工资收入超过3000万元。再次,村民财产性收入增加了。旅游是鲁家村主要的支柱产业之一,村民在旅游区中利用自己的住房开设民宿、农家乐,全村收入可达1000万元。

乡村生活,让乡村新生活发展成为所有人的共同追求。依托乡村振兴战略,鲁家村正在以自身的不断实践为中国农村振兴之路提供最前沿的思路和方向。

案例二　　陕西礼泉县袁家村的样本经验①

近年来,中国的乡村旅游蓬勃发展,全国各地的特色乡村旅游小镇如雨后春笋般不断涌现出来,大大丰富了中国旅游业的业态,随着城市化的快速推进,社会分工日益增强,城市居民闲暇时间愈来愈多,乡村旅游几乎成为人们节假日旅游的首选。而提到乡村旅游,陕西礼泉县的袁家村被奉为乡村旅游黑马之典范,在短短10年间实现本村62户286人脱贫致富,解决3000位以上农民的就业问题,间接带动周边就业人员近万人,年吸引游客300万,年营业额达到10亿元,其创意的精彩、经营者的执着和生意的火爆,让全国各地慕名而往的游客印象深刻,袁家村已成为"关中印象体验地"和乡村生活的传奇样板。袁家村成功得益于什么呢?

1. 准确的定位,专注于能做的

袁家村本是一个普通的村庄,现如今的成就应该是得益于农工贸一体化道路。目前,袁家村依然是被城墙围着的,大街小巷里的熙熙攘攘,街面店铺林立、作坊鳞次栉比的架势尤以风味小吃为重点,而且西安回民街的商户都进驻这里,证明此处的旅游热似乎已经常态化了。

在袁家村,除了民俗和风味,还拥有得天独厚的资源优势,八百里秦川是黄河文化的摇篮、发祥地,历经秦汉唐雄风之浸润与熏染。有一句流传甚广的俗语:南方的才子北方的将,咸阳塬上埋皇上。秦汉唐王朝不仅以不远处的咸阳和长安为都城,汉唐的帝王将相们还把咸阳塬作为自己的陵寝宝地。袁家村恰好坐落于唐太宗李世民昭陵所在的九嵕山下,与这个世界上最大的皇家陵园毗邻,自唐皇陵旅游开发以来就尽享旅游业之利,真所谓"靠山吃山靠水吃水靠皇陵吃皇陵"。加之礼泉素有苹果之乡的美誉,是西北最大的果品集散地。袁家村正是抓住了这些龙头产业,打造出关中印象体验地这个品牌,号称关中民俗大观园,吸引游客纷至沓来,从而获取丰厚的利润实现了新的腾飞。

袁家村党支部书记介绍说,袁家村所有东西最后都是以来不来人为核心,游客会不会为袁家村买单,这些才是他们关注的。一个地地道道的关中自然村,没有什么旅游资源,要想把旅游做好,最大的立足点就是因地制宜,专注于袁家村本来的样子,专注于能做的。所以,袁家村

---

① 郑明军.袁家村:成功背后的隐忧(上)[EB/OL].(2017-08-01)[2019-10-12]. https://www.sohu.com/a/161347241_793616.

的主题是关中民俗,坚决不做红色延安,不做唐昭陵,不做的原因是那些跟袁家村的生活都没什么关系,袁家村就要做关中地地道道的农村生活。

面对全国各地的仿效跟风,袁家村似乎也感受到了一股压力,但村党支部书记也表示,袁家村就是一个地地道道的关中小村,没有什么旅游资源,能把旅游做到现在这个程度,最大特色就是因地制宜。袁家村的语言、衣着、特色产品,都是关中民俗的一部分,袁家村的旅游就专注于做这些。另外,袁家村的产业一直在完善提升,正在走乡村度假的道路、走农副产品产业化的道路,这些都是因地制宜的结果。

不同于工业化时代下现代城市设计的理念,传统中国小镇和村落在空间上的最大特色就是那种千百年来历经漫长的自给自足的农耕社会文明后,自然生长出来的乡村空间模式。袁家村的空间,最迷人的一点是,在这个仅有几十亩的空间里,充满了很多的民俗元素,游人穿梭在这样的巷弄院落空间中,竟然不知道这里到底有多大。紧凑的交通尺度,丰富的商业界面,疏散有度的村落广场空间,街边两侧目不暇接的美食休闲内容,网格化的弯曲而看不到头的村落道路,就会让兴致盎然的游客在这里流连忘返。徜徉、漫步、闲聊、品尝美食、围坐等多样化的村落生活功能,就将传统村落的邻里无间的生活场景进行了复制和再造。从这样的空间意蕴来看,这里的村落休闲就变成了不同生活方式和场景的穿越和切换。

可以说无论是在 20 世纪 80 年代的集体经济时代,还是如今的休闲旅游大时代,袁家村在旅游产品营造、经营模式创新等许多方面都走在了时代的前列。

袁家村通过打造以关中民俗文化为核心的关中印象体验景区,从品牌、主题、创意、风格到业态、招商、运营、管理、制度等反复试验,不断探索,形成一个相容共生、互补兼顾、层次递进、环环相扣的村集体经济可持续发展闭环和成熟的商业模式。

2. 村民是主体,发展旅游就是要实现共同富裕

袁家村党支部书记曾对媒体介绍说,袁家村最开始搞旅游,就是要解决农民的问题,要让农民致富。袁家村现在纯粹是村集体在做旅游,参与者都是农民,有本村的也有周边村的,所以袁家村的旅游特别接地气,所以就跟一般景点不一样。

袁家村全村 62 户 286 人,曾是当地最小的行政村,也是出名的穷村、烂杆村。20 世纪五六十年代,袁家村发展十分落后。到了 20 世纪 70 年代初,在当时村支书的带领下,全村大力发展农业,很快成为全国农业战线的一面旗帜,成为闻名全国的模范村。20 世纪 80 年代开始,袁家村由传统农业生产向工业生产转型,发展起村办企业,迎来了村集体经济最强盛的时代,成为远近闻名的富裕村。

2000 年以后,因为国家产业政策调整等原因,袁家村经济发展一度受到冲击。2007 年,袁家村再次提出转型发展,这一次选择了服务业,想走发展乡村旅游农家乐的路子。

袁家村是关中的一个普通小村,村民们大多很朴实,对外界和时代发展脉搏不敏感,发展农家乐的建议几乎没人同意,响应的村民不多,村里就提出以集体经济支持、反哺村民的方式予以推进,如果经营失败,由村里补贴。事实证明,农家乐的路子走对了。袁家村的农家乐很快得到了市场认可,赚钱的村民越来越多,响应号召开办农家乐的村民越来越多。

从 2007 年至今,袁家村的发展已经迈过农家乐进入到乡村度假、乡村产业化发展阶段,这其中最大的特点在于全民参与。乡村旅游要发展,一定不能离开农民和农村,乡村旅游必须围绕村庄设计,所有在旅游上投资的村民都是受益者。这也是袁家村做乡村旅游的初衷,就是要带动所有村民参与、致富。

现在,袁家村的乡村旅游规模越来越大,从最初的小吃街发展到如今的祠堂街、回民街、酒吧街、艺术街等,但有一点不变,在村里做旅游的,参与者大多都是本村和周边村的农民。对于乡村旅游来说,农民生活本身就是"景点"和"看点",也接地气,这和一般的景点旅游不同。景点旅游可能会考虑投资多少钱、征收多少地、把多少农民搬迁出去、如何回收成本、门票卖多少钱等,但袁家村不一样,农民必须留在原地。

如今,袁家村的62户村民可谓"全民皆兵",大家全身心投入到村里的旅游事业。袁家村目前已经形成了豆腐、酸奶、醪糟、辣子、醋、粉条、菜籽油等作坊和小吃街等股份合作社,均由村委会下属公司进行经营。以实现村民共同致富为目的,小吃街合作社每户按照3:7、4:6、7:3等分配比率,根据收益情况进行利润分成,收益高的比率降低,收益低的比率增大,不挣钱却又是小吃街必备的品类合作社给予补贴,最低保障以家庭为单位每年8万~10万元的收入。

3. 专注于餐饮,产业是有力支撑

袁家村的成功还在于袁家村只专注于餐饮,做到多样、好吃。目前,袁家村对各商户有着严格的管理规定,这些管理规定涉及日常经营的方方面面。据介绍,小吃街里如果有100个商户,就需要100种小吃,比如有锅盔,有豆腐脑,有炸麻花……村民进行认领,最早出现过一个现象,一家门店有几家来报名的,遇到这种情况就竞争。如何竞争呢?比如说报名做锅盔,同时在这儿做,从和面开始,整个工艺做下来,最后做好了大家品尝,保留味道做得最好的一家。又比如,袁家村每个月都要统计销量后五名,要调整这些商户的经营方式,实在调整不过来的就考虑换人,或者换产品。

从各界的讨论来看,袁家村以小吃饮食为主的策略其成功背后还有两点关键因素。一是食品质量管理体系。袁家村因关中小吃而走红,所有游客都是来吃小吃的,而袁家村的小吃让所有游客都放心,因为村里要求所有店主在门口竖牌子发誓,如:"店主发誓承诺,如果羊血掺假,甘愿祸及子孙。店主吕伟。"二是由于袁家村小吃信任体系、食品安全、价格体系等管理得非常好,切中所有游客情感诉求,于是游客口碑相传,微信分享,使"袁家村"成为强大的品牌。

从某种意义上说,乡村旅游只是实现乡村经济发展的一个途径,而不是核心,如果没有产业依托,旅游最终将成为无源之水、无本之木。就袁家村而言,产业发展的核心有三个阶段:一是关中民俗旅游,二是乡村度假,三是农副产品形成的产业链。这其中又包含了一个个小的产业,比如面粉、豆腐、醋等,一个个小产业组成了大旅游,大旅游又促进了大产业的发展。

袁家村以食品安全为核心的农副产品生产、加工、销售,无疑是乡村经济发展的制胜法宝。发展乡村旅游这10年,袁家村采取了前店后厂的发展模式,"前店"旅游收入与"后厂"产业收入共同保证了村民收入的稳定。因为旅游的带动,乡村的许多产业都由最初的作坊变成工厂,最后变成大工厂。袁家村最初启动的酸奶项目,如今每年的纯利润已经将近1000万元。

4. 将乡村民俗与城市商业相结合

袁家村多年以来树立的食品安全形象,在得到市场认可后,如今也已走出村子,"小吃进城"项目走进西安市,这些原汁原味的乡村美食,因为品质保障而备受青睐。2015年8月,袁家村入驻西安市曲江新区的银泰商城,将开业后一直不温不火的银泰商城变成了城区最火爆的美食体验地,客流量大幅提升,每到饭点都得排长队,仅用了九个月的时间就收回投资成本。在该项目中,进城的商户共有30家,都是袁家村的老商户,店内食材全部直接从袁家村运到西

安,食品的制作手法都是地道的袁家村做法。2016 年 7 月,袁家村又进驻了西安赛格国际商城。2017 年 4 月 24 日,砂之船与袁家村合作,袁家村"搬"进浐灞砂之船奥莱,又一次实现了乡村民俗与城市商业结合。

5. "三创联动",构建乡村发展新动力

人才缺乏和流失是乡村衰败的主要原因。为了吸引人才,袁家村抓住"大众创业、万众创新"的机遇,打造创业、创客、创新平台,鼓励当地、外地农民在袁家村创业,鼓励和吸引大学生创客、青年创业团队、文化企业、广告公司、建筑设计师等到袁家村创业,对艺术长廊、农家书屋、咖啡酒吧、创意工坊等新业态免收一切费用,有的甚至由村上给予补贴,由此填补了旅游项目空白,进一步提升了旅游品质。

来自各行各业、各个领域有文化、懂技术、善经营、会管理的创客大军,成为带动袁家村发展的主要力量,形成了创客引领创新,创新带动创业,创业推动发展的良好局面。一个只有原住村民 286 人的袁家村吸引了 2983 名"新袁家村人"长期生活工作居住在此,形成了袁家村现有的发展规模,成为"大众创业,万众创新"的经典范本。

6. 干部是核心,管理模式是关键

我国农村人口众多,由于多种原因交织,村民管理一直是个难题。让全村所有人都心往一处想、劲往一处使,不是一件容易的事。但袁家村做到了,法宝就在于支部是核心,书记是带头人,村干部是服务员。正是这样一支队伍的无私付出,最终使村民拧成了一股绳。

据了解,袁家村村干部都有思想自觉:当干部就不要想着与民争利,否则就没有威信。但是大家心里又都明白:村里发展好了,自己家也会跟着好,有大家才有小家。袁家村的村干部都不拿工资,义务服务。在管理上,由袁家村村委会牵头,下面有管理公司和协会,农家乐有农家乐协会,小吃街有小吃街协会,酒吧街有酒吧街协会,这些协会里的成员由商户们自己推选,为协会义务服务。

除此之外,在关键的招商运营管理模式上,还采用了免租金、统一经营和管理,对于关系到民生的食品原料进行统一供货、自营加工厂,调味品厂、酸奶厂、油厂、面粉厂等关键的原材料加工部分,将商户经营业绩与村集体的经营收益相挂钩,并且效益可观。这种绩效紧密挂钩的模式,远远超越了购物中心式的租金模式,让物业所有者与经营者的利益紧密捆绑。

同时袁家村对营运管理细节上的把控也是极为严格,甚至到了苛刻的程度。举个例子,在所有的小吃餐饮店铺中,村里规定不允许用冰箱,以保证食材的新鲜,甚至村里面对灶台的大小、位置和设计风格都有严格把控,以保证情景体验的原汁原味。

要让村庄发展跟上时代节奏,村民教育是必不可少的。袁家村成立了专门的农民学校,每周组织大家学习,教育农民如何从一产向三产转型,讲解村里旅游发展的大方向。从村干部到普通村民,教育都放在第一位,因为要让农民挣钱,首先就是要武装思想,要让产业长远发展,也需要不断丰富头脑。此外,建立通畅的教育培训机制,也有利于村干部思想的上传下达,村干部好的想法必须传达到每一位村民,只有这样才能保证意见的执行。

多年来,袁家村用时间和真心赚回了两个字——诚信。在食品安全问题频出和信任危机的背景下,袁家村用实际行动告诉游客:面粉是用小麦磨出来的,豆腐是用黄豆一步一步做出来的。前店后厂的形式,让所有游客都看得清清楚楚、明明白白。货真价实为袁家村赢得了游客的信任,也为乡村经济发展奠定了长远基础。

乡村发展中最难的一点还在于平衡利益关系。要让全体村民共进退，成熟的制度非常关键，而目标一定是共同富裕。为了解决贫富差距问题，袁家村探索出的全民股份制作坊街的方式，有效解决了各种利益冲突。在这条街上，只要村民参股，不管谁家生意做得好，都等于自己在赚钱，村民们盼着各家生意兴隆，少了许多恶性竞争。

有了群众对村干部的信任，有了村干部谋发展的高瞻远瞩，加上细致入微的群众工作，袁家村的旅游工作才得以顺畅展开。

案例启示

1. 集体经济、精明领导与微观规划

集体经济相比个体小农经济具有规模效应（规模报酬递增）、分工效应（提高生产效率）、议价能力（作为卖方）等，因而能够快速发展、完成原始积累，人均收益也会高于个体经济。袁家村给中国广大乡村的启示依然是集体运作，这是首位的。特别是在当下新型城镇化持续推进、乡村青壮劳动力普遍外流的背景下，通过土地确权后流转发展大农业、规模化集体化（农业合作社是乡村集体经济和个体经济一种折中的组织方式）经营有助于提升农业生产效率。

然而，精明的领导是关键要素。这里精明的领导是广义的，当然包括土生土长的乡村人（显然这具有偶然性），更包括外来的智慧（国家制度层面的大学生村官制度）。

规划是有必要的，规划所构建的秩序是对成本的节约，但是也会掣肘于执行的惯性。微观规划既能够发挥规划的优势，也能够最大限度地减少其不足。相比宏观规划，微观规划显然更容易编制和操作。其关键在于规划编制人员与执行人员的有效沟通。"见过世面"的袁家村领导和村民在编制规划、理解规划、执行规划过程中的作用同样是其他乡村规划编制的榜样。

2. 打造乡村文化产业独有品牌

纵观陕西乡村旅游发展情况，整体呈现遍地开花的现状，而"假日人多平时人少"这种尴尬的局面不可避免，乡村旅游的主体目标人群大多限定于县域周边，像袁家村、马嵬驿这样能够吸引全省、全国目光的典型毕竟只是个案。有些特色小镇缺少产业或文化，一味地复制袁家村模式而走入窘境。但当下，开发商也逐渐认识到"文化+"的重要性，陕西全省30多个文化旅游名镇也通过举办传统文化表演等形式，不仅使得皮影、泥塑、社火、民歌、说书等众多地域传统文化得到传承，也极大地丰富了周边居民的精神文化生活。浙江安吉县鲁家村"无中生有"，通过"巧方令"小村提"颜值"，实现了中国美丽乡村精品示范村创建目标，然后打造了全国首个家庭农场集聚区和示范区这一品牌。

乡村发展一定要注重资源整合，要破除行政地域的限制，围绕文化圈、文化带、文化脉络做文章，激活地方文化产业，突出视觉震撼力、历史穿透力、现实感染力、生活渗透力，做活文化资源。乡村振兴的重要途径之一就是发展乡村旅游，在政策、资本、需求等的共同推动下，乡村旅游从最早的"吃农家饭、住农家院"发展到现在的现代农业、休闲农场、乡村酒店、主题民宿、艺术空间、乡村营地、农业庄园、乡土博物馆、古村落以及由外国人在乡村经营的"洋家乐"和艺术家、文人在乡村经营的"艺家乐"等在内的复杂体系。乡村旅游实现了升级和分化，形成了极为丰富和多层的产业业态、组织形态、生活状态和社会生态。

视角十三

对外文化贸易

拓展与更新

文化贸易是指世界各国(或地区)之间所进行的以货币为媒介的文化交换活动。它既包括有形商品的一部分,如音像制品、纸制出版物等,也包括无形商品,如版权、关税等。它是文化经济链条上的相关环节,如果说文化产业直接关注产品的生产,那么文化贸易则关注文化产品的下游,关注与文化产品制造紧密连接的文化产品的流通、交易与销售领域。

近年来,中国对外文化贸易持续高速增长,中国文化产品在国际文化市场上的份额不断扩大,竞争力显著增强。随着"一带一路"倡议的展开和数字技术的飞速发展,对外文化贸易领域出现了许多新的亮点,也面临着许多新的机遇和挑战。面对新形势,中国对外文化贸易应实现"两个转变":从注重文化产品出口向注重文化服务出口转变;从注重市场占有率向注重国际社会影响力和价值引导力转变。①

中国文化产品出口的高速增长已成为国际文化贸易领域的一道亮丽风景线。根据2016年3月联合国教科文组织发布的《文化贸易全球化:文化消费的转变——2004—2013年文化产品与服务的国际流动》报告,2013年,中国文化产品出口总额已达到601亿美元,成为世界第一大文化产品出口国。近年来,中国对外文化贸易保持了良好的发展势头。根据商务部公布的数据,2019年,我国文化贸易保持平稳快速发展。文化产品进出口总额1114.5亿美元,同比增长8.9%;其中,出口998.9亿美元,增长7.9%,进口115.7亿美元,增长17.4%,贸易顺差883.2亿美元,规模扩大6.8%。

国际版权组织衡量一个国家文化产业竞争力的指标总共有三个:文化产业在GDP中所占比重、文化产业就业人口数量和文化产业出口能力。我国文化产业总出口额达到近千亿美元,这是一个很大的成就,这个数字接近于本世纪初全球文化产品出口额的总和,表明我国文化产品的国际市场占有率和国际市场竞争力已经得到了很大提升,也说明我国文化产业发展水平迈上了一个新台阶。

文化贸易、文化交流与文化传播良性互动,开创了中国文化"走出去"的新格局。文化交往的过程,往往是不同文化相互冲突、相互适应、相互学习、相互促进的过程,从而克服彼此固有的不足,吸取彼此的精华,共同促进人类社会的进步。作为文化交往的重要手段,文化贸易的作用越来越突出,但文化贸易不能孤立进行,必须要与文化交流、文化传播形成良性互动。

我国举办的大型文化活动,如中法文化年、中俄文化年、北京奥运会等,都对中国文化走向海外起到了重要促进作用,这些均可视为中国文化"走出去"的基础性工程。到目前为止,中国已经在30多个国家设立了中国文化中心,中国环球电视网(CGTN)也在许多国家落地,对中国文化的国际传播发挥了重要作用。特别值得一提的是遍布全球的孔子学院,对中国文化的"走出去"起到了基础性支撑作用。近年来,孔子学院的注册学生数以及参加汉语考试的人数均有显著增长,有效带动了汉语和中国文化的国际传播,也有力推动了中国对外文化贸易的发展。

数字技术带动文化出口,游戏和数字内容产业成为中国文化出口的新亮点。科技创新推动文化产业转型升级和提质增效,催生了新的文化业态,改变了文化产业的商业模式和贸易方式,带来了文化贸易新的增长点。在中国,互联网技术和数字技术成果带来的商业进展,已从蓄势待发进入群体迸发阶段。全业务流程的智能化、线上线下的融合,以及消费的场景化与个性化,使中国文化产业发生了质的飞跃。未来,大数据、物联网、区块链、人工智能等技术的运用,将会为文化产业和文化贸易插上翅膀。

---

① 李怀亮. 中国对外文化贸易的新趋势[EB/OL]. (2018-06-01)[2020-09-17]. http://www.rmlt.com.cn/2018/0601/520087.shtml.

近年来,游戏产业和数字内容产业异军突起,成为中国文化"走出去"阵营中的新亮点。《2019年中国游戏产业报告》显示,2019年中国游戏市场实际销售收入2308.8亿元,同比增长7.7%;中国游戏用户规模达到6.4亿人,同比增长2.5%。该报告称,国内游戏企业通过深耕自主研发,探索新的发展模式和途径取得较快增长。2019年,中国自主研发游戏在国内市场实际销售收入达到1895.1亿元,同比增长15.3%。而中国自主研发游戏海外市场收入增速高于国内市场,2019年中国自主研发游戏海外市场实际销售收入达115.9亿美元,增长率21%。海外市场中,美、日、韩市场占比近七成,美国占比三成以上。在数字内容出口方面,数字影视内容、网络文学和数字音乐增长较快。网络文学规模从2012年的26亿元迅速增长到2017年的130亿元。中国网络小说正在成为一种蓬勃兴起的文化现象,一种正在代表中国、影响世界的新文化标签。

"一带一路"沿线国家成为中国对外文化贸易的新热点。随着中国对"一带一路"沿线国家投资、贸易的增长,这些国家的人民渴望了解中国文化的热情持续增强。这种好奇心将会带来"一带一路"沿线国家对中国图书、电影、电视节目、演艺、动漫、网络游戏、创意设计等文化产品和服务的强劲需求,中国对"一带一路"沿线国家的文化出口也将呈现爆发性增长态势。为加强与"一带一路"沿线国家和地区的文明互鉴与民心相通,切实推动文化交流、文化传播、文化贸易创新发展,2016年,文化部制定了《"一带一路"文化发展行动计划(2016—2020年)》。目前,面向"一带一路"国际文化市场的文化产业发展格局初步形成,文化企业规模不断扩大,文化贸易渠道持续拓展,服务体系建设初见成效。

"一带一路"沿线国家作为中国文化贸易对象国的重要性显著上升。随着"一带一路"沿线国家文化市场与中国文化市场的联系更加紧密,中国强大的文化消费需求将逐步外溢到"一带一路"沿线国家。"一带一路"建设将成为经济全球化的新主角,对经济全球化产生重大影响。在这条和平之路、繁荣之路、开放之路、创新之路、文明之路上,文化贸易必将发挥其独特优势。

案例一　让中国声音传遍非洲大陆[①]——四达时代进军非洲传媒市场的成功之路

央视大型纪录片《大国外交》中有这样一个片段:永博,坦桑尼亚的一个小村落,姆盖尼一家生活贫苦,全家人的梦想,就是有一天能在家里看上电视。但在当地,数字电视费用高昂,是富人才能享有的奢侈品。今天,她的梦想实现了。一家名为四达时代的中国企业,为她家接通了数字电视信号,以后每个月她只需要付很少的钱,就能收看到20多个本地和国际频道。"我想(通过电视)知道其他国家的情况,他们是如何生活的,跟我们有什么区别。"姆盖尼这样说。通过电视荧屏,非洲观众可以了解当今世界,包括一个与世界日益交融的中国。

从让普通非洲人看得起数字电视,到大规模传输中国电视节目,四达时代集(以下简称四达时代)团进行了十余年的不懈努力,积累了大量的实践经验。

1. 深刻洞悉市场终获首战告捷

知己知彼,方可百战不殆。没有硝烟的对外文化贸易市场同样如此。要想在广漠的荒原竖起广厦,抑或在汹涌的潮头屹立不倒,就必须摸清对手和战场,四达时代深谙此道,成就了中国企业进军非洲传媒市场的拓荒者和弄潮儿。

[①] 文化产业案例研究课题组.首都文化产业(文化企业)案例分析[M].北京:经济日报出版社,2015:116-122.

(1)非洲数字电视的落后意味着发展的机遇。

总部位于北京经济技术开发区的四达时代集团,是中国广播电视行业最具影响力的系统集成商、技术提供商、网络运营商和内容提供商。成立于1988年的四达时代如今已迈入第31个年头。虽然一直没有离开过广播电视行业,但2002年之前的四达时代只是一家专注于系统集成和技术提供的国内公司,并没有涉足内容制作等领域,也没想到有一天会走上全球发展的道路。

随着国内广电技术行业竞争的日趋激烈,企业的生存和发展受到了严重的制约。于是,四达时代集团总裁将眼光投向了海外。技术更加成熟且管控严格的欧美国家难以落脚,尚未被"开垦"的非洲大陆让四达时代觉得无限的机遇在向自己招手。

2002年,四达时代远渡重洋,开启了与非洲各国携手并肩,共同推动社会数字化、信息化的伟大事业。目前,四达时代已在卢旺达、尼日利亚、肯尼亚、坦桑尼亚、乌干达、莫桑比克、几内亚、刚果(金)、南非等30多个国家注册成立公司并开展数字电视运营,发展用户近千万,成为非洲大陆发展最快、影响最大的数字电视运营商。

四达时代进入非洲市场并非偶然,而是源于对广电行业的高度敏感和对当地市场的准确研判。2002年的四达时代,还只是一个名不见经传的民营企业。经过集团总裁赴非洲考察后,他发现非洲是一个广阔的市场。当时,非洲仅有一家较有实力的公司在经营数字电视业务,数字电视的初装费约为200美元,收视费每月要50~100美元,看电视成了少数有钱人才能享有的特权。事实上,当时非洲的广播电视市场非常不发达,很多非洲家庭甚至都没有电视机,或几个家庭共有一台电视机,即便有电视机,也只能收看两三个频道;数字电视更是遥不可及的事情,只要"让每个非洲家庭都能买得起、看得起、看得好数字电视,共享数字电视的美好,就能占有非洲市场。"

(2)锲而不舍攻克非洲传媒市场。

三千多万平方公里的非洲大陆上分布着56个国家,人口超过10亿。这看似是一片广袤丰盈的市场,四达时代的布局之路却是"步步惊心"。国与国之间完全不同的法律法规、政策管控、市场情况与国内相比,这里的一切都是陌生而多变的。

机遇离成功还有很长一段距离。要真正打开非洲市场却不是一件容易的事,由于在政策、法律、税收甚至是文化等各方面的差异,随后四达时代早期在非洲的发展并不顺利。但是四达时代并未放弃,在众多非洲国家中,卢旺达被确定为进军非洲的突破口。

2007年,经过5年漫长的摸索,四达时代终于在卢旺达获得了第一张海外付费数字电视运营牌照和频点,随后四达时代传媒(卢旺达)有限公司宣告成立。2008年8月26日,卢旺达项目建成并投入运营,卢旺达总统保罗·卡加梅在现场发表了重要讲话,对项目以及其对卢旺达的意义给予了高度评价。自运营之日起,卢旺达项目由最初的主要聚焦首都基加利市场,逐步向其他地区扩展,现已覆盖7个城市、地区,能够提供超过40套电视节目服务,目前系统运行状态良好。

越是落后,说明市场潜力越大,但收获离不开尽心耕耘。卢旺达项目的成功,给了四达时代正式进军非洲的勇气和信心。四达时代勇闯非洲市场并旗开得胜,起因是非洲广播电视的落后给了四达时代想象的空间,但成功的关键还在于四达时代多年锲而不舍的努力以及对目标市场的苦心经营。

2. 凭借过硬本领纵横非洲传媒市场

如果说卢旺达项目只是拉开了四达时代"走出去"发展战略的序幕,那么接下来四达时代便在非洲大地四面出击,攻城略地,无往不胜。

(1)逆金融危机果断向非洲全境传媒市场发力。

2008年,席卷欧美的金融危机爆发,给遥远的非洲大陆也带来了震颤。来自欧洲的竞争者由于突如其来的金融危机,纷纷收缩业务、减少对非洲的投资。竞争压力的减少,给四达时代在非洲战略扩张提供了千载难逢的机遇,集团总裁将四处筹措的资金果断的投向非洲市场,包括多年的积蓄、私募资金和银行贷款全部投到非洲市场,从而奠定了四达时代非洲事业的基础。

2008年之后的短短三年内,四达时代极速发展,在卢旺达项目的基础上,相继在几内亚、乌干达、尼日利亚、坦桑尼亚、中非、布隆迪、莫桑比克等国成立了数字电视运营公司,获得了电视经营牌照和无线频率许可,开通了地面无线数字电视系统。

(2)稳扎稳打迎来非洲数字电视领域的全面胜利。

尼日利亚项目是四达时代在非洲建设运营的数字电视项目中规模最大的项目。尼日利亚NTA四达时代电视网络有限公司于2010年7月成立,该公司项目的第一期城市为阿布贾、拉各斯、卡诺,发展用户近250万,覆盖50余个城市。尼日利亚公司还同步开展移动多媒体业务,申请无线互联网牌照,提供无线互联网接入服务。

坦桑尼亚项目作为四达时代的重要建设项目,发展态势良好。四达时代与坦桑尼亚国家广播电视公司(TBC)共同成立了由四达时代控股的合资公司,预计三年内完成坦桑尼亚全国的数字电视转换以及信号覆盖,还获得了移动多媒体运营牌照,该项目在14个城市建成并开通电视信号。同时,坦桑尼亚政府还给予了这个项目"战略投资者"地位的最高投资优惠政策。

从踏上非洲土地至2015年,四达公可已建成地面数字电视发射台102座、移动电视发射台23座,在欧洲、东非和西非建成11座地球卫星上行站,信号可覆盖非洲、欧洲全境和亚洲大部分地区,还完成了东、西非5座大型数字电视播控中心的建设,搭建起直播卫星、地面电视以及移动多媒体广播系统多层覆盖的无线数字电视传输平台,形成了星地结合网络体系。目前,四达时代在非洲30多个国家注册成立公司并开展数字电视和互联网视频运营,发展数字电视用户超过1300万,移动端用户2000万,已经成为非洲发展最快、影响最大的数字电视运营商。

(3)面向大众的市场定位赢得非洲政府和民众认可。

在赢得非洲市场的过程中,四达时代以"让每一个非洲家庭都能买得起数字电视、看得起数字电视、看得好数字电视"为责任目标,将非洲业务的市场定位为"面向大众"。通过同一项目国的广播电视技术标准,进而形成统一的、规模化的生产降低生产成本,使非洲人民"买得起数字电视"。终端产品价格的降低和地面数字电视广播系统的优点使得数字电视的普及成为可能,进而为付费数字电视的规模运营创造了条件,付费电视的规模运营大大摊薄节目的成本,从而使非洲人民"看得起数字电视"。通过不断优化传输网络、提供丰富的节目内容、强大的客服体系,使非洲人民"看得好数字电视"。四达时代放弃高额的垄断利润,以规模换效益,将看电视这一行为由奢侈品转为必需品,得到了非洲政府和民众的高度喜爱和欢迎。

现如今,只要是四达时代数字电视网覆盖得到的地方,非洲的百姓每月只需3~5美元就可以观看包括新闻、电影、娱乐等在内的几十套类型的节目,极大地推动了数字电视在非洲的普及,大大丰富了非洲人民的文化生活。随着非洲数字电视整改项目的推进,用户还将实现机顶盒免费使用,真正实现四达提倡的"共享数字电视美好"的发展愿景。

这一时期,四达时代紧抓机遇,几乎倾尽所有,资金、技术和人力投入换来了四达时代历史上的极速发展期。更重要的是,四达时代数字电视业务在非洲大地四面开花的同时,始终坚持普惠思路,通过技术整合等多种方式实现了数字电视的低价传输,这一努力符合非洲人民消费实际,从根本上改变了项目国广播电视的落后状况,使其跨越模拟而一步进入数字时代,让无数非洲普通人也享受到了现代化的数字电视生活,得到了非洲政府和民众的高度认可。

3. 从基础建设到内容运营全面出击

如果把数字电视工程项目比喻为高速公路,那么作为一家有远大抱负的跨国传媒集团,四达时代的志趣显然不光是"修路",还要主导道路建成之后路上"跑什么车""车上装什么货"。这就要求四达时代在基础建设之外,更多的是在内容运营方面倾注心血,构建独具特色的内容平台,实现规模和效益的"双丰收"。

(1)持续构建本土化的数字电视运营体系。

四达时代以强大技术为支撑,在数字电视工程建设阶段就实现了无线数字电视平台、CMMB手机电视平台、直播星业务平台的有机融合。紧接着利用牌照资源在有运营权的项目国建立渠道销售体系,包括200家营业厅,3000家便利店,5000家渠道商。同时,在各项目国还建立了呼叫中心;提供近300个座席,开展24小时不间断服务。形成了多元化的用户缴费系统、多业务支撑系统、收视行为分析系统,实现了营业厅缴费、网上缴费、银行缴费、手机钱包等多种缴费形式。为了更好地融入、推动当地社会发展,四达时代高度运营团队的本土化、大规模培养和启用当地人才,非洲员工占海外员工的总数达到95%以上,遍及市场、技术、服务等各个方面,实现直接就业4000余人,间接就业数万人,并且有100多名本地员工进入公司的管理层。

(2)大力丰富符合民众需求的数字电视内容。

在一张精心设计的运营大网逐步成形的同时,四达时代根据非洲人民的文化传承和喜好,开始通过各种方式丰富电视节目内容,与80多家世界知名的传媒公司签署了100多个电视频道的转传协议,并且开办了集欧美电影、非洲影视、中国影视等在内的自办频道,提供国际知名频道、非洲本地频道、中国主流媒体以及四达时代自办频道等480多个频道,涵盖新闻、综合、影视、体育、娱乐、儿童、音乐、时尚、宗教等类型,用英语、法语、葡萄牙语、汉语及非洲本地等8种语言24小时不间断播出,年节目更新量超过2万小时。

(3)整合集团资源,迈向全球有影响力的传媒集团。

通过网络运营,四达时代的非洲数字电视业务得到了广泛拓展,不仅掌握了数字电视的运营权;还建立了数字电视运营体系,形成了庞大的数字电视节目制播平台,通过数字电视的整体运营拉动了国内数字电视周边设备、物资、产品等出口,稳定并加强了非洲数字电视业务。在"修好路、跑好车、配好货",确保企业发展的同时,大大丰富了非洲人民的精神文化生活。

如今的四达时代,依托其对行业的深刻理解和准确把握,以及全面而高水平的产品、技术和运营团队,专注于制订数字电视整体解决方案、数字电视增值业务以及广电网络的投资与运营于一身,正昂首阔步飞奔于集团宏大的战略目标——全球有影响力的传媒集团,建立四达商业生态。

4. 不忘初心成就受欢迎的文化使者

在企业发展、造福非洲的同时,四达时代从没有忘记自己是一家地道的中国企业。随着"走出去"的步子越走越稳、越来越大,四达时代越来越注重传播中国文化的责任。

(1)不断向非洲输出中国优秀电视频道和节目资源。

《媳妇的美好时代》是首部斯瓦希里语版的中国电视剧,一度在坦桑尼亚和非洲其他地区播出,让非洲观众了解到中国老百姓家庭生活中的酸甜苦辣,感受中国的发展,因而成为一个重要的文化现象。这部广受非洲人民喜爱的电视剧,正是通过四达时代数字电视传输平台向坦桑尼亚及其他非洲地区播出的,而且还有更多优秀国产译制片通过这一平台登陆非洲,掀起了"中国热"。

为了满足非洲观众观看更多中国影视剧节目的需求,2011年四达时代成立译制中心,开始译制中国影视剧;2014年,四达时代在经开区的总部新建配音室,开始了中国影视剧译制、配音业务,目前年译配产能超过一万小时。

与此同时,以比赛的形式发掘非洲本地配音人才的首届"四达杯中国影视剧斯瓦希里语配音大赛"开赛,比赛采取以斯瓦希里语为中国影视剧配音的形式,参赛选手所配音的电视剧片段均出自"北京影视剧展播季"相关配音项目剧,如《妈祖》《大猫追爱记》《老米家的婚事》等,现场十分火爆。

截至2014年底,中国中央电视台的新闻频道、法语频道和国际频道、凤凰卫视及四达时代自办共计38套中国内容的电视频道覆盖了各个非洲国家的主要地区和人群。四达时代还自主翻译配音《奋斗》《我的青春谁做主》《西游记》《射雕英雄传》《神雕侠侣》等电视剧,受到非洲观众喜爱,一度掀起了中国热。通过收看电视节目,他们都特别渴望了解中国,从吃穿住行到结婚恋爱,都非常感兴趣,成为文化成功"走出去"的最好例证。

(2)积极促成中非多领域、高层次的政府往来。

除了借助传媒进行的民间交流,四达时代还积极促成中非多领域、高层次的政府间往来。从2011年开始,四达时代创办了非洲数字电视发展高峰论坛,在非洲广电行业产生了广泛影响,规模和层次逐渐提高。2014年,非洲29个国家的政府官员与我国文化部(现文化和旅游部)等各级政府领导、金融机构、大型企业和诸多资深专家齐聚一堂,共话广电行业发展大计,为中非围绕广电行业开展更广泛的合作奠定了基础。

在"一带一路"倡议持续推动的背景下,中非文化交流正展开新的一页。数字电视则为中非文化交流架起了一座桥梁。

2018年6月28日,由四达时代集团主办的第八届非洲数字电视发展论坛在北京举行。来自48个非洲国家和亚洲国家的广播电视部门领导和中国政界、企业界400多名代表齐聚一堂,共同探讨非洲广电数字化发展大计,畅想中非媒体合作美好未来。

非洲一直以来都是中国对外文化交流与合作的重要区域之一。随着四达时代在非洲市场的不断拓展,数字电视逐渐成为中非合作的亮点。在"一带一路"倡议的背景下,这一点将体现得更加明显。

一路走来,四达时代坚持不懈、甘苦自知,在海外市场上获得了巨大成功。但事实上,文化企业"走出去"的困难要远远大于基建企业,尽管投资额和短期收益不一定占优势,但是文化企业往往能实现长线发展,名利双收。加大政策创新和支持力度,不断扶持越来越多像四达时代这样的文化传媒企业走出去、扎根海外,对于增强我国软实力、深化我国与全球各国的传统友谊有着重要意义。

案例二 《吴哥的微笑》——中国文化"走出去"

《吴哥的微笑》是在中国文化部(现文化和旅游部)和柬埔寨文化部共同支持下,由云南文化产业投资控股集团(以下简称云南文投集团)投资,在云南省省委省政府直接领导下,运用中国创意、柬埔寨元素于2010年在柬埔寨吴哥窟打造的一台全方位展示柬埔寨吴哥王朝,集思想性、艺术性、观赏性为一体的大型舞蹈史诗剧目,全剧选取吴哥文化瑰宝中最具代表性的文化意象,结合现代手法加以表现。

节目开演十年以来得到柬埔寨各方高度认可,吸引世界 50 多个国家广大游客,到 2018 年底总共演出 3900 场,观众人数达到 180 万人,创造了中国国有文艺院团在国外驻场演出时间最长、演出场次最多、观众人数最多的典型案例。《吴哥的微笑》作为一台旅游演艺节目能够"走出去",在国外生根发芽、开花结果,在取得了良好经济效益的同时,更取得了良好的社会效益,成为中国文化"走出去"的典型案例。

1. 面向市场打造产品,准确定位

开拓市场有两个重要环节:首先产品定位要符合市场,其次要有一套开拓市场的科学办法和一支擅长演艺营销的队伍。云南文投集团根据演艺产业的特点,把云南省歌舞剧院、云南省杂技团、云南艺术剧院组建成为云南演艺集团,承担开拓国际国内演艺市场的重任。由于云南民营演艺产业发展较快,省内旅游演艺市场大都被占领,云南演艺集团选择新兴旅游胜地腾冲为突破口,打造集思想性、艺术性、观赏性为一体的大型文化旅游演艺项目《梦幻腾冲》,一举获得成功。以此项目的成功为基础,云南文投集团又把目光投向了东南亚国家演艺市场。通过调研,发现柬埔寨吴哥是一个近年来快速成长的国际旅游市场,每年接待游客达到 160 万人次,而且每年增长在 20% 以上,游客停留时间也比较长,具备大型旅游演艺剧目开演的基础条件。针对吴哥的旅游演艺市场,美国、日本、韩国等国家的企业去做过项目尝试,但由于水土不服而没有扎根,只留下一些简单歌舞伴餐,真正有档次、有规模的演艺剧目在吴哥还是空白。

柬埔寨是一个同我国云南地缘相近、人缘相亲、文化相似的一个国家。云南文投集团先后到印度、缅甸、越南、老挝、柬埔寨、新加坡、马来西亚、印度尼西亚进行广泛的市场调研,经过认真的论证和分析后,最终确定在柬埔寨实施《吴哥的微笑》驻场旅游演艺项目。吴哥窟是世界七大奇迹之一,世界文化遗产,国际化的旅游目的地,每年来自世界各地的游客约 200 多万人。深厚的历史文化底蕴、丰富的旅游资源,十分符合国际旅游演艺产品落地所需的条件。

2. 本土化运作模式

《吴哥的微笑》是针对来吴哥旅游的世界各国游客量身打造的商业化演艺项目,在节目创作和项目打造中,云南文投集团始终坚持"中国的创意、柬埔寨元素、吴哥的微笑、云南的骄傲"的本土化理念和策略。

(1)艺术元素本土化。选取吴哥文化瑰宝中最具代表性的文化意象,以吴哥历史文化为背景,运用现代化的舞美科技手段,通过柬埔寨传统的音乐、武术、舞蹈等艺术,如宫廷烛光舞、仙女舞、孔雀舞等,向世人展示了柬埔寨古老而瑰丽的文化,再现了吴哥王朝的辉煌历史。同时也充分尊重了柬埔寨传统民族文化,增强了柬埔寨人乃至世人对吴哥窟的敬仰,增强了柬埔寨人的民族自豪感。

(2)创作过程本土化。云南文投集团的艺术家团队进驻吴哥开展实地创作,一遍又一遍地徜徉在吴哥古迹中,从浩瀚如海的石窟和壁画中寻找艺术的灵感。同时与柬埔寨艺术家不断交流和沟通,增进两国艺术家之间的情感和互信,吸收了柬方艺术家提出的大量意见和建议。

(3)演职人员本土化。由于柬埔寨整体艺术水平不高,演员演出形式单一,节奏缓慢,难以实现演出整体效果,所以在演出初期,云南文投集团主要以转企院团的中方演员为主。之后通过与暹粒省文化局等方面合作,从柬埔寨皇家艺术学院和暹粒省当地招聘了近 200 名演员进行培训,最终挑选了 60 多名优秀的演员参与演出,现该项目共有柬埔寨演职人员 150 多名,实现了员工的本土化。这样既节省了成本,又促进了当地就业,还提供了较高的工资待遇,为中资企业在当地赢得了良好声誉,许多当地人只要听说《吴哥的微笑》公司招聘员工都踊跃报名。

3. 努力适应新环境，探索演艺企业"服水土"的路径

节目本土化解决之后，怎样让演艺企业"服水土"是文化"走出去"又一个关键。云南文投集团在项目的实施中，对柬埔寨法律、文化风俗、税收制度、政府运作模式、市场类型的适应都是很大考验。柬埔寨是一个开放不久的国家，许多外商投资政策不完善。税收很高，各个环节灰色费用名目繁多，文化上还比较封闭，文化禁忌较多，如仙女舞只允许本国人演出。吴哥长年气候炎热，环境差，给云南文投集团演艺企业发展带来了很大困难。演艺市场是多国游客组成的，每个国家消费水平和旅游规则不同，如欧美、日本游客消费水平高，但以散客为主。越南、柬埔寨游客消费水平低，韩国、中国、泰国游客消费居中，但大都以团队形式出游。对如此复杂市场，需要多种营销策略，而云南文投集团队伍又难以适应这种复杂市场。复合型人才极度缺乏，既懂节目制作又懂管理营销及外语的复合型人才几乎没有。这些问题都必须在实践中逐步适应，逐步解决。

柬埔寨是刚开放不久的国家，在外资项目发展上很多法规尚未健全。如土地不能卖给外国公司，所建物业第一层不能卖给外国人。这给云南文投集团建设剧场带来很大困难，所以集团只能高价租用韩国援建代管的一个会展中心，改造成剧场和配套餐厅。此外，柬埔寨的法制化程度很低，造成云南文投集团办理行政审批等事项时隐性费用很高。根据以上情况，云南文投集团找到一家在柬埔寨很有影响和实力的合作伙伴索马公司，通过他们协调解决遇到的困难，同时也开展一系列政商活动，通过邀请柬方观看《吴哥的微笑》演出和光临集团结合《吴哥的微笑》文化服务项目投资的"微笑餐厅"品尝滇菜，感受中国的滇菜饮食文化，沟通各种渠道改善关系，开展各种协作，以此赢得了柬方的信任，树立起了项目品牌和信任。

4. 聘请专业化队伍进行运营管理

如何运作和管理好境外文化演艺项目，对云南文投集团来说是一个全新的课题，云南文投集团在这一方面作了大胆而有益的探索。为保障国有资产保值增值，云南文投集团从多方组织考察人员组成专业团队全面负责经营管理，打破传统分配方式，调动演职人员积极性。项目除经营演艺主业务以外，还涉及餐饮业务。为贯彻云南省委、省政府提出的"滇菜要进京入沪下南洋"云南文投的精神，云南文投集团斥资1000多万元人民币，经营中式餐厅——"微笑餐厅"。作为演艺配套项目的"微笑餐厅"目前是柬埔寨最大的中式餐厅，可以同时容纳800人就餐，自运作以来已接待100多万人次就餐。

5. 探索现代企业管理和分配新机制

充分调动中柬两国演职人员的积极性。中柬两国演职人员同在一个舞台，云南文投集团根据国别（因柬埔寨收入低，演员工资水平不到中国三分之一）、演出角色、演出时间、演出水平进行分配，打破原来的平均主义、大锅饭、干好干坏一个样的做法，一些年轻人因此脱颖而出。营销人员除了一小部分基础薪酬外，根据销售情况进行按月考核分配，整个项目都与营销效果挂钩，同时又严控成本，一切围绕市场销售和盈利来推进项目。目前，《吴哥的微笑》柬埔寨演员工资很高，在柬埔寨十分有吸引力。通过多年运行，《吴哥的微笑》剧目和微笑餐厅现在在柬埔寨成为一流的规范管理企业，不少柬中企业都来参观学习。2014年整个项目实现了盈利。按旅游演艺项目规律，下一步品牌形成后，营销宣传费用会大大降低，市场将会不断扩大，加上吴哥游客的较快增长，整个项目前景十分看好。

6. 对"走出去"的借鉴作用和参考价值

《吴哥的微笑》项目的成功具有以下重大意义。

（1）开拓了国际演艺市场，在赢得良好的经济效益和社会效益的同时，探索了中国演艺企业"走出去"开拓国际市场的成功路径。长期以来，虽然我国在文化特别是演艺迈出国门方面进行了不断探索，但始终以文化交流或传统的演艺节目输出为主，缺乏长效性，难以在国际演艺产业平台上形成自主经营的品牌。《吴哥的微笑》可以说打破了中国传统节目输出的模式，以文化旅游演艺项目为载体，探索出了一条中国演艺"走出去"的新模式。

（2）为转企改制的国有文艺院团找到了出路，激发了活力，增加了收入，培养了一批外向型国际演艺产业艺术创作和经营管理的人才队伍，也提升了集团与国际化接轨的公司经营管理机制，巩固和深化了国有文艺院团改革的成果。为了鼓励和激发艺术产品主创人员和经营管理人才的积极性，学习借鉴国外先进企业的管理模式，结合自身特点，支持和建立项目公司股权激励机制，鼓励主创人员和经营管理人才通过创作费和经营业绩贡献出让给个人拥有期股。

（3）作为中柬两国艺术家联手创作的节目，弘扬了柬埔寨民族文化，得到柬埔寨官方及世界各地游客的认可，促进了中柬两国文化交流合作，提升了我国文化软实力。同时，也提升了柬埔寨对艺术的欣赏水平，增强了柬埔寨人民对吴哥古老历史文化的认同感和自豪感，增强了柬埔寨人民的民族自信心和自尊心，促进了中柬两国的友谊。

（4）为中国演艺企业走出去提供了经验借鉴。第一，演职人员"本土化"，是演艺项目在国外长期扎根的有效措施。中国的文化企业要能走出去、扎进去、融进去，首先要充分地尊重本土文化，最大限度地包容和吸纳本土文化；其次是最大限度地让职员"本土化"。第二，靠"软实力"输出。《吴哥的微笑》讲述的不是中国故事，但它是中国的创意、中国的理念、中国的手法、中国的管理，而这恰恰是文化产业的"软实力"，是文化产业的核心。第三，靠"政、商、民"共同发力"走出去"。文化"走出去"不是企业单方面的行为，这其中涉及政治、经济、文化、外交等诸多方面，应从政府、企业、民间等综合因素来考量。

《吴哥的微笑》从小的方面说是一台境外商业演艺项目，从大的方面说是中柬两国的文化交流与合作，涉及经营管理、劳工签证、项目审批、劳资关系、国家关系等方方面面的问题，这些问题都不是轻而易举可以解决的，有的是上升到国家层面才能得以解决的。

案例启示

对外文化贸易是国际贸易的有机组成部分，是"一带一路"建设的重要纽带。北京四达时代集团对非洲市场的开拓，以及云南文投集团的《吴哥的微笑》演艺项目都是中国文化走出去的典型案例，对于文化"走出去"具有很好的启示和借鉴意义。

1. 加强对外文化贸易的品牌建设

品牌是文化产品企业的一种无形资产，代表着产品形象和产品品质。对于消费者来说品牌更是一种识别标志，它象征着一种价值理念和该产品的企业精神。

从国际贸易角度来说，一个产业想要进入国际市场，品牌就好比是通行证。国际上众多知名企业通过文化产品的开发，并围绕文化产品衍生出创意文化类产品，经过长期的积累和建设，树立强烈识别效果的文化形象，打造出内涵丰富、充满感染力的文化产业品牌。"眼球经济"和"互联网时代"的迅速崛起使品牌在文化产业中开始发挥不可估计的能量。品牌对于文化产业来说是至关重要的，品牌能将文化产业带出国门成为文化贸易，能拉动效益的增长，能延长文化产品的生命，同时品牌会激励文化企业成长，使文化企业向多元化发展的动力更强。所以，统筹国际国内两个市场，支持更多的文化企业创建自主文化品牌是我国发展对外文化贸易的重要内容。

2. 培养国际化文化贸易人才

21世纪是"以人为本"的时代,文化贸易人才的供需不平衡会极大阻碍文化贸易的发展。目前急需专业上既懂得国际文化市场规律又懂法律的人才,同时还需要适应国际市场的文化创作人才,以及国际文化营销人才。这就要求提高人才的专业性和综合能力,要重视复合型人才的培养。复合型人才可以描述为拥有全面的综合素质,具备高水平的专业能力,适应国际市场变化和丰富的实践经验。国家教育、文化、商务等相关部门可以定期对文化贸易从业人员进行技能培训和辅导,使文化贸易业务管理人员和专业技术人员能够及时提高业务水平,掌握国际文化市场运行规则。

3. 促进专业化而非规模化,提升文化企业自身发展能力

随着对文化企业自身发展的深入研究,就会越来越发现现在关注重点应该是文化企业规模的壮大而不是文化企业的精、强、专。如今想要提高文化企业的分工和专业化首先要将阻碍文化统一大市场的区域限制进行调整,并降低国内文化贸易的交易成本;其次,国内文化贸易政策应将基础性的鼓励措施落到实处,例如降低企业经济成本的交通费、税收和通信费等优惠政策,使文化企业主动集聚时不受成本制约;再次,打造专业化强的文化企业需要国外成熟文化企业的引领和带动,应通过招商引资来强化国内文化竞争氛围,加快文化企业专业化进程;最后,在政策支持方面应着力建立以公共服务为主的服务平台,优化基础设施,鼓励个体文化执业者和文化工作室等工作体参与到文化的发展平台中来。

4. 以健全促进体系形成"走出去"的合力

"走出去"是企业经营活动由本土向境外延伸、实施跨国经营的发展战略,也是一个国家(地区)的经济国际化战略。推动文化产品和服务"走出去"是一项复杂的系统工程,需要建立健全企业、政府、金融、社会中介共同参与的国际文化贸易促进体系。建立健全对外文化贸易的信息服务体系和风险防范预警机制。企业要成功地"走出去",必须熟悉国际规则、掌握国际规则、运用国际规则,必须熟悉投资贸易国(地区)的投资环境、法律制度、市场需求、相关产业的技术动态及准入制度、文化风俗。这就需要建立以政府服务为基础、中介机构和企业充分参与的境外投资贸易信息咨询系统,为"走出去"企业提供前置帮助。"走出去"会面临地缘政治变动、市场变化、汇率波动、政策调整等一系列不可预测的风险。因此,需要建立健全常态化的风险防范机制,对企业重点投资贸易国家(地区)的投资贸易环境进行综合评估,定期发布风险级别报告,并完善涉外突发事件应急预案。

建立健全对外文化贸易的金融支持体系。对外文化贸易的发展离不开有效的金融支持。要全面落实国家有关金融服务的政策措施,推动文化资源与金融资本的有效对接。鼓励金融机构探索适合对外文化贸易特点的信贷产品和贷款模式,开展供应链融资、海外并购融资、应收账款质押贷款、仓单质押贷款、融资租赁、银团贷款、联保联贷等业务;支持符合条件的文化出口重点企业通过发行企业债券、公司债券、非金融企业债务融资工具等方式融资;发挥保险资产管理公司、金融租赁公司、财务公司、消费金融公司在发展对外文化贸易中的作用;引导鼓励商业保险公司加大对"走出去"企业商业保险险种的开发与服务力度;拓宽融资性担保机构有效服务对外文化贸易的渠道。

建立健全对外文化贸易的载体平台。打造多功能的文化产品和服务出口交易平台,鼓励文化企业建设国际营销网络,尤其要鼓励中小文化企业利用境外经贸合作区平台抱团"走出去"。

视角十四

文化体制改革

拓展与更新

近些年来,越来越多国有经营性文化单位转企改制成为市场主体,活力、实力和竞争力显著提升,有力地促进了文化产业发展和文化市场繁荣。国有文化企业在深化文化体制改革、实现社会效益和经济效益相统一、探索文化发展新业态和新模式等方面,取得了显著成效,为满足人民日益增长的美好生活需要提供了丰富的精神食粮。

《深化文化体制改革实施方案》等政策文件相继出台,明晰了改革的路线图、时间表和任务书,为国有文化企业深化改革、创新发展提供了有力支撑。2014年4月2日《国务院办公厅关于印发文化体制改革中经营性文化事业单位转制为企业和进一步支持文化企业发展两个规定的通知》提出,建立党委和政府监管国有文化资产的管理机构,强调国有文化企业要健全公司法人治理结构,探索实行特殊管理股试点和股权激励试点。

为发挥财政资金杠杆作用,支持中央文化企业做大做强,促进文化产业全面振兴,2014年12月,中央财政下达2014年中央文化企业国有资本经营预算资金10亿元,共支持72家由财政部代表国务院履行出资人职责的中央文化企业实施的118个项目。资金重点支持三个方向:一是支持中央文化企业作为兼并主体,通过购买、控股等方式取得其他文化企业所有权、控股权,或合并组建新企业、集团公司;二是支持中央文化企业进行具有典型示范效应的数字化转型升级、数字资源库、文化与科技融合等项目建设;三是支持具有竞争优势、品牌优势和经营管理能力的中央文化企业与国外有实力的文化机构进行项目合作,建设文化产品国际营销网络,推动文化产品和服务出口,开拓国际市场。

2015年中共中央办公厅、国务院办公厅印发《关于推动国有文化企业把社会效益放在首位、实现社会效益和经济效益相统一的指导意见》,将党和国家对国有文化企业的价值定位落实到政策规制层面。《关于推动国有文化企业把社会效益放在首位、实现社会效益和经济效益相统一的指导意见》根据中央要求,结合实践探索,综合各方面意见建议,明确要按照依法规范的原则,探索建立党委和政府监管有机结合、宣传部门有效主导的管理模式,推动实现管人、管事、管资产、管导向相统一,同时,提出各地可结合实际继续对本地国有文化资产监管模式进行改革探索,完善宣传部门有效监管的管理体制和工作机制。《关于推动国有文化企业把社会效益放在首位、实现社会效益和经济效益相统一的指导意见》还进一步加强了对文化企业社会效益的政策保障,提出要完善政府采购和资助办法、完善各级文化产业发展专项资金使用管理、鼓励有条件的地方组建或改组国有文化资本投资公司等,加大对文化企业社会效益突出的产业项目的支持,更好引导文化产业发展。《关于推动国有文化企业把社会效益放在首位、实现社会效益和经济效益相统一的指导意见》还特别针对文化企业特点和当前改革发展实际,提出要加大中央文化企业国有资本经营预算投入力度,推动省属重点文化企业在2020年底前免缴国有资本收益;统筹研究有利于文化内容创意生产、非物质文化遗产项目经营等方面的税收优惠政策,切实为文化企业两个效益相统一提供政策支持。

2016年7月,中共中央宣传部、中央网络安全和信息化领导小组办公室、财政部、文化部、国家新闻出版广电总局联合研究出台《关于深化国有文化企业分类改革的意见》(中宣发〔2016〕22号),对各地各有关部门深化国有文化企业分类改革工作作出具体部署。在国有企业改革大框架下,充分体现文化例外要求,与国有企业功能界定和分类相衔接。依据企业战略定位、功能作用、改革发展现状及其主营业务和核心业务范围,将国有文化企业分为新闻信息服务、内容创作生产、传播渠道、投资运营和综合经营等五种类型,区别对待、分类改革,确保资产保值增值,增强核心竞争力。

《关于加快推进国有文化企业公司制股份制改革有关工作的通知》(文改发〔2017〕12号)提出,各级国有文化资产监管机构监管的国有文化企业2018年底前要基本完成公司制改制。按照中央文化体制改革和发展工作领导小组有关部署要求,为加快推进中央文化企业完成公司制改制,2018年2月26日,财政部和中共中央宣传部印发《中央文化企业公司制改制工作实施方案》,指出中央文化企业公司制改制将获得划拨土地处置、落实税收优惠、工商变更登记、资质资格承继等方面的政策支持。2018年底,《国务院办公厅关于印发文化体制改革中经营性文化事业单位转制为企业和进一步支持文化企业发展两个规定的通知》对文化企业改革和发展给予了更明晰的规定和要求。

文化产业成为支柱性产业,必须在培育文化骨干企业上下功夫,积极发挥市场主体作用。企业是形成支柱性产业的骨干和创新主体,发展壮大文化产业,一个重要的途径就是要大力发展文化骨干企业,充分发挥这些企业的示范带动作用,加大财政、税收、金融、土地等方面的政策支持力度,发展各具优势、相互补充、分工协作的各类文化企业。深化国有文化单位体制改革,建立现代企业制度,通过资本金注入、股权投资、融资担保、减轻包袱、税费优惠等方式,扶持具有核心竞争力的国有或国有控股大型文化企业或企业集团,在文化产业发展创新和繁荣市场方面发挥主导作用。

案例一　读者出版集团文化体制改革之路

读者出版集团有限公司(以下简称读者出版集团)是以原甘肃人民出版社为基础转制成立的出版集团,成立于2006年,经过三年的改革发展,2009年12月作为主发起人,联合国内4家知名企业共同发起设立读者出版传媒股份有限公司。该公司于2015年12月10日上市,首次公开发行新股6000万股,发行价9.77元每股,募集资金5.86亿元,发行市盈率19.85倍。上市当日,"读者传媒"即以44.01%的涨幅达到上市新股44%的涨幅上限涨停。公司上市实现了甘肃省文化企业上市零的突破,成为西北地区首家在国内主板市场上市的出版传媒类企业,也是A股中唯一拥有出版行业品牌的概念股。

1. 初期改革任务基本完成

2006年1月,甘肃人民出版社实现整体转制,组建了读者出版集团有限公司,在同年10月完成工商注册登记和税务登记,成为国内最早实现转企改制的出版企业之一。集团自组建以来,逐步深化干部、人事、用工"三项制度"改革,实行二级单位模拟法人运作的经营机制。2008年,读者出版集团启动了股改上市工作。2009年下半年,加快了股份制改造的进程,成立了股改工作专门机构,先后完成了股份公司发起人的考察和选择、公司的域名核准、职工权益保障方案和股改方案的制订、审批。为了顺应国家文化体制改革的要求,建立真正意义上的市场主体,推动事业和产业发展,2009年12月读者出版集团有限公司作为主发起人,联合国内多家知名企业共同发起设立读者出版传媒股份有限公司,并在12月28日完成股份公司工商注册登记。2010年4月,集团主体经营性资产、主要业务及人员进入读者出版传媒公司,实现了人员分离和财务分账,公司组织架构和运行机制等基本建立,2011年2月完成第一次增资扩股,引入光大资本投资等6家新股东,股东结构更趋多元合理。

在转企改制、股份制改造以及规范股份公司运营的过程中,读者出版集团彻底解决职工身份的遗留问题,至 2011 年 6 月已实行全员劳动合同制,同时推行全新的岗位薪酬和绩效考核体系,从观念、体制、机制上彻底摆脱了事业单位的用工制度,统一、规范、符合现代企业管理要求的新型劳动用工制度基本建立,初步形成了薪酬与效益挂钩,同个人的贡献、业绩挂钩的"双挂钩"机制。2011 年 8 月,读者出版集团启动了上市工作,及时成立了上市工作办公室。至此,读者出版集团初期体制机制改革任务基本完成。

2. 改革之路坎坷崎岖

在体制机制改革过程中,读者出版集团并非一帆风顺,而是面临着诸多困难和挑战。由于改革的思想不坚定,改革的步伐不够快,改革的措施不得力,改革没有做到与时俱进,影响了深化改革的步伐,成为制约发展的瓶颈。集团成立以来,由于人员身份问题没有解决,很难实现真正意义上的岗位管理和同岗同酬。由于对政策理解不透彻,集团在完全转企和保留部分事业性质上徘徊犹疑。资产边界不清晰,在转企改制时没有整体上划转、界定集团资产,严重影响上市进程。在新一届领导班子的带领下,读者人在深化改制的征程中披荆斩棘、破浪扬帆。2009 年 12 月进行股份制改造时,为彻底解决人员身份的遗留问题,集团公司制订了《读者出版集团深化改制职工权益保障方案》。从 2010 年 1 月起,公司在岗员工除签署劳务协议的 22 人外,包括领导在内的全体员工,全部按照《读者出版集团改制后劳动合同签订方案》签订了劳动合同,实行了劳动合同制,建立健全了以岗位管理为核心的劳动用工制度。2010 年 12 月底前集团内部彻底解决了人员身份的遗留问题。2010 年 5 月,读者出版传媒股份有限公司聘请北大纵横公司项目组按照现代企业制度和上市公司要求,重新建立薪酬和绩效考核分配体系。读者出版传媒股份有限公司着力按照上市企业要求,严格管理、规范运行,积极推进上市进程。公司秉持"开放、发展、合作、共赢"的理念,以打造国内一流的期刊出版主业、全媒体运营的出版传媒企业为目标,以《读者》品牌为依托,依靠机制创新和技术革新,运用资本运作手段,加强对外合作,大力调整出版结构,努力完善产业布局,在巩固壮大以《读者》为核心的传统期刊图书出版、强化核心竞争力的基础上,加速发展数字出版、网络传媒、动漫、影视等新兴文化业态,探索加快发展其他产业、不断扩大发展空间,积极塑造立体化、跨媒体、跨地区、跨行业、跨所有制的产业格局,终于在 2015 年 12 月实现上市。

3. 改革的经验总结

读者出版集团的改革成功概括起来是:解放思想、转变观念,坚定不移地深化改革;在改革中切实保障职工权益,使改革成果惠及广大职工;改善企业管理,完善法人治理结构,健全企业经营管理制度体系,深化和巩固改革改制成果。

(1)解放思想,转变观念。

坚持"开放、发展、合作、共赢"的发展理念,积极破除因循守旧、故步自封等事业单位体制下形成的思想观念和工作作风,同时以完全的企业经营理念和行为巩固企业体制改革成绩。2009 年,读者出版集团开展了全员参与的"解放思想、转变观念,加快集团科学发展"大讨论活动,成为打破观念痼疾、进一步深化改革的进军号角。解放思想、转变观念,就要求转企改制以后,作为市场主体的出版集团,以企业身份去谋划,以企业眼光去分析,按企业规范去操作,以市场化的运作颠覆事业体制下行政性的管理模式和格局。自 2009 年以来,读者出版集团积极调整产业结构和出版结构,加快生产方式转变,大力完善产业布局,大胆涉足资本运作和战略投资,拓展对外合作领域和发展空间,先后完成投资泰山出版社、甘肃银行、新星出版社等战略投资项目4个,投资额度达到1.4亿元,对外开放合作的力度和幅度之大,在甘肃人民出版社和读者出版集团的历史上是从未有过的。

(2)切实维护职工权益,充分发挥工会、职代会作用。

坚持以人为本,在改革中保障和维护职工权益,是读者出版集团一直坚守的原则。实行全员劳动合同制,最大限度地争取和保障各类员工在改制过程中的利益和权益,减少改革的阻力,化解员工的担忧。在深化改革的过程中,集团先后为员工办理了养老、医疗等社会保险和企业年金,企业化薪酬体系施行后员工工资水平最低上涨8%。在股份制改造、员工身份问题、全员实行劳动合同制、实行企业化薪酬和绩效考核体系等涉及公司重大经营事项和员工切身利益的重要决策出台时,公司都经过工会或职代会审议,通过后才上报审批,上级有关部门批复同意后再开始执行,使得广大员工拥有充分的知情权和决策权,积极参与到改革中来,也营造了决策合法、依规决策的公司治理环境。

(3)改善企业管理,逐步完善法人治理结构,规范经营决策程序。

加强企业化经营管理的目的,是避免在改革中"换汤不换药",仍然以事业体制下的管理模式和方法代替企业经营管理。在深化改制的过程中,集团和股份公司及时建立了集团党委、集团董事会、股份公司股东大会、股份公司董事会、股份公司董事长办公会议等决策机制,建立了监事会的监督机制。明确了党委会、董事会和董事长办公会的决策范围;规范决策程序,贯彻落实"三重一大"决策制度,在集体决策中实行实名票制,不断规范决策行为,着力提高决策水平,各负其责、协调运转、有效制衡的公司法人治理结构得到初步完善。同时,建立了重点项目责任制(领导、管理部门、经营单位三位一体的重点项目责任制)和经营管理目标责任制,形成了董事会对股东负责、经营班子对董事会负责的责任机制和压力传递机制。

(4)逐步建立健全经营管理制度体系,夯实企业经营管理基础。

符合现代企业制度要求的制度体系建设,是保证改革稳步推进和深化的根本措施。2006年读者出版集团成立时,建立了涉及经营、管理等一系列制度,但各项制度仍带有明显的事业体制痕迹和过渡色彩。读者出版传媒股份有限公司成立以后,建立符合股份公司运行的制度体系成为制度建设的工作重点。近年来,经营管理制度体系建设工作明显加快。特别是2010年,作为"规范运行管理年"活动的重要内容,集团和股份公司加快了整章建制的步伐,进一步建立健全各项经营管理制度,清理过时制度3项,相继出台执行了《董事长办公会会议制度》《财务管理制度》等制度共55项,已形成一个包括财务、审计、劳动用工、出版、行政制度等在内的,基本完备规范的、符合企业要求的内控制度体系,为规范企业和员工行为、按企业规律经营管理、推进上市进程,提供了严密规范的制度保障。

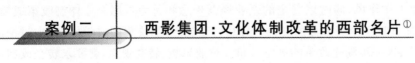

案例二　西影集团:文化体制改革的西部名片[①]

西部电影集团有限公司(以下简称西影集团),始建于1958年,其前身为西安电影制片厂,

---

① 杜林杰.西影集团:文化体制改革的西部名片[J].新西部,2018(28):27-30.

具有60多年的发展历程,是中国西部电影的策源地,曾造就中国电影的"西影时代"。60多年来出品300余部故事片,科教片、纪录片、专题片近300部,生产电视剧180多部2000多集,荣获包括金熊奖在内的国际各类奖70余项,获"五个一工程奖""华表奖""金鸡奖""百花奖"等国内各类奖200多项。西影集团现有员工1000余人,其中超过300名中高级艺术创作人才、影视生产运营技术人才和管理人才活跃在国内影视产业的前沿市场。

近年来,西部电影集团在文化体制改革中不断积累经验,阔步前行,取得了社会效益与经济效益的双丰收。《锦衣卫》《建党伟业》《亲密敌人》《白鹿原》等四部影片票房过亿;电影《钱学森》《白鹿原》《盲人电影院》《德吉的诉讼》摘得国际国内多项大奖;电视剧《聂荣臻》在央视一套黄金时段播出;目前已与西咸新区联合构建了"西部数字影视产业基地",打造全新影视产业链。作为中国六大电影集团之一的老国企西部电影集团,在文化体制改革的浪潮中,运用现代电影的制作经营方式,走多元化的产业发展道路,为陕西文化产业发展贡献着自己的力量。

1. 计划经济时代下的西影厂

追寻西影历史,我们可以看到各种因素交叠、冲突、解体和重生的时代背景。就像其他所有的工厂一样,西安电影制片厂(以下简称西影厂)是一个根据中央指令建立的新的电影厂,从1955年就开始筹备,1958年8月23日在大雁塔东边300米远的一块地方正式宣告成立。退休职工丁书信回忆说,自己1959年初进厂的时候,看到的还是大片的麦子地、玉米地,刮起风来路上尘土飞扬,右边是还在建设的工厂,左边只有三座孤零零的家属楼。从事后勤的丁书信是在本地招收的工人,而负责创作和管理的多是长春电影制片厂调来的干部和技术人员。

"文革"期间,颜学恕、滕文骥、周晓文等都是北京电影学院毕业,分配到西安电影制片厂,直到1978年以后才得以释放能量。

2. 20世纪80年代的西影厂改革

事实上,中国电影厂的改革实验和其他国有企业一样,从1980年就开始了。1984年7月,西影厂成为厂长负责制试点单位。1985年以后的三年是西影厂最辉煌的时期,《野山》《黑炮事件》《老井》《红高粱》接连获得国内外的电影大奖,陕西省委三次举行千人庆功大会表彰西影厂。当时西影厂输出影片占全国输出总部数的25%,居全国之首。当时有人形容"中国电影是从西安电影制片厂走向世界"。西影厂在这一阶段,主要做了三件事:一是培养电影人才,陈凯歌、田壮壮、吴子牛、张艺谋、黄建新、夏钢、周晓文、胡玫、李少红等在西影逐渐成长起来,成为后来中国电影界的著名导演;二是拍摄各方面都认可的片子,《没有航标的河流》《人生》《老井》就是典型,是当时的主流电影;三是拍受市场欢迎的片子,当时的《东陵大盗》《黄河大侠》《大刀王五》《疯狂的代价》都风靡一时。

3. 西影厂的衰落和改制

西影厂的衰落从1989年开始。这一阶段,电视剧市场在惊人的膨胀,电影观众数量在缩减,另一方面电影观众的选择也多起来,电影厂之间的竞争在加剧,1993年开始引进"10部大片"计划让内地观众有机会欣赏到最新的国外大片,然后就是民营投资的崛起,以及众多的盗版影碟的出现。为了生存,西影人转行去拍电视剧、广告,或是做文化公司等。在电影方面,除了偶尔有一些主流片获得奖励,更多的是和民营资本、港台合拍电影,其中不少都是卖厂标——因为只有电影厂有出品权,只要给电影厂钱,一部电影就可以打上西影的标志出品。

为应对这种困境,1993年起当时的国家广电部几乎每年都推出改革措施,依照原有体制惯性运行的西影厂不得不开始一次次的裂变。1990年上任的第四任厂长李旭东在五年任期内的主要精力全部放在了内部改革和减少亏损上,一个主要方向就是搞"多种经营",涉足第三产业,而这些实验的成果并不显著,他曾在回忆文章中不无痛苦地总结"西影最大的弱项是管理滞后,最大的教训是经营上的失误"。1996年被任命为厂长的张丕民上任后采取了更多改革步骤,如适应全员劳动合同制、策划成立西影股份公司等。也是在他任职期间,把西影南侧的拍摄基地秦王宫进行了"土地置换"。

2000年5月西影厂联合上海西城实业有限公司、西安天慧信息有限责任公司等8家企业组建的中国电影界首家股份制生产企业——西影股份有限公司宣告成立,"西安电影制片厂"也从一个单纯的国有企业成为资本多元化的集团,其中制作电影的业务全部转移到西影股份有限公司,而西安电影制片厂只履行出资人的职责。2003年11月中旬,"西部电影集团"挂牌成立是西影的又一次大变革。这个变化源于中央成立六大电影集团的宏观调整政策。从此,44年厂龄的西影厂不复存在,取而代之的是"西部电影集团"。西部电影集团的成员包括西影股份有限公司、电视剧制作公司、西部音像出版社、西影影视传媒学院、西部电影频道等。

4. 西影全面改革发展的新阶段

(1)大刀阔斧进行文化体制改革。

2009年5月,西部电影集团有限公司正式挂牌成立,但传统国有企业的弊端根深蒂固,要成为合格的市场主体,必须不断地深化体制机制改革,打造合格的市场主体。在文化体制改革的过程中,西影集团不断克服旧体制下存在的各种弊端,积极推进体制机制改革,打破"大锅饭",建立与市场经济相适应的充满活力的体制机制。在用人机制上,实行公开竞聘上岗,推行阳光用人。树立正确的用人导向,能者上,庸者下,这一系列的改革措施为西影集团的发展打下了坚实的基础。

文化体制改革带来的成效是显著的,西影集团影视剧产生了质的飞跃,实现了经济增长和社会效益双丰收。在倡导主旋律和电影艺术的同时,西影集团把追求高票房作为投资拍摄电影的一个重要目标。近年来,包括《锦衣卫》《建党伟业》《亲密敌人》《白鹿原》在内的四部影片都取得了票房过亿的好成绩。2013年完成拍摄电影《德吉的诉讼》《控制(3D)》《冰封侠》《迟开的玫瑰》等8部;电视剧《聂荣臻》《渗透》《西安密战》等3部;广播剧《大洋彼岸是祖国》以及纪录片《一道星光化彩虹》。2013年完成立项电影《冰封侠2》《青春逆袭》《你的爱情,我在对面》,以及4D特种电影《长征历险记》《新双旗镇刀客》《关中红拳》《王贵与李香香》《五祖拳》等共12部;电视剧立项《毛泽东三兄弟》《风起毛乌素》《姥姥的饺子馆》和科教片《青少年犯罪之家庭预防》等。

影视剧数量大幅提升的同时,西影集团也没有放松对质量的追求。2012年以来,西影集团共有六部电影荣获国家以及国际大奖:电影《钱学森》摘得第十九届北京大学生电影节"组委会大奖"、中宣部第十一届精神文明建设"五个一工程"优秀作品奖、第十三届平壤国际电影节最佳美术奖和最佳特技奖、第十五届中国电影华表奖"优秀故事片"大奖;电影《白鹿原》荣获第62届柏林国际电影节摄影银熊奖;电影《盲人电影院》荣获第15届釜山电影节观众奖;电影《德吉的诉讼》荣获2013年德国科隆电影节"中国最佳电影"奖,获第八届巴黎中国电影节文艺片"最佳编剧奖";电影《封神传奇》荣获"2011年国家动漫精品工程"动漫创意作品奖;《农村防诈骗常识》荣获第十四届华表奖"优秀科教影片"奖。三部电视剧在央视一套和主要地方卫视首播:重大革命历史题材电视连续剧《聂荣臻》于2013年12月11日在央视一套黄金时段播出,该作品是西影成立50多年来,第一部自己搭建项目平台、自主操盘、广泛融资,在央视一套黄金时段播出的电视剧;电视剧《渗透》于2013年12月3日在北京、辽宁、吉林三大卫视黄金时段首播;电视剧《野鸽子》在深圳卫视首播。这些精良之作均在放映时引起了收视热潮。2014年,西影进入新一轮的创作高峰期:《冰封侠2》《统万城》《江湖论剑》《爱情保单》《长征历险记》《燃情大地》《古路坝的灯光》等10部影视剧投入拍摄。

(2)多翼并举,共生共赢。

在影视生产的主业之外,西影集团的下属企业近年来也取得了不俗的经济效益。西影集团下设西影股份有限公司、西部电影频道、西影数码公司、西影电视节目经营公司、西影大地影院发展公司等成员单位经济效益显著提高,2013年全年营业额达1.5亿元。西部电影频道节目收视率稳中有升,年创收6000万元;西影数码制作公司支柱业务稳步攀升,全年完成馆藏纪录片、专题片高清修复60部,150本,竞标赢得了上海美术电影制片厂修复工程中标61万元,完成营业额1250万元;西影股份有限公司影视主业生产取得优秀业绩,年创收达4000万元;以打造新经济下的全面的电影终端平台为目标,西影大地影院立足西部、辐射全国。自2011年6月成立以来,西影大地影院已建成8家,遍布陕西、宁夏、甘肃、内蒙古等多个省份。

(3)全力打造"影视全产业链"。

站在新起点下,西影集团逐步实施多元化战略,从过去单一的影视生产,扩展为向影视旅游、国际交流、文化地产等多元化领域发展。开发老厂区,打造"步入式商业街区-电影圈子"。在经过大量的分析研究、细致的市场调研以及权威专家的反复论证后,以老厂区原有摄影棚为核心,突出电影主题,融入多元化电影元素,展现西影浑厚文化底蕴与浪漫气质。建成后的电影街区将以低层低密度、深沉古朴的建筑外形,电影文化和商业特色,成为西安的地标性建筑。与此同时建设新西影,与西咸新区联合打造"西部数字影视产业基地",打造全新的影视产业链。西影将借力信息产业这一载体,以西部数字影视动漫产业基地项目为切入点,实施多元化战略,积极向国际电影小镇、西影文化地产等领域拓展,打造全产业链的影视集团。西影集团全力以赴加快改革,进行了大刀阔斧的机构调整和人员精简后,长期困扰西影的历史遗留问题逐一得到解决,西影已迈入了全面改革时期。经过西影路的人们发现了一个不寻常的改变:西影集团换上了极富视觉冲击力的围挡,上面醒目的"嗨起来、玩起来、活起来"等标语,显示围墙内正进行着一场雷霆万钧而又活力四射的创新性变革。在西影精神回归、电影主业生产、影视产业聚集、西影文化建设、现代企业制度探索等方面,西影集团多点开花,渐成燎原之势。

(4)全面落实电影产业发展新目标、新任务、新要求。

当前,我国进入社会主义新时代,对中国电影的发展也提出了新目标、新任务、新要求,就是要推动社会主义文化繁荣兴盛、为中华民族伟大复兴中国梦提供精神力量;要走中国特色社会主义发展之路,通过电影传达文化自信,同时彰显道路自信、理论自信和制度自信;要自觉承担起新时代应有的担当与使命,让中国电影成为文化产业中的引领性产业,成为最受人民群众欢迎的文艺形式,成为中华文化走出去的亮丽名片,成为国家文化软实力的重要标志。西影集

文化产业发展典型案例解析

团围绕2018年改革开放40周年、2019年中华人民共和国成立70周年、2020年全面建成小康社会、2021年中国共产党成立100周年等重要节点,加快创作《第七次抉择》《周公传奇》《青春公社》等一批讴歌党、讴歌祖国、讴歌人民、讴歌英雄,思想性、艺术性、观赏性俱佳的精品力作,传播和弘扬人民真善美的共同情感、共同价值和共同追求。

以"三精"要求为标准,用工匠精神探索"新西部"电影风尚。"思想精深、艺术精湛、制作精良"("三精")事实上一直是西影集团的不懈追求。当前,西影集团进一步加快了改革振兴步伐,将"三精"要求贯穿电影创作全过程,大胆探索,锐意进取,在提高原创力上下功夫、在拓展内容题材形式手段上下功夫,通过对观影人群、题材类型、投资环境、市场需求等进行科学研判,精益求精打磨作品,用工匠精神探寻"新西部"电影风尚。坚守艺术理想,"树三讲,去'三俗'",扶持青年电影人,培养德艺双馨的主创队伍。

构建"双效"统一的体制机制,增强核心竞争力,打造高效协同的电影生态圈。西影集团不断加快西部电影改革振兴的步伐,立足时代新特征,把握社会新变化,在影视创作、产业构建、市场开拓等方面注重更高质量、更高效益的发展,为构建均衡、全面、协调、优化的影视生态环境进行了创新探索,积极打造充满创作活力、高效协同合作的电影生态圈。通过创新生产经营机制,加快"电影、传媒、文旅、资本"四大板块协同发展,打造电影圈子·西影电影产业集聚区,建设涵盖创意策划、剧本创作评估、影视投资、宣传发行、衍生品开发、院线运营、旅游园区等领域的全产业链,打造开放包容、变革创新、活力充沛的全新影视产业生态圈。同时,不断增强与互联网、新媒体的跨界融合,培育新型影视业态,服务陕西影视文化产业体系和市场体系建设;持续加强文物保护利用和文化遗产保护传承,建设以西安电影艺术博物馆为核心的电影文化艺术公共服务空间,丰富群众性艺术文化生活。在"一带一路"影视文化交流合作领域,广泛吸纳优秀项目和成果,加强内容原创、体制机制创新,激发文化的创造力,增强文化软实力,推动中国电影走出去。

案例三 变形记:一家新华书店的华丽转身[①]

常州新华书店成立于1949年5月,1971年分设武进新华书店。2001年3月,经江苏新华发行集团批准,常州、武进新华书店组建江苏常武新华书店有限责任公司。2002年5月,更名为江苏常州新华书店有限责任公司。2007年11月,按照省集团公司股改上市要求,原江苏常州新华书店有限责任公司、常州市武进新华书店、金坛区新华书店、溧阳市新华书店实行资产重组,成立了常州新华书店有限责任公司。常州新华书店通过大刀阔斧的改革,建立了充满活力的现代企业制度,大力进军电子商务实现业绩连年翻番,实体书店向体验式文化消费转型风风火火。2017年,常州新华书店销售额突破4亿元,利润总额在新华书店系统名列江苏省13个大市第一。当地市民纷纷表示,那个熟悉的新华书店又回来了,成为百姓离不开的文化消费场所。原本地理面积小、人口总量少的常州市,如何在图书发行领域做到异军突起?如何从网商到微商,从文青聚集的网红店到地标景点呢?这还是那个我们熟悉的新华书店吗?

[①] 邓华宁,江晨.变形记:一家新华书店的华丽转身[EB/OL].(2018-01-08)[2019-10-13]. http://www.xinhuanet.com/fortune/2018-01/08/c_1122223527.htm.

视角十四　文化体制改革

1. "一怒上网",书业老大脱胎换骨变网商

280万元、550万元、1240万元、2080万元、5100万元,这是2013年至2017年常州新华书店每年网上销售图书的数字。这组数字大体保持了每年翻一番的节奏,在竞争已然白热化的图书销售市场上,如此持续而迅猛的增长几乎就是一个奇迹。

"最初我们是被动追随电子商务,简单地想把书店搬到网上,后来逐步用互联网思维去发现市场、经营书店,这是一个脱胎换骨的过程,迈上这个台阶后感觉天地变宽了。"常州新华书店总经理何志峰深有感触。

2011年全国新华书店系统开办电商培训,会上不知谁说了一句,今后的市场"要么电子商务,要么无商可务或有商难务",给大家留下了深刻的印象。了解到许多经营图书的网店都是每年翻番增长,参加培训的人有点坐不住了。新华书店有80多年悠久历史,一直是国内出版发行行业的老大,但是随着电子商务的崛起,新华书店业务单一、缺乏活力、人浮于事的问题也凸显出来。

"当时就是一怒开网店。新华书店系统是图书发行的专家,人才济济,凭什么干不过那些网上的小书店呢?"常州新华书店副总经理、电子商务事业部经理李伟回忆。

说干就干,2012年12月,常州新华书店发出"求贤榜",在公司内部招人搞电子商务。"当时年轻人很积极,我们在全店选了6个人,2012年12月18日在天猫注册了常州新华图书音像专营店。之后大家没日没夜地忙乎了两个星期,还调来了30多个人,才把3000多本书搬到了网店上,终于在2013年1月1日网店开业了。"李伟说。

"当时我们对电子商务一窍不通,后台操作、产品上线、推广图片、网页美工、卖点介绍、快递发货、退货等,全部都要向别的网商去学习。我们上传的3000本图书,实际上返工了至少3次,相当于上传9000本图书的工作量。"电子商务事业部的骆凯说,那时每天晚上都干到凌晨1点,早晨8点上班,但是没有人抱怨,大家学得认真、干得卖力。

"记得有了第一张网上订单的时候,大家都很开心,我们几个人开车一起去送那本书。"据骆凯回忆,之后每天就只有3、4张订单,这当然与起初的设想相差很远。大家集思广益,并不断向成功的网商学习,自创了一种"打爆款"的营销方法。当时,有位作家是北京协和医院著名医生,有100多万粉丝,她即将出一本新书,预计会有好的市场表现。"我们与出版商合作,让这位作家在微博上直接链接了网店网址,3天就接到了1000多本的订单,在那时感觉就是一个天文数字了,大伙像打了兴奋剂一样,连续几天每天加班到凌晨3点钟,第二天早晨就把头天的订单全部运走了。"之后,这种"打爆款"的推广方式就被经常使用,即以市场为指针,选取排列在全网前列的书籍进行推广,重点推广一两个品种,推动销售出现爆发式增长。

为了在新媒体上持续提升影响力,电子商务事业部的年轻人想了许多办法,微信推广、QQ群推广、线上线下联动等都被广泛尝试。为了适应网民的消费习惯,客服从早上8:30一直工作到晚上11:30,并且增加晚上的人手。针对新华书店学生读者多的特点,每年寒暑假还特别推出阅读类图书和教辅书,将这一新华书店的传统业务在网上越做越大。

2014年,随着网上业务量不断上升,常州新华书店又在京东商城和当当网上开设了图书专营店,同时还开通了微信店铺和其他网上商店。网上平台的不断拓展推动单日销售额不断创造新高,2016年"双11"销量120万元,2017年"双11"突破了500万元。

"前两年我们做电子商务仅仅是把线下产品搬到了线上,现在才是真正开始用'互联网+'

的思维做图书。"李伟介绍,随着电子商务发展,"互联网+"的方向出现了,公司专门给电子商务事业部配备了独立库房,完全根据网络销售情况决定采购清单,改变了以往贪大求全的进货方式。同时,电子商务事业部的前台围绕客服和售后运转,后台围绕库房管理和发货。书店还计划发展图书定制,根据网上小批量个性化的需求提升自身的服务能力,不断适应电子商务的变化。

2.门店提档,"文化客厅"转型升级接地气

2017年初,常州市南大街青果书房正式亮相。这家书房位于新华书店旗舰店的一隅,无论从结构还是布局上,都颠覆了人们对传统书店的印象——原木色系布置、江南院落格局以及小青砖墙面、老房梁、老瓦片等元素,处处体现出老常州青果巷的韵味。

从正门走进南大街青果书房,穿过由老瓦片装饰的宅门就能到达中庭的"微园林"。从宅门穿过的那一刻,就能感受到那种从现在穿越回过去的惊喜。"我们在装修的时候就一直坚持传统与现代相结合的理念,让厚重的老常州的文化底蕴能在我们这里静静地沉淀,让'青果'两个字不仅仅是停留在表面,而是蔓延在书店的每个角落。"南大街新华书店门店经理祝景涛说。

目前,南大街青果书房被划分为了艺术沙龙区、餐饮区、活动区、休闲阅读区等区域。"想要打造精致的公共文化客厅,烘托出浓厚的文化氛围,还有很多细节需要打磨,所以现在书店里书本的摆放、商品的陈设、软装的安排、区域的划分都是暂时的,还要去研究,还要去推敲,把这里不仅打造成'文化客厅',也要打造成南大街的文化景点。"祝景涛说。

"点一杯饮料,选一本小说,不知不觉就在这待了一下午,一会晚饭也打算在这吃。"住在附近的常州市民周丽已经很多次来到南大街青果书房,"礼拜一的时候我和闺蜜就来过了,坐在那边的木椅子上,这回换个地方坐坐。"她其实第一次来并不是为了看书,而是看到朋友圈里有朋友发了在青果书房的自拍,她和闺蜜都觉得这地方很有风格,就特意过来想自拍一番,"假装自己是个文艺女青年"。

南大街青果书房主要就是面向20岁至40岁的年轻群体,在设计布置和选书方面,都会贴合都市白领和文艺青年的口味。书房服务人员说,来这拍照的年轻人挺多,而且喜欢在朋友圈进行分享,也算是将这个体验和互动的空间进行了延伸。除了自拍,不少市民都说,新华书店现在也能边吃边看书了,"转型升级"做得挺接地气。

每周六的下午,南大街青果书房都开展"青果朗读"活动,可以用自己擅长的语言,朗读任意一段喜爱的文章,朗读爱好者已经组建了好几个微信群。动物小说大王沈石溪、著名动漫画家阿桂都曾在南大街青果书房与读者见面,读者每周都可以一起来参与活动,体验一下这个区域更大、功能更多、服务更全的青果书房,感受多层次的阅读之乐。

"这几年实体书店受到冲击的境遇,阅读习惯和购买途径的转变固然是重要的原因,但故步自封、造血功能不全才是加剧实体书店猝死的帮凶。"常州新华书店经理何志峰说,在实体书店没能找到更好的盈利模式,更具创意的经营模式之前,这个行业并不会迅速焕发昨日的生机。冲破迷茫,新华书店开始行动,将现有门店提档升级,大中型门店开始打造成以图书为核心的新型城市文化空间,从单一经营图书向多元文化发展。"2017年青果书房以及其他经营部分带来的营业额,已经与书店售书的金额大体相当了,这也说明目前的探索是符合供给侧改革的需求。"

3. 激发活力，从人浮于事到人人想做事

"以前常州新华书店机构臃肿、人浮于事，现在精干了许多。"何志峰介绍，以前公司一共有十几个部门，几乎每个部门都有财务部，公司车队只在开学季忙一阵，其他时间都没事，根本没有现代物流的构架，所以改革首先从机构精简入手。

如何精简机构？常州新华书店按照总公司的要求，把有效的资源适度向同类业务或同一业务链集中，提高产业集中度，形成核心竞争力。具体做法是将原先的十多个部门合并成了四个，突出电子商务、教材教辅、门店销售和多元拓展四个部分，逐步实现大连锁、大流通、大发展，规模经营。依托新华书店数十年来形成的品牌优势、网络优势、场地优势、资金优势以及正在建设中的信息物流系统，通过连锁经营的方式，逐步在全市各个乡镇村网点全面铺开。

人才是企业的生命，培养高素质的企业人才是企业永恒的主题。那如何让优秀人才脱颖而出呢？常州新华书店武进分公司总经理章叶介绍，公司中层管理人员现在全部竞争上岗，充分体现了公开、公正、平等、竞争、择优，不拘一格选拔优秀人才的原则。竞聘前，所有中层干部全部解聘，与普通员工站在同一条竞争的起跑线上。经过公开演讲、民主投票、评委会评议、公司党政联席会研究等一轮轮紧张激烈的遴选，最终一批有思想、有魄力、有创新精神，工作能力突出，群众基础好的同志脱颖而出，走上了各自的管理岗位。此外还放开了普通岗位的流动性，电子商务事业部、物流采购中心、新华书店门店等都实现了人员能进能出制度，奖勤罚懒、激励先进。

强化激励机制是常州新华书店调动员工积极性的另一个做法。常州新华书店取消一些普发性的福利奖励，突出奖励的表扬和引导作用，坚持效率优先，兼顾公平的原则，形成了更加公平有效的激励和约束机制：一是对平均主义大锅饭进行了彻底改革，取消普发性的奖励的做法，分配制度及内部管理在原有的基础上，通过召开职代会，形成员工岗效薪酬实施办法的补充规定和内部劳动保障规章制度予以补充和完善，真正树立薪酬取决于创效的意识；二是薪酬、奖励以销售为导向，以市场价值为依据确定不同部门、不同岗位的薪资水平，新设了销售一线岗位津贴，突出销售一线的贡献和地位；三是形成激励人才发挥更大潜力的奖励机制，政策向新型项目倾斜，对新型创业团队多加鼓励，引导职工快速转变理念，比如电子商务团队，就大胆、大量启用有互联网思维的年轻人，鼓励店内创业，并给予创业的激励政策。

"有了激励机制后，大家都向市场聚焦，人人关注市场信息。一旦有价值的市场信息转变成了公司的销售业绩，提供信息的人就会得到奖励。"电子商务事业部"90后"小伙郭斌说，电子商务营销活动取得成功后，公司都会按规定奖励，绝不亏待员工，这让大家觉得很有干劲。

"经过一轮改革，整个系统从原来的人浮于事，到人人有事做，人人会算账了。"何志锋感触颇深，连续几年，常州新华书店的总成本每年下降5％，全员平均工资每年上升8％左右。通过互联网营销，公司的业务已经覆盖长三角各市，在华东地区销量逐年上升。除电子商务，公司的教育服务领域也在进行新一轮布局，业务将不仅仅局限于销售教材教辅，还要做大中小学的全方位教育服务商，成为教育培训、教研设备、多媒体教室、电子图书等全方位产品供给商。

案例启示

国有文化企业改革是我国文化体制改革的重要组成部分。国有文化企业是意识形态建设阵地,是推动文化产业发展的重要力量。读者出版集团、西影集团的成功案例告诉我们,国有文化企业只有深化改革才能激发活力成为文化市场的合格主体,才能承担起文化产业的引领示范作用。

1. 把牢改革方向,把社会效益放在首位,实现双效统一

文化企业改革发展必须把牢方向,切实增强政治责任感和使命感,进一步完善企业内部运行机制,营造良好的外部环境,确保国有文化企业坚守社会责任,把两个效益相统一的要求落到实处,努力多出精品、多出人才、多出效益,为推动文化产业成为国民经济支柱性产业作出更大贡献。

2. 依据自身情况明确发展定位,打造国有文化企业核心竞争力

基于文化产业的特殊性,文化企业的核心竞争力还可以更为具体,体现为文化创意能力、产业扩展能力和产业整合能力等几个方面。文化创意、产业链延伸、文化资源整合综合起来就是文化企业核心竞争力的要素和具体表现形式,这几个方面都做好了,在市场中的竞争能力自然就强,企业的发展前景自然广阔。作为中国六大电影集团之一的西影集团是在文化体制改革的浪潮中,运用现代电影的制作经营方式,走多元化的产业发展道路,为陕西文化产业发展贡献着自己的力量。而读者出版集团利用企业出版发行方面的优势,形成了期刊、教材教辅业务为主,广告及一般图书业务为支撑,新媒体业务为补充的多产品经营格局,塑造核心竞争力。

3. 激发企业创新活力,实现跨界发展

为了适应产业大融合的趋势,国有文化企业必须通过不断提高创新能力,通过跨界来充分实现自身的快速发展,但是由于国有文化企业的体制制约,在进行跨界扩张时,遇到种种体制难题,例如由于资产评估方法的不同而难以收购收入小而具有很大发展潜力的互联网公司等。打破长期以来各地相对割裂的局面,跨界发展、集团化、并购重组将是重要趋势。

4. 充分利用政策优惠

十八大以来,中央和有关部门出台了一系列支持文化改革发展的重要经济政策,涉及财政、税收、金融、土地、贸易等多个领域。比如,对转制文化企业免征企业所得税;城市电影放映增值税由6%降至3%,国家重点鼓励的文化产品和服务出口实行零税率或免税;电影院等转制文化企业划拨用地可采取协议或租赁方式办理用地手续等。

视角十五

县域文化产业发展

拓展与更新

县作为我国基本的行政区划,处于承上启下的关键位置,因而县域文化产业发展是我国文化产业发展的基础环节。在县域文化产业的探索发展过程中,我国很多省份和地区因地制宜,锐意创新,创造了文化旅游、民俗文化、名人文化、传统书画、工艺品制造等多种模式,涌现出诸如山东曲阜的三孔文化产业、江苏古镇周庄的水乡文化旅游产业、杭州西湖的休闲品茗茶文化产业、江西的红色旅游文化产业等一大批各具特色的县域或城镇文化产业典型。但同时也应该清晰地看到,我国很多省份的县域文化产业依然面临着基础薄弱、总量不大、动力不强、创新不足等很多问题。主要的问题体现在:一是只有少数县域特色文化产业成为当地的主导产业,县域文化区域发展很不平衡;二是特色文化产业的种类偏少,特别是影视传媒、广告设计、休闲娱乐等现代色彩的产业种类较少,很多县市"千城一面",把本地的文化产业过度集中在文化旅游、民间工艺等方面,"撞车"、雷同现象层出不穷,甚至出现了一些互相拆台的窝里斗不良倾向;三是很多县市定位不准,特色不突出,特色资源的深度开发不够、产业化水平不高、抗风险能力弱,在做大做强、开拓市场等方面缺乏有效的方法和思路。

在新的形势下,为实现我国文化产业成为支柱性产业这一目标,可从以下几个方面着手,用新的理念和新的路径助推县域文化产业发展。

1. 创新体制,为县域文化产业发展注入新动力

近年来,我国文化体制改革取得重大进展,文化整体实力和竞争力显著提升。但是,制约文化繁荣发展的体制性障碍和结构性问题仍然存在。中央提出,要大力推进文化体制机制创新,把那些具有"四梁八柱"性质的改革抓在手上,不断激发文化改革发展的动力和活力。促进县域文化产业发展,必须从破解体制性障碍和结构性问题着手,优化文化资源的分配、投入组合和使用方式,调整、提升、优化县域文化产业的结构和布局,形成有利于创新的统一公平有序的文化市场环境。特别是要自觉把握互联网时代特征,深入挖掘互联网推动变革的巨大潜力,发挥好互联网在催生新创意、新产业、新业态、新模式方面的积极作用,从而为县域文化产业转型升级注入新理念、新动力。

2. 科学规划,寻找县域文化产业发展新角度

县域文化特色与其地理区位、历史人文、特定资源相关联,具有鲜明的个性特征和难以替代性。县域文化产业的可持续发展,根本上依赖于其核心竞争力的形成,而核心竞争力的形成主要依赖于特色文化品牌的打造。要精准把握本地文化资源禀赋,深掘本地文化内涵,打造特色文化精品、铸造特色文化品牌、培育县域文化产业新的增长点。当前,县域文化产业普遍存在规模小、散点分布、竞争力弱的情况,不利于形成集群效应和品牌优势。要合理定位县域文化产业发展战略目标,深入研究制定县域文化产业发展规划,逐渐建立起县域特色文化产业集群,打造区域文化品牌。在这个过程中,特别要注重龙头项目的规划和建设。文化产业发展具有"扎堆"效应,龙头项目能够聚合多种品牌,连接多种业态,从而形成完整的产业链。因此,有条件的地区,可以走"产业、园区、项目、企业"一体化发展的道路,确定重点文化产业种类、建立文化产业集聚区、培育重点文化企业、建设重大文化项目,发挥"以点成线,以线带面,全面发展"的作用,从整体上带动文化产业发展。

3. 完善政策，构建县域文化产业发展新支撑

近年来，我国支持文化产业政策频出，力度空前。县域文化产业发展既要挖掘自身潜力，又必须通过政策的有效支撑实现质的突破。各地要有意识地用好、用足、用活文化产业政策，充分发挥政策杠杆撬动文化产业发展的作用。各地方要加大文化产业发展专项扶持力度，通过项目补贴、贷款贴息、保费补贴以及设立文化产业投资基金等措施扶持促进产业发展。加大财政、税收、金融等方面对文化产业的政策扶持力度，鼓励和引导文化企业面向资本市场融资，促进金融资本、社会资本和文化资源有机对接。税收政策方面，各级政府应制定和落实所得税返还政策，对相关单位提供的文化产业方面的咨询、培训、技术服务等收入免征营业税及所得税。财政政策方面，加大文化产业发展资金的扶持力度，重点支持优势、潜力性文化产业。金融政策方面，要创新信贷产品，完善授信模式，扩大直接融资规模，培育文化产业保险市场，设置包括贷款贴息、保费补贴、投资基金、风险补偿基金、文化产权评估交易等在内的配套机制。

4. 培育人才，激发县域文化产业发展新活力

文化产业是知识、创意密集型产业，说到底，文化产业的发展要靠一大批既懂文化又懂经营、既洞察社会又深谙经济的复合型人才。当前县域文化产业发展的一大瓶颈是人才培养和流动机制不畅、复合型人才匮乏，制约了县域文化产业在更高水平上取得突破。要着力培养一批具有较高管理水平的文化经营管理人才，以增强市场开拓能力、提高现代化经营管理水平为核心，努力提高文化经营管理人才分析决策能力、运用现代市场经济理论和管理理论指导发展的能力、开拓市场和吸纳社会资金的协调能力。积极探索文化经营管理人才的培训方式，加大经营管理人才培训力度，制订经营管理人才专项培训计划，积极鼓励和支持经营管理人才进行在职教育。充分发挥市场作用，推动文化经营管理人才职业化发展。总之，文化产业人才培养和造就是一项系统工程，需要从顶层设计着手，建设一套科学而完备的人才培养体系和激励政策。

文化产业是一种促进地方经济发展的重要形式。县域文化发展须协同传统文化、公共文化以及文化产业，既要立足本地的产业基础和资源禀赋，又要积极地融入全国乃至全球的文化产业分工体系。每个县都有属于自己的文化，善于挖掘自身特有的文化底蕴，实施经济开发，既有助于丰富人民群众的精神文化生活，又有助于提高县域经济的发展水平。

案例一　青海湟中县：文化产业之"树"根繁叶茂[①]

近年来，青海省湟中县以建设国家级文化产业示范区、打造世界文化遗产传承保护综合利用示范基地为目标，把文化产业作为调整经济结构的有力抓手，牢牢把握塔尔寺景区成功创建国家5A级旅游景区的契机，把鲁沙尔民族文化旅游产业园建设作为推动文化产业发展的载体，挖掘特色文化资源，明确产业发展方向，搭建产业发展平台，叫响特色文化产业品牌，推动

---

① 潘玲.湟中文化产业之"树"根繁叶茂[EB/OL].(2017-04-05)[2019-10-14].http://www.sohu.com/a/132149128_663616.

文化产业从"量的扩张"向"质的提升"转变,文化产业之"树"逐步成长壮大。

通过切实加大文化旅游投入,加强文化旅游基础设施建设,加快文化旅游资源开发,辐射带动第三产业发展,推进文化旅游产业培育,全县文化产业发展成效显著。2017年,全县累计注册文化产业企业达70余家,2017年全县文化产业总产值达11.6亿元,个体加工经营点达800余家,从业人员达2.3万人,文化产业发展成效显著。

1. "资源+政策",厚植文化产业之"根"

湟中县发挥政府主导作用,把文化产业纳入全县经济社会发展总体规划,在财政、土地、招商引资等方面出台优惠政策,通过县财政注资专项支持文化产业发展。立足资源禀赋,有序开发特色文化资源,确定了文化旅游、民间工艺、宗教艺术、康体健身、演艺娱乐等五个核心领域,明确文化产业发展的主攻方向。

通过政府投资、信贷支持、社会融资等多渠道支持文化产业发展,投入资金引导帮助文化产业生产基地建设;争取各类资金入股到文化产业,广泛吸纳社会资本进入文化产业,支持文化企业扩大生产规模,逐步推动文化产业集聚性、规模化发展。培育省级文化产业示范基地7家、市级文化产业示范基地8家、省级文化产业示范单位2家、市级文化产业示范单位7家。佛光工艺雕塑、缘汇木雕等8家文化产业企业发展迅速,实现年产值6.8亿元。

作为省级文化产业示范基地,佛光工艺已形成铜铸、藏式家具、木雕、精雕、油漆绘画等7条生产线,具备相关文化系列产品研发、设计及综合加工能力,年可加工各类藏传文化工艺品1万件以上,产品销往四川、内蒙古、山西、甘肃、北京、上海等20多个省、市,同时销往美国、蒙古国等国家以及港台地区。员工90%以上都是周边的农户,以此带动他们共同发展。

2. "园区+项目",强健文化产业之"躯"

狠抓景区园区建设,延伸文化产业链条。持续放大文化产业集聚效应,按照"一园三区一轴"功能布局,加快推进鲁沙尔民族文化旅游产业园建设,汇集了缘汇木雕、佛光工艺、古秘藏青稞酒等企业8家,辐射带动个体经营户300余家,园区出产的云锦、银铜器等畅销全国,并远销尼泊尔、印度等国家,进一步强化了文化产业发展的影响力和核心竞争力;坚持项目支撑带动,累计投资4.76亿元建成河湟文化博物馆、佛光路商业步行街、香巴林卡演艺厅等一批重点文化产业项目,形成了以迎宾大道为轴线的10公里文化产业发展廊道,产业聚集规模走在青海省前列。

依托塔尔寺独特的藏传佛教文化、悠久的历史、宏伟的建筑、精美的"藏艺三绝"艺术,湟中县以鲁沙尔民族文化旅游产业园建设为抓手,切实加大文化旅游投入,延长旅游产业链条,辐射带动第三产业发展。

实施项目支撑带动战略,围绕佛光路文化产业轴线,累计投资4.76亿元打造陈家滩特色文化产业区、塔尔寺宗教文化旅游区、莲花湖生态文化感知区,先后建成河湟文化博物馆、"八瓣莲花"非物质文化传承体验中心、香巴林卡演艺厅等一批重点文化产业项目,逐步形成10公里文化产业发展廊道,成为全省最大的特色文化产业聚集区。

漫步或者骑行莲花湖畔,去河湟文化博物馆接受历史文化的熏陶,去塔尔寺聆听梵音,去"八瓣莲花"体验唐卡绘画、彩绘、泥塑,去香巴林卡静静欣赏一台精彩的演出……将来,人们可以以不同的方式去感知湟中文化,品尝文化产业发展带来的"文化大餐"。

3."融合＋创新",繁荣文化产业之"叶"

湟中县坚持以创新驱动产业发展,实施"文化＋"发展战略,推动文化产业与多领域融合发展。

文化"联姻"旅游,依托自然资源、设施农业和文化底蕴,开展"秘境湟中·清心之旅"系列文化活动,组团发展乡村旅游业,先后建设卡阳乡趣农耕文化生态园、群加"凤凰部落"、慕家酩馏酒文化体验园等一批乡村文化旅游实体,每年吸引游客达240余万人次。

文化"嫁接"工业,依托陈家滩特色文化产业园,采取"园区带基地、基地连农户"的方式,先后引进培育佛光工艺、缘汇木雕、华坊工艺等10家文化产业龙头企业,辐射带动周边300余家个体加工店,在民族文化艺术品、藏传佛教用品等领域初步形成集研发、生产、加工、销售于一体的产业链。

作为青海省藏式家具行业首家通过ISO9001质量体系认证的企业,缘汇木雕在重视企业发展的同时,积极参与村企联建,采取"公司带动型"扶贫开发模式,大力发展加工业,持续增加贫困群众收入,逐步实现了1555户贫困群众脱贫。

文化汇聚人才,湟中县把人才队伍建设作为文化产业发展的基础,围绕"八瓣莲花"文化产业,成立农民画、堆绣、镶丝等7个行业协会,与清华大学、青海师范大学、省妇联建立了长期合作关系,建立了一批高质量人才培训基地。聘请20余名民间工艺师担任教师,通过"阳光工程"、非遗传承培训、自主办班、传帮带等形式,大力开展技艺培训,共举办各类培训班38期508场次,培训从业人员2400人,取得民间工艺师专业技术职称资格81人。不断更新产品设计理念,实现传统技艺与现代高科技嫁接,开发出木雕唐卡、铜雕鎏金工艺墙饰、丝毛工艺挂毯、云锦等40余种新产品,为文化企业发展注入新活力。

4."品牌＋市场",培育文化产业之"花"

加大宣传推介力度,做强文化产业品牌。通过搭建宣传平台、外展推介、举办创意大赛等多种形式,着力打造湟中文化产业品牌。组织文化产业从业人员参加各类省、市非物质文化遗产展览和省外全国性文化产业博览会、民间工艺美术展等18次,获奖20余项;中央电视台、青海日报、西宁晚报等多家主流媒体多次对湟中县特色文化产业发展情况进行报道,进一步提高了湟中特色文化产品的知名度和美誉度。

深挖河湟文化、藏文化资源融合点,精选堆绣、镶丝、银铜器等8种具有代表性的文化遗产精髓,建成"八瓣莲花"非物质文化遗产传承体验中心,"八瓣莲花"文化产业逐步走上了规模化、品牌化、效益化的发展路子,现已成为湟中文化产业的一张"金名片"。

引导文化产业龙头企业先后建成省内外销售网点500余家,出产的云锦、银铜器、木雕唐卡、藏式家具等特色产品远销尼泊尔、印度等国家,年出口创汇达500万美元。

如今,湟中县以成立青海八瓣莲花电子商务有限公司为契机,将把全县生产堆绣、银铜器、加牙藏毯、镶丝、雕刻、农民画、泥塑、壁画等企业、个体户、民间工艺大师整合在一起,依托"互联网＋",利用新媒介推广模式进行线上推广,建立集藏文化艺术技艺制作、学习、体验、购物为一体的线上交易平台,并建立线下体验区,通过扫描二维码的形式,进行线下体验,为湟中文化产品宣传营销提供一个健康、有序、规范的环境,并力争在全国建立50家"八瓣莲花"连锁体验店,助推湟中特色工艺品销售,促进文化产业进一步发展壮大。

通过政府投资、信贷支持、社会融资等多渠道筹措资金,支持文化产业发展。目前,已培育国家级文化产业示范基地1家、省级文化产业示范基地7家、市级文化产业示范基地8家、省级文化产业示范单位2家、市级文化产业示范单位7家。全县文化企业注册数达70家、个体经营户超过500家,建成区外加工点300多个、省内外销售网点500多个,从业人员达2.3万人,文化产业逐步走上了规模化、效益化、品牌化的发展路子。

案例二　长沙望城:传承非遗文化,留住乡愁匠心[①]

近年来,长沙市望城区委、区政府充分挖掘和利用历史文化资源,传承和弘扬特色文化,推动沿江古镇复兴,带动全区文化产业做优做强。2017年,望城区文化产业增加值46.77亿元,并以每年12%以上的速度增长,陶瓷创业文化产业、文化休闲旅游产业等传统文化产业快速创新发展,文化产业呈现出"一城两带三园四基地"的发展格局。

而在2017年5月举行的"一带一路"国际合作高峰论坛,让见证了海上丝绸之路盛景、装载着6万多件唐代瓷器的阿拉伯沉船"黑石号"再度进入人们的视野,船上瓷器的主要来源地——长沙铜官窑随着沉船中的56500余件长沙铜官窑器物揭开了其传奇而流光溢彩的历史面纱,引来举世瞩目!

1. 乡愁匠心寻回来

乡愁淡淡,浸润骨子。儿时母亲的那一声声"伢子,回来哒"的呼唤,端起铜官土黄色的陶碗,喝过乡邻泡的芝麻豆子茶,看过小小亮堂的影子戏,还有那一碗清澈飘香的蒸谷酒……祖辈留给我们的那些非物质文化遗产,有的如铜官陶瓷技艺、如过年过节的礼俗,还在传承,有的异化成已不是当初的面目,更有的即将消失,只留存于那些风烛残年的老艺人或是最闭塞的山野。对于正在大踏步融合到丰富多彩世界的望城来说,人们在感觉自己物质生活富有的同时,生命里那些家乡的基因更加显得弥足珍贵。

"黑石号"沉船的发掘,将尘封的历史揭开,让人们得以有机会去窥探古人的情感世界,遥想长沙铜官窑里一件件精美绝伦的瓷器在能工巧匠的手中烧制的场景。望城区北境的湘江东岸的铜官古镇,历来以陶瓷闻名于世,这里是世界陶瓷釉下彩发源地,被誉为"陶瓷史上的里程碑",其产品在当时畅销29个国家和地区。"黑石号"沉船共打捞出6.7万件唐代文物珍品中长沙铜官窑的瓷器达56500多件,占整个货物的83%以上,这是迄今为止,发现数量最多、保存最好的长沙铜官窑瓷器。器型以碗为主,其次为执壶,还包括杯、盘、盂、盒、罐、熏炉、油灯和少量生肖瓷塑。器具上,大量描绘有花叶、莲蓬、飞鸟、摩梭鱼纹,充分展示了铜官陶瓷手工技艺的历史渊源和巨大魅力。

长沙铜官窑的价值,原来在博物馆里、在断代史里,今天更多的则是体现在生活文化里。

[①] 张璋. 望城:传承非遗文化 留住乡愁匠心[EB/OL]. (2017-05-24)[2019-10-14]. https://www.icswb.com/h/100046/20170524/475781.html.

在外地打拼多年的望城人刘青和丈夫来到铜官镇铜官老街。她走进一家陶艺馆,取下一份陶泥,先抓出一点儿,压成底座,再扯下一团,搓成泥条,仔细地围在底座上。再搓成一根泥条,铺在第一根的上方。这样做了十多次后,一个"茶杯"已经完全成型。"你做得很好看呢!"陶艺馆的手工艺人在一旁称赞。刘青想寻着老街的气息,了解铜官制陶的技术,感受祖辈手艺人的匠心独运,化解萦绕在心底的淡淡乡愁。同样在这条街,省级非遗陶艺传人刘坤庭在自己的工作室里忙着带徒传艺,他展示了一套自制创新茶具,通过创新陶土成分,壶身与壶盖密合度更高,壶盖上还独出心裁地设计了一个小动物,据他讲,这一个陶瓷茶壶价值要在千元以上。"以前镇上的年轻人觉得做陶没出路,都外出谋生,现在看到了家乡陶瓷市场的经济效益,又纷纷回来拜师学艺了,铜官陶艺后继有人。"不长的古街上,三五成群来此观光、旅游的游客在陶瓷店里进进出出,赏陶玩陶,给这座千年古镇带来了全新的生机。

传统技艺和习俗,凝聚着望城人的精气神。近年来,望城挖掘靖港、乔口、新康、铜官、书堂等星罗棋布的古镇的文化底蕴,加以保护开发修复,打造了湘江古镇群,使得靖港镇的皮影戏、陶瓷釉下彩发祥地铜官窑、唐代大书法家欧阳询故里书堂山、享有"浪漫戏乡"美誉的新康都成为长沙非物质文化遗产保护与开发事业上的璀璨明珠。"铜官陶城""新康戏乡""乔口渔都""靖港古镇""楷圣故里"等地成为长沙独特的旅游名片,也使得望城人的乡愁匠心有地存放、有方式可以拨动。

2. 古老技艺活起来

房舍、住宅、院落、古井、古墓等建筑遗址固然重要,而发生于这些物质存在中的记忆、技艺、习惯、仪式等传统则更加重要,只有保护好固有的非物质文化遗产,古镇、古村才能在文化层面上活着。这种共识,在湘江古镇群规划之时就已形成。

为了更好地挖掘和保护望城区域内的非物质文化遗产,望城建立了非遗文化保护机制,寻访民间非遗传承人,积极申报各级"非遗"名录,扶植"非遗"项目代表性传承人。目前,全区共有不可移动文物139处(其中:全国重点文物保护单位2处,省级文物保护单位7处);国家级非遗项目(长沙铜官窑陶瓷烧制技艺)1个,省级(望城剪纸)1个,市级(望城影戏、新康木雕、丁字石雕、望城花鼓戏)4个;国家级省、市、区各级代表传承人共19人。同时,为全面记录古镇群非遗脉络与现状,组织相关专家编写了《望城非物质文化遗产概览》。对于非遗传人,政府每年投入资金帮助优秀传承人传承非遗文化。通过保护传承人、鼓励传承人"传帮带",一批青年人才快速成长。"泥人刘"的第三代传人刘坤庭在自己的陶艺工作室教授陶艺,培育了大量的手工艺人;皮影传承人朱国强的皮影博物馆获得了政府10万元的资金扶持,他的皮影博物馆陈列有各个时代的皮影人物及伴奏乐器等;望城剪纸非遗传承人秦石蛟现在一家三代14人都从事剪纸艺术,他创办华夏剪纸博物馆,陈列他收藏的剪纸作品、工具、书籍,在工作室带领老年大学的学员学习剪纸,到白箬铺镇去给村民上剪纸课;在陶艺方面的传承展示场所望城有十多处,除了陶艺传承人创办的工作室,其中最大的铜官窑遗址公园博物馆面积有近2000平方米,陈列丰富,完整再现了唐代窑火旺盛的景象。

就在2017年春节期间,望城推出"中国年望城味"系列活动,靖港、铜官、新康等湘江古镇群中的代表古镇,用当地具有代表性的非遗文化吸引了来自全国各地的游客。春节期间,前来看表演的游客可说是人山人海。《五福临门》《金童玉女送财神》等应时应景的剧目表演使得亲子游的游客相当喜欢。

望城皮影戏曾经风靡一时,1952年,湖南省就成立了皮影艺术剧团,团里清一色是望城人,朱国强的父亲朱莲章就是其中的主力。当时朱莲章就跟随剧团去全国巡演,所到之处万人空巷。但随着电视、电影、互联网等新兴娱乐方式的崛起,皮影戏渐渐失去了它的拥趸,红遍大江南北的望城皮影戏也遭遇了"养在深闺人未识"的困境。不过自从靖港镇把皮影戏打造成人文旅游景观,建立皮影艺术博物馆后,朱国强和他的皮影戏又渐渐迎回了观众,不少国外友人也慕名前来,看完后直竖大拇指夸:"Very good!"

不仅如此,非遗文化进校园在望城遍地开花。2010年以来,望城推进非遗文化进校园活动的开展,把非遗文化项目陶艺和剪纸带到多所中、小学校的兴趣课堂。让同学们在亲自动手的过程中,既获得了乐趣,又加深了对传统文化的认识,使他们意识到非物质文化遗产更是一种"活态文化"。通过一系列的活动,为望城非遗文化的传承发展注入了新的血液和力量,也给望城文化带来了新的元素和动力。

此外,望城非遗文化经常走出国门,收获了一批"国际粉"。望城的皮影戏演到了美国,赴法国展出的长沙铜官窑作品、泥人刘陶瓷制作现场表演被法国人啧啧称奇,连声叫绝。以铜官窑为创作源泉,大型舞剧《君生我未生》向世人再现了海上丝绸之路的光辉岁月。

3. 文化产业强起来

创新文化产业发展模式,塑造文化品牌。望城的文化产业做强做优。在打造中国最具魅力古镇群的决策下,充分挖掘和利用历史文化资源,传承和弘扬特色文化,集中了全区的力量与智慧,推进湘江古镇群"二次创业"和全域旅游示范区创建,从而带动文化产业发展,以活动促项目,以项目促产业发展,望城文化产业以崭新的面貌展示在世人面前。

长沙铜官窑作为宝贵的历史文化遗产,启动了多元发展规划。2010年以来,正式启动遗址公园建设,修建了谭家坡遗迹馆、瓷版画廊、仿古门楼等,形成了一个生态环境优美、历史文化彰显的公园。"正在建设长沙铜官窑博物馆,将利用最新的场景化、体验化、互动式、沉浸式的空间展示语言,充分表达长沙窑的故事。"长沙铜官窑管理处负责人介绍,一比一仿制的"黑石号"沉船和赴新西兰购买的精品文物将再现先辈们扬帆远航,穿越惊涛骇浪,闯荡出连接东西方的海上丝绸之路的景象。截至2017年,铜官窑已成功引进投资约100亿的国际文化旅游度假区项目正式落户,不久的将来,一座传承大唐文明、丝路起点、彩瓷源头、湖湘风采的古镇将横空出世。可以预见,长沙铜官窑的发展即将启动新引擎,带动湘江沿线两岸的历史文化和乡村生态旅游资源的大融合和大发展。

随着铜官陶瓷文化产业城、湘江古镇文化旅游带、书堂山书法艺术创作基地、湘江民俗文化博物展示馆等项目布局,望城文化产业初步形成"一城两带三园四基地"的发展格局,而望城的地方特色文化、非遗项目占据了重要的位置。当前望城重大文产项目建设如火如荼,铜官创客中心、国际陶艺村等在建重大文化项目建筑迅速,投资26亿元的书堂山欧阳询文化园项目聚焦"翰墨书堂,国学小镇"的定位,融入"琴棋书画、诗酒花茶"八雅和国学六艺,打造"一镇"(书堂山国学小镇)、"二区"(翰墨书堂精品酒店群度假区、书堂人家百姓民宿度假区)以及"三园"(欧阳询书法文化园、泥爸爸亲子育学园和书堂花田花文化公园)的全域旅游生态圈。一期书堂山国学小镇项目开工建设,预计年底建成开园。

停下脚步,喝一口纯正的芝麻豆子茶,暖暖身,起身前行,行走在望城的老街上,仿佛回到千年前的古巷,尘封的历史打开画卷,湖湘匠人的工艺一览无余,个性鲜明的民俗风情跃然而出。老祖宗给望城人留下了宝贵的精神财富,优秀传统文化浸润了望城人的生活和心灵,他们记住了乡愁匠心,在前行中寻找着自己的"诗和远方"。

历经绵长岁月的涤荡,先辈们慢慢熬出非物质文化遗产的结晶活色生香,像一粒粒种子在望城大地生根发芽开花结果,成为久久萦绕在人们心头的美丽"乡愁",在现代文明绚烂的今天不经意间唤醒大家对故土深沉的眷恋。如果说"非遗"是民间文化历史的"活化石",那么"非遗"的传承人就是岁月长河中的"提灯人",有了他们的坚守,传统文化才得以传承和发扬。终让人们"记忆的乡愁"有地方可以存放,有方式可以拨动。

案例三　河北省武强县加快文化产业创新发展步伐

河北省武强县:文化产业实现"六个一":一是建成第一个全国规模最大的VR产业集群;二是建成全国第一家全产业链式体验式乐器博物馆;三是建成第一家全国音乐教育服务联盟基地;四是建成全国第一家以音乐为内容的颐高"双创"平台;五是武强作为全省唯一一个国家文化出口基地上报商务部;六是周窝音乐小镇被住建部确定为第一批中国特色小镇。

2016年以来,武强县坚持把文化产业作为调结构、转方式的重要增长极,积极推进年画文化与现代科技融合、乐器制作与教育培训融合、音乐文化与旅游产业融合,加快文化产业创新发展步伐。

1. "年画文化+科技",古老年画散发新魅力

为了将武强年画这一古老的民间艺术更好地呈现,提升武强年画博物馆的展示传播能力,该县投资620万元对武强年画博物馆进行了第三次改陈升级,采用声、光、电、多媒体、半景画、3D动态、触摸屏等现代化和高科技手段,全方位、立体化展示了当年武强年画的历史风貌,给观众以历史的真实感和极强的现场感。该县还将静态的年画与科技元素、动态元素等相融合,完成了全省第一部非遗题材动画片《年画中的传奇》前期制作,实现了由讲故事、听故事向看故事、演故事的转变。同时,该县还加快年画国际城、街关镇年画古镇包装改造等项目建设,加大武强年画文化创意产品研发力度,引导组建武强年画产业发展龙头企业,推动年画产业提档升级。

2. "乐器制作+培训",传统产业迸出新火花

武强县在区域文化产业发展与服务体系建设上走在国内前列,具有龙头产业为引领的乐器产业集群、特色音乐小镇和璐德国际艺术教育,具备创建区域乐器产业经济的配套软硬件基础。在当地政府的引导下,经过20多年的发展,武强县已经拥有乐器制造和配套加工企业达51家,从业人员2万余人,产品畅销欧美等80多个国家和地区,行业年产值达到10亿多元,成为全国最大的西管乐器生产基地。

为加快乐器产业结构调整、提档升级,该县结合《京津冀协同发展规划纲要》,重新对乐器产业链条进行调整,确定了以培育市场为切入点的"培训教育＋创意体验＋物流配送＋乐器生产制造"的全新产业链条,谋划建设了投资11.5亿元的全国音乐教育服务联盟(武强)基地项目,着力打造集音乐教育培训、乐器产品展示、线上线下销售、音乐活动交流、乐器新品研发、创业创新服务于一体的全新乐器产业链条。该基地已先后承办了2016年首届波兰艺术圈中国行、2017年"金音杯"河北省艺术特长生展演暨河北省音乐特长生选拔赛、2017"央音"全国青少年艺术展演河北区比赛等多场国内外大型文艺演出和比赛活动。同时,该基地还与中央音乐学院、中央电视台中学生频道、清华大学丁小小教育科技发展有限公司、北京丽帆艺术团、西班牙Iale国际学校等多家国内外知名机构和院校建立了战略合作关系,并与30多名国内顶级的音乐专家、教授签约,拥有强有力的教师和评委队伍,确保了各种培训、演出、比赛活动高质量运行。

3. "音乐文化＋旅游",特色文化成为新名片

该县紧紧抓住被列入全省县域和乡镇域全域旅游示范区创建单位的良好机遇,重新编制县域旅游发展规划,优化区域功能布局,打造独具特色的全域旅游发展新格局。他们以周窝音乐小镇为依托,着力打造音乐文化旅游片区,包括周窝音乐小镇、军歌博物馆等以音乐为统领的特色景点。2015年,该县又启动总投资5900万元的周窝音乐小镇基础设施建设项目,对小镇道路、水电、热力等基础设施和景观旅游服务设施进行全面改造,使小镇的功能日益完善。2016年,周窝音乐小镇成功入选首批"中国特色小镇",被国家旅游局(现文化和旅游部)和国务院扶贫办共同评为"中国乡村旅游创客示范基地"。随着国际乐器演奏日、首届波兰艺术圈中国行武强站等大型活动相继成功举办,音乐小镇的名气、人气和商气大幅提升。近年来,周窝音乐小镇共接待国内外游客100万人,更带动了周边群众脱贫致富,被评为全省旅游扶贫示范乡镇。

下一步,该县将以紧紧围绕"在全省率先建成国家级文化产业示范园区"的目标,在重点项目建设、文化旅游产业融合和招商引资上寻求新突破,推进全县文化产业再上新台阶。

案例启示

县域的文化产业能否得以挖掘、开发,与地方领导的创新思维理念有着密不可分的关系。文化产业发展意识滞后的领导者,难以推动地方文化产业的发展。对善于挖掘文化产业潜力的典型案例实施分析,可以为其他县域提供有益的借鉴。

(1)要善于利用自身县域文化底蕴,因地制宜选好主导产业,围绕自身的优势打造特色产业。创新是推动县域文化产业发展的动力基础,国内许多地方都在努力挖掘自身的潜力,打造相关的文化产业,使之成为当地社会经济新的增长点。

(2)要集约发展,扩大县域文化产业的联动作用。县域文化产业集聚发展的同时必须突破行政区划限制,整合更多的资源,寻求联动发展和规模效应。

(3)要以文惠民,将文化产业与新型城镇化结合起来。充分利用县域资源优势,为县域文化产业发展创造广阔的空间和机会,将县域文化产业发展与城镇化建设、创造就业机会结合起来。

(4)要强化服务,为县域文化发展提供更好的文化环境。政府积极创建县域文化产业的公共服务平台和良好的发展环境,这是县域文化产业快速发展的重要因素。

(5)领导要重视,领导集体对发展文化的高度重视是县域模式成功的重要砝码。文化产业园区进行规划,实施谋篇布局,规范市场经济行为,有助于引导产业发展方向。挖掘地方文化潜力,既有规律可循,也需要创新思维的运用。